Enfrentarse a las Sombras

Otros libros del Dr. Patrick Carnes

Una trayectoria suave a través de los doce principios:
Vivir los valores detrás de cada paso
(versión solo en inglés)

Una trayectoria suave a través de los doce pasos:
La guía clásica para todos aquellos en proceso de recuperación
(versión solo en inglés)

Gestión clínica de la adicción al sexo
(versión solo en inglés)

Lo contrario a amar: Ayudar a un adicto sexual
(versión solo en inglés)

No lo llames amor: Recuperación de la adicción sexual
(versión solo en inglés)

Enfrentarse a la adicción: Comenzar la recuperación fuera del alcohol y las drogas
(versión solo en inglés)

En las sombras de la red: Liberarse del comportamiento online sexual compulsivo
(versión solo en inglés)

Corazones abiertos: Renovación de las relaciones con la recuperación:
Romance y realidad
(versión solo en inglés)

Fuera de las sombras: Entender la adicción sexual
(versión solo en inglés)

Anorexia sexual: Superar el odio a uno mismo
(versión solo en inglés)

Las sombras en la cruz: Una compañía cristiana para enfrentarse a las sombras
(versión solo en inglés)

El vínculo de la traición: Liberarse de las relaciones explotadoras
(versión solo en inglés)

Kit de inicio para la recuperación: Los primeros 130 días
(versión solo en inglés)

Zona de recuperación. Volumen 1: Hacer cambios que perduren
(versión solo en inglés)

Enfrentarse a las Sombras

Comenzar la recuperación sexual y de las relaciones

Una trayectoria paulatina para comenzar la recuperación de la adicción al sexo

DR. PATRICK J. CARNES

Gentle Path
PRESS

Gentle Path
PRESS

www.gentlepath.com

Tercera edición
Para obtener más información respecto a nuestras publicaciones, póngase en contacto con Gentle Path Press en el 1-866-575-6853 (llamadas gratuitas solo en EE.UU.)

Portada del libro diseñada por Summation, Inc.
Interior del libro diseñado por Serena Castillo

ISBN: 978-1-940467-11-5

Nota del autor:
Las historias narradas en este libro son verdaderas; no obstante, cada una de ellas se ha editado para lograr mayor claridad. Nombres, ubicaciones y otra información identificativa se ha cambiado para proteger la confidencialidad.

Contenido

Capítulo Dos: ¿Qué es una adicción? Comprender la conducta adictiva 43

Capítulo Tres: ¿Cuál es tu conducta? Entender el sexo compulsivo 83

Prefacio

Años atrás aprendí algo de gran valor mientras trataba la recuperación de miles de mis pacientes. Estaba claro que, si las personas llevaban a cabo ciertas cosas, mejoraban. Si no las hacían, era muy probable que sufrieran una recaída. El éxito en la recuperación estaba vinculado de manera esencial a lo que esta persona hacía realmente en su proceso de recuperación.

Mi equipo de investigación y yo dividimos las tareas tales como conseguir un patrocinador (espónsor) o completar el inventario de consecuencias. A medida que nuestro conocimiento era más profundo, diseñamos experiencias específicas y se las asignamos a personas en proceso de recuperación. Cuando completaron la tarea, se demostró que habían finalizado el trabajo, captado los conceptos y progresado en el camino hacia su recuperación. Les habíamos enseñado competencias específicas o habilidades que estas personas podían utilizar para gestionar sus vidas y sus enfermedades. Pero, identificar simplemente las tareas no era suficiente. Teníamos que definir explícitamente las habilidades que estábamos ayudando a desarrollar.

Este libro forma parte de una serie basada en esos conocimientos que hemos analizado y desglosado en treinta tareas. *Enfrentándose a las sombras* te orienta a lo largo de las primeras siete tareas críticas que los adictos pueden utilizar para crear los cimientos de su recuperación.

Uno de los mayores problemas a la hora de evitar la recaída es la continuidad y perseverancia. En el mundo real de la recuperación, los terapeutas y los patrocinadores les indican a los pacientes lo que tienen que hacer en varias áreas de la vida. Por ejemplo, los adictos se centran solo en la sobriedad, ignorando el resto de las lecciones duramente aprendidas en un proceso de recuperación a largo plazo. Estar sobrio no es duro. Permanecer sobrio, sí . Alcanzar la sobriedad es tan solo el principio de la recuperación.

Después de dejar el tratamiento en la residencia, los pacientes tienden a creer que ya han completado su trabajo, cuando, de hecho, la ventana de la recuperación acaba de abrirse. Lamentablemente, es ahí cuando, con frecuencia, pierden el ímpetu. No existe una estructura que apoye el trabajo a largo plazo en los pacientes externos. Una vez que la sobriedad frente a la adicción se ha establecido, los pacientes necesitan una guía para dar sus futuros pasos. Ese es, exactamente, el objetivo de este libro.

Otro problema son las adicciones múltiples. Ahora está ya muy claro que, para lograr el éxito, la persona en proceso de recuperación, probablemente, tendrá que trabajar en varios problemas a la vez. Si no lo hace, las adicciones sin tratar podrían aumentar y tendrían que enfrentarse a un nuevo tipo de comportamiento fuera de control y los problemas relacionados con ello. El enfoque del tratamiento tiene que ser lo suficientemente específico para cada adicción con un objetivo: que las personas en proceso de recuperación desarrollen todos los conocimientos y obtengan toda la información que necesitan para enfrentarse a ellas. Además, el proceso debe sacar a la luz y tratar los problemas esenciales que causan que la adición se haya convertido en la "solución".

Por mi experiencia, la recuperación no es "un camino de rosas". Como afirman algunos de los miembros de Alcohólicos Anónimos, "Es una programa *simple,* pero no es fácil." Los adictos sexuales en recuperación se enfrentan a un dolor y daño que yace en el centro de su ser. Tienen innumerables preguntas, e incluso, más dudas y temores. Este libro también analiza estas preguntas y sentimientos profundos. Por consiguiente, esta serie de libros que aborda las treinta tareas está diseñada para:

- ser integral
- ser específica
- ser duradera
- centrarse en las causas
- incluir todas las adicciones
- ser útil con los problemas internos como la vergüenza, la tristeza y el trauma
- promover un nuevo entendimiento sobre el trabajo, las finanzas y la salud

Enfrentarse a las sombras ayuda a revitalizar la red interpersonal con la familia, amigos y el apoyo en la recuperación. Aprenderás a:

- liberarte de la negación
- darle sentido a tu propia historia sexual
- entender tus comportamientos (caos)
- enfrentarte a todo lo que es difícil de controlar
- acceder a recursos y soporte
- desvelar el misterio de tu excitación y comportamiento
- aprender los fundamentos de la recuperación
- evitar las recaídas

Esta tercera edición de *Enfrentarse a las sombras* conserva características similares a las dos ediciones anteriores, a la vez que introduce cambios que realmente quiero que descubráis. Algunas de estas revisiones están relacionadas con el diseño y lo que inspira el libro.

Por ejemplo, hemos llevado a cabo distinciones más claras entre el texto explicativo y los ejercicios, hemos revisado las instrucciones de los ejercicios para su mayor claridad y, además, hemos editado todo el libro con el fin de conseguir una mejor organización y fluidez. Con la facilidad de lectura en mente, hemos permitido, además, que el texto "respire" un poco más acortando las oraciones, los párrafos y las secciones donde ha sido posible y añadiendo epígrafes a lo largo de los capítulos. Estas revisiones se han mejorado con un nuevo diseño de páginas y tipografía.

Entre otras revisiones directamente relacionadas con el contenido, se incluye más material sobre el impacto de Internet en la adición al sexo con historias revisadas y ejemplos que reflejan los últimos desarrollos en tecnología. Además, los ejercicios en el capítulo 3 se han revisado sustancialmente para cumplir con el Inventario de Dependencia Sexual (SDI, por sus siglas en inglés) 4.0, una evaluación informatizada que los terapeutas utilizan con los pacientes. Esta última versión del SDI está basada en nuevos estudios y refleja nuestro entendimiento más actual del comportamiento adictivo sexual. De hecho, los diez tipos de comportamiento destacados en la segunda edición de *Enfrentarse a las sombras* se han extendido a veinte. El resultado es una herramienta que te permite un inventario más centrado en la "búsqueda sin miedo" de tu vida con el fin de profundizar en las perspectivas que te guiarán en el camino de la recuperación.

Incluso con estos cambios, *Enfrentarse a las sombras* es un trabajo en continuo progreso. Todas las sugerencias son bienvenidas para mejorar y las consideraré en futuras ediciones. Para ponerse en contacto con Gentle Path Press, mi editor, consulta el Anexo C.

Con mis mejores deseos,

Patrick J. Carnes

Introducción

Para todos los adictos, llega un momento en el que
finalmente reconocen que tienen un problema.
—Patrick Carnes

Escribí esta afirmación a comienzos de los 80, para la primera edición de mi libro *Fuera de las sombras*. Y todavía estoy totalmente convencido de que es cierto. En ese momento de lucidez para el adicto, se da cuenta, repentinamente, de que su vida está fuera de control. Entonces, los viejos razonamientos y el ansia vuelven a aparecer para desdibujar la realidad.

Piensa en la adicción como si estuvieras atrapado en la corriente de unos rápidos salvajes y peligrosos. Esos destellos de claridad son los puntos de apoyo de los adictos cuando recobran la estabilidad. Si actúan rápidamente, existe la posibilidad de escapar del peligro antes de que la turbulenta y, a la vez, emocionante corriente se los lleve otra vez.

Otros reconocen claramente el peligro y saben que deben salir de allí para sobrevivir, pero la corriente es demasiado fuerte y los momentos de lucidez muy escasos.

Y existen otros que ya han llegado a un punto donde se niegan a ser intimidados por más tiempo. Aprovechan la oportunidad. Con coraje y trabajo, logran encontrar "playas o lagos más tranquilos". Logran salir del círculo y descubren que habían olvidado, o tal vez nunca lo habían conocido, un mundo más calmado, más ordenado. Con una perspectiva diferente se dan cuenta que la última opción que escogerían ahora sería pasar sus vidas en ese río embravecido.

Si te has fijado en este libro, es probable que estés luchando con la adicción al sexo. Eso no significa que seas una mala persona, un pervertido o que no tengas remedio. Significa, más bien, que tienes un trastorno, una obsesión de la que muchos ya se han curado. Tampoco significa que eres uno de los pocos con esta enfermedad. Mi análisis de las investigaciones existentes me lleva a concluir que existen millones de adictos al sexo tan solo en este país.

Si eres un adicto "normal", probablemente estarás familiarizado con las siguientes afirmaciones:

- Nada podrá ayudarme.
- Reacciono exageradamente a cosas "normales".
- Otros (mi familia, mi jefe, mis vecinos) reaccionan exageradamente a cosas "normales".
- Soy un "pervertido" y demasiado anómalo como para cambiar.
- Los problemas ya pasarán.
- Puedo dejarlo si lo intento de verdad (en lugar de ir a terapia o tratar de recuperarme).
- Todo irá bien si me dedico menos a este comportamiento.
- Todo irá bien si me comporto de manera más inteligente o hábil para que no me pillen.
- Hago todo esto debido a mi esposa o mis padres, mi trabajo, religión, cultura o por la bebida o __________ (completa el espacio en blanco).
- Mi situación es diferente.
- Nadie entenderá lo que hago (o lo que he hecho).

Si te han pasado algunas de esas ideas por la cabeza, estás exactamente donde deberías estar. Esto es lo que la mayoría de los adictos piensan primero cuando se enfrentan a su adicción. Si has empezado a reconocer tu problema, ese es un progreso significativo. Finalmente, ahora estés abierto a la posibilidad de que la recuperación y la esperanza entren en tu vida.

Si has llegado al momento donde sabes que tu conducta sexual está fuera de control, este libro es para ti. Afortunadamente, ahora hay muchos libros que tratan la adición sexual (consultar Anexo E). Pero *Enfrentarse a las sombras* es el primero que ofrece técnicas probadas y utilizadas con miles de adictos al sexo recuperados, para enseñarte paso a paso cómo liberarse de esa turbulenta corriente adictiva y mejorar tu vida.

Décadas de investigaciones y experiencias clínicas me han enseñado que desglosar la recuperación en tareas definidas facilita liberarse de la vida adictiva. A medida que las personas en proceso de recuperación desempeñan esas tareas, aprenden aptitudes específicas para gestionar sus problemas. Uniéndolas todas, estas habilidades forman un mapa para llegar al éxito. Si siguen el mapa, alcanzarán el objetivo de la recuperación. De lo contrario, terminarán de nuevo en la corriente violenta.

Este libro es la herramienta que muchos de nosotros, ahora en recuperación, deseamos haber tenido cuando empezamos en este camino. La intención es que se use como parte de la terapia, en un programa de tratamiento interno o externo. También está diseñado para apoyar los programas de recuperación de Doce Pasos tales como Adictos Anónimos al Sexo (SAA, por sus siglas en inglés), Adictos Anónimos al Sexo y al Amor (SLAA, por sus siglas en inglés) o Sexahólicos Anónimos (SA, por sus siglas en inglés). (Consulta la lista de este tipo de grupos de apoyo en las listas de Recursos en la parte trasera de este libro.) Hemos descubierto que la terapia y el apoyo de los Doce Pasos, son ambos claves para el éxito.

Sin ninguna duda, tu "voz adicta" interna te proporcionará razones para no hacer la terapia o el trabajo del programa de los Doce Pasos, diciéndote:

- La terapia no funciona.
- Los terapeutas están locos, si no, no trabajarían en esto.
- Los grupos del programa de Doce Pasos no funcionarán para mí.
- Puedo hacerlo yo solo.
- No me gusta el terapeuta, el grupo, el programa, los Doce Pasos, la gente que hay allí, tener que hablar de mí mismo o __________ (completa el espacio en blanco).

Es en este momento cuando los adictos deben intentar ver que es lo que está ocurriendo, porque pronto volverán a caer al río de nuevo. Por eso, hemos titulado el primer capítulo "¿Qué es real? Reconocer el autoengaño."

Desde que se publicó en 1983, *Fuera de las sombras,* he conocido cerca de cincuenta personas que han muerto debido a su adicción al sexo y he escuchado historias de otros muchos que han sufrido el mismo destino. El último fue un hombre que dejó mi consulta después de intentar convencerme de que su terapeuta y su familia estaban equivocados. Indignado porque me había atrevido a señalar lo obvio, determinó que era capaz de controlar las cosas a su manera. Cinco días después había muerto, fue disparado mientras le arrestaban por su conducta.

En esa misma semana, otro paciente se enfrentó a un punto de inflexión parecido, pero eligió de manera diferente. Encontró un momento de alivio en la corriente donde se paró a escuchar a sus hijos y a su marido. Observé a su hijo de veintiséis años darse cuenta de los problemas a los que se tenía que enfrentar su madre. "Mamá, ¡no puedes seguir viviendo así!", lloró. Su actitud la conmovió y pensó que todo esto era insoportable, descubriendo finalmente lo que la estaba ocurriendo. Respondió comprometiéndose en buscar ayuda. Tengo grandes esperanzas en ella.

El engaño o la fantasía es la parte más letal de esta enfermedad. Esta corriente de rápidos mata. Si te encuentras en un momento donde puedes verlos, te invito a que salgas del río.

Estás aquí

Tareas 1–7

1. Romper con la negación
2. Entender la naturaleza de la enfermedad adictiva
3. Someterse al proceso
4. Limitar el daño por la conducta
5. Establecer la sobriedad
6. Garantizar la integridad física
7. Participar en una cultura de apoyo

Enfrentarse a las sombras: Comenzar la recuperación sexual y en tus relaciones

Tareas 8–13

8. Entender las adicciones múltiples y la sobriedad
9. Conocimiento de los ciclos de abusos
10. Reducir la vergüenza
11. Reestructurar la relación con uno mismo
12. Lamentar las pérdidas
13. Poner término y resolución, asumir la responsabilidad de uno mismo

Recovery Zone: Volumen 1. Hacer cambios que duren: Las tareas internas

Tareas 14–19

14. Restaurar la viabilidad financiera
15. Restaurar un trabajo con sentido
16. Crear un equilibrio en el estilo de vida
17. Desarrollar relaciones personales de apoyo
18. Establecer patrones de salud, ejercicio y nutrición
19. Desarrollar una vida espiritual

Recovery Zone: Volumen 2. Lograr equilibrio en tu vida: Las tareas externas

Tareas 19–30

20. Compromiso de recuperarse a cada miembro de la familia
21. Resolver conflictos/heridas originales
22. Alterar las relaciones familiares disfuncionales
23. Resolver problemas con los niños
24. Resolver problemas con otros familiares
25. Trabajar a través de la diferenciación
26. Tener éxito en la intimidad
27. Comprometerse/Volver a comprometerse en la relación principal
28. Explorar la recuperación de pareja
29. Restaurar una sexualidad sana Involucrar a los miembros de la familia en la terapia

Zona familiar: Creación de la recuperación familiar

Capítulo Uno

¿Qué es real? Reconocer el autoengaño

La salud mental es un compromiso con la realidad a toda costa.
—M. Scott Peck

LA ADICCIÓN ES UNA ENFERMEDAD DE ESCAPE. Su meta es arrasar con, medicar o ignorar la realidad. Es una alternativa para no permitirse a uno mismo sentir dolor, traición, preocupación y, lo más angustioso de todo, soledad.

El desafío más difícil para algunos adictos es reconocer que tienen un problema. La adicción paraliza la capacidad principal de saber qué es real, es decir, nuestra habilidad más esencial. Los adictos entrelazan una mezcla de racionalización y engaño que hace imposible enfrentarse a situaciones como el trabajo y la familia.

En este capítulo, veremos por qué la negación mantiene una influencia tan fuerte sobre los adictos y qué hacer para contrarrestarla. Definiremos la adicción y quien tiene más probabilidades de convertirse en un adicto(a).

Con frecuencia, la adicción comienza de manera simple: la realidad se vuelve en algo demasiado difícil de soportar, por lo que intentamos evadirnos a través de las drogas, el alcohol o el sexo. Escapar de la realidad, incluso por periodos breves, proporciona cierto alivio. Pero cuando las escapadas se vuelven habituales, tenemos una enfermedad mental que se conoce como adicción. Si la salud mental se puede definir, según indica M. Scott Peck, como un compromiso con la realidad a toda costa, entonces, la adicción puede definirse como su oponente más directo: evadirse de la realidad a toda costa, incluso aunque llegue a causar la muerte.

La distorsión de la realidad comienza dentro de la familia

Los adictos sexuales, generalmente, proceden de familias donde la adicción ya estaba presente. A menudo, los padres, abuelos, hermanos o miembros más externos de la familia han luchado o luchan con el alcoholismo, juego compulsivo, adicción a la nicotina, trastornos de alimentación, abuso de drogas ilegales o sexo compulsivo. Incluso, lo más probable es que estos miembros de la familia estén batallando con una combinación de adicciones.

Durante su infancia, los adictos al sexo crecen en un entorno donde ocurre el clásico síndrome del "elefante en el salón": donde todo el mundo pretende que no hay ningún problema, aunque se cierne uno enorme que interfiere en la vida de todos. En tal situación, los niños aprenden pronto a observar la adicción, pero sin verla.

Además, los adictos al sexo suelen proceder de familias autoritarias y rígidas. En estas familias todos los asuntos y problemas son blanco o negro. No hay apenas nada que negociar, y solo hay una manera de hacer las cosas. El éxito en la familia significa hacer lo que los padres desean hasta tal punto que los hijos dejan de ser quienes son realmente. El desarrollo infantil normal no ocurre. Cuando estos niños entran en la adolescencia, tienen muy pocas opciones. Una de ellas es volverse rebelde. La otra es desarrollar una vida secreta que la familia desconoce totalmente. Ambas posturas distorsionan la realidad. Ambas resultan en la desconfianza de la autoridad y una sensación muy pobre de uno mismo.

Si la rigidez familiar además es negativa con respecto al sexo (es decir, se enseña a los niños que el sexo es sucio, inmoral, malo o desagradable), entonces el sexo se convierte en algo exagerado u oculto. Y aún peor, lo prohibido podrían convertirse en objeto de obsesión. O, todos estos factores a la vez. En el peor de los casos, el niño descubre que sus padres no cumplen con sus propios estándares sexuales. Por ejemplo, si los padres critican la promiscuidad, pero uno o ambos tienen constantemente aventuras, el niño aprenderá que la duplicidad sexual es aceptable. La norma es engañar a los demás y fingir que lo que es verdad no es un hecho.

Un modo esencial de saber cuál es la realidad es compartirla con los demás y descubrir sus percepciones en una situación determinada. Esto requiere una capacidad de intimidad. La mayoría de los adictos al sexo, no obstante, proceden de familias en las que los miembros están "desvinculados" unos de los otros, hay muy poca intimidad. Los niños en esos hogares desarrollan muy pocas habilidades para compartir, para ser vulnerables o arriesgar nada de sí mismos(as). Como resultado, aprenden a no confiar en nadie. Una consecuencia más prolongada es el autoengaño que se convierte en algo difícil de abandonar, y los secretos que se vuelven más potentes que la realidad. El peor efecto es que los niños son incapaces de pedir ayuda.

El abuso y la negligencia conllevan una mayor distorsión

Los niños que sufren negligencia sienten que no son valorados. El abuso y la negligencia profundiza su desconfianza en los demás y distorsiona aún más la realidad. Además, viven con un nivel muy alto de ansiedad porque nadie les enseña las habilidades básicas de la vida o les proporcionan sus necesidades esenciales. Los niños en esas situaciones encuentran maneras de aliviar la ansiedad que sienten inevitablemente, y lo hacen de manera compulsiva. Para los adictos al sexo, las estrategias para reducir la ansiedad pueden incluir actos como la masturbación compulsiva. La alimentación y el alcohol pueden controlarse por los padres, pero es muy difícil detener a un adolescente que se masturba. El abuso físico y sexual además intensifica una autoestima muy pobre y la necesidad de aliviar el temor. Las víctimas de abusos tienden a distorsionar la realidad. "Reaccionan de manera exagerada o no responden a los problemas de la vida. Tener miedo les hace sentirse activos. Es más, a menudo, lo hacen con el fin de mentalizarse"; eso es todo, aprender a separar la realidad, a reconocer partes de su vida, pero a rechazar o negar las áreas problemáticas. Esto puede significar actuar de cierta manera en un contexto y hacerlo totalmente diferente en otro. Pretenden que una realidad en sus vidas, como la muerte de un hermano o de un miembro de la familia que está en prisión, no existe. Robert Louis Stevenson escribió sobre está fragmentación cuando describió a Dr. Jekyll y Mr. Hyde. Hyde personalizaba el monstruo debajo del aspecto exterior normal del Dr. Jekyll. Stevenson lo describe esencialmente sobre el fenómeno del alcoholismo, pero es una metáfora muy adecuada para todas las formas de adicción.

Una característica final coincidente en las víctimas de abusos es que tienden a distorsionar o minimizar el impacto del abuso: *No ha sido para tanto. No me dolió mucho.* Esto agrega otra capa de distorsión de la realidad.

Acostumbrarse a la distorsión

Los adictos al sexo tienen tanta experiencia en distorsionar la realidad que se encuentran cómodos con ello. A continuación, vamos a mostrar algunos ejemplos extremos:

- Un hombre de treinta y cinco años es presidente de una compañía que es propiedad de la familia de su mujer. Ha tenido relaciones sexuales con la hermana de su mujer periódicamente durante tres años. Él cree que su mujer no lo va a descubrir, pero si incluso lo hiciera, no perdería la compañía que ha creado con el dinero de su familia política.
- Un sacerdote con 40 años aproximadamente posee un problema de prostitución compulsiva. Ya se ha gastado su herencia familiar y ahora se financia sus hábitos con los fondos parroquiales. Cree que nadie lo va a descubrir nunca, y, además, cree que no ha infringido su voto de celibato porque ha mantenido su virginidad "emocional".
- Un policía tiene sexo con sus vecinas, muchas de ellas amigas de su mujer, y tienen hijos que son amigos de sus hijos. También ha practicado sexo con amigas de su mujer que no viven en el vecindario. Aunque su mujer lo descubrió y se enfrentó a él, logró convencerla de que había sido fiel. Su argumento es que solo escoge mujeres casadas que también tienen que mantener el secreto.
- Una mujer casada practica sexo en situaciones de alto riesgo como los baños

- públicos de bares y restaurantes. Un hombre utilizó su smartphone para grabar secretamente el acto sexual con ella. Después la ha estado amenazando con enviarlo a su marido si no sigue practicando sexo con él.
- Un abogado costó a sus socios miles de millones de dólares en indemnizaciones a empleadas con las que había tenido sexo. Además de eso, empezó a tener sexo con prostitutas que era también estudiantes de medicina. Creyó que era una solución adecuada, porque al fin y al cabo lo estaba haciendo con "doctoras".
- Un ejecutivo pagó miles de dólares con la tarjeta de crédito de su compañía para reproducir videos de páginas web de sexualmente explícitas que requerían ser miembro "Premium". Tuvo en cuenta el tamaño inmenso de la compañía y llevo a cabo algunas prácticas contables complicadas para ocultar el problema.
- Un médico inició relaciones con sus pacientes femeninas después de examinarlas. Sabía que ninguna de las mujeres con las que había tenido sexo lo iban a denunciar debido al "significado" que su relación todavía tenía.

En cada uno de estos casos, la verdad salió a la luz con resultados terribles. Todas estas personas se quedaron sorprendidas de su capacidad de autoengaño.

Centrarse en la realidad

Los ejemplos anteriores ilustran por qué debemos comenzar por reconocer la negación. Según vayas progresando en la recuperación, empezarás a entender cómo ha funcionado en ti el proceso de negación.

Nuestro propósito, ahora, es simplemente aclarar que es normal estar confuso en este punto. También es normal autocastigarse porque te sientes mal o culpable de tu conducta sexual. Y, probablemente, es verdad que no has sido honesto ni contigo mismo(a) y ni con los demás. No obstante, será más fácil saber cómo has llegado a este punto.

Existen dos retos: Primero, debes ser honesto(a) contigo mismo(a). Y, posteriormente, necesitas ser honesto con aquellos que pueden ayudarte, es decir, tu terapeuta o tu grupo de apoyo.

Esto, tal vez te va a sorprender, pero te sugiero que esperes a decírselo a tu esposa(o), familia, amigos(as) y jefes hasta que (1) entiendas lo que está mal, y (2) tengas apoyo de las personas que entienden tu problema como, por ejemplo, un terapeuta de adicción sexual certificado.

Qué puedes hacer ahora

Hay tres pasos activos que te pueden ayudar a centrarte en la realidad.

Primero, enumera los problemas que crees que tienes. Esta lista será un recurso importante a medida que atraviesas el proceso de recuperación.

Segundo, según revisas esos problemas, fíjate en los secretos que tienes. En otras palabras, ¿en cuántas situaciones te has encontrado en las que las personas no eran conscientes de la verdad? Hay casos en los que has mentido, en los que no has contado toda la historia o has decidido no hablar de ello.

Finalmente, pregúntate qué excusas o razones utilizas para tu conducta sexual. Haz todo los esfuerzos posibles para ser totalmente honesto(a).

Vamos a empezar a trabajar en este momento en traspasar esas barreras hasta la realidad. Son el punto de atención de los próximos tres ejercicios en este capítulo. Hacerlos, tal vez sea duro al principio, pero anímate y continúa. Este proceso ha funcionado a miles de personas antes que a ti.

Un diario como herramienta

A medida que avances en este libro de trabajo, te recomiendo que lleves un diario. Utilízalo para registrar reflexiones o notas sobre los ejercicios del libro; más tarde, según pase el tiempo, te serán valiosos. También puedes utilizar el diario si ya no tienes más espacio para escribir en este libro; no dudes en escribir allí "todo lo que necesites".

Recuerda mantener todo este proceso lo más simple posible. Muchas personas han descubierto que un cuaderno barato de espirales les sirve como la herramienta perfecta para sus reflexiones. Otros prefieren un diario de piel con papel de alta calidad. La elección es totalmente tuya, así que decide lo que funcione mejor para ti.

Para mantener tu diario organizado, etiqueta tus respuestas con los números de ejercicios o páginas de este libro. Así será más fácil revisarlas y expandir tus respuestas en el futuro.

También sugiero que encuentres un lugar seguro para guardar el diario. Si crees que nadie, aparte de ti y de un leal confidente, como tu persona de apoyo(sponsor) o terapeuta, verán lo que has escrito, entonces podrás escribir abiertamente. Este tipo de honestidad sin restricciones es crucial para tu recuperación.

Otra opción es utilizar tu smartphone, tablet u ordenador (computadora) para crear tu diario. Puedes elegir entre un gran número de aplicaciones para escribir o realizar un diario. No obstante, revisa la configuración de seguridad para garantizar que lo que escribes permanecerá de manera privada, solo para ti.

Con respecto a la tecnología, recuerda, además, que todo aquello que escribas en un mensaje de correo electrónico o publiques online es comunicación pública. Blogs, Facebook, Twitter y otras redes sociales no son la manera más adecuada de compartir tus reflexiones más privadas.

• • • Ejercicio 1.1 • • •

La lista de problemas

Indicaciones: El objetivo de este ejercicio es identificar tu percepción actual de lo que está ocurriendo en tu vida. Te proporcionará una "visión global" de lo que te ha traído a este punto. Hacer la lista te ayudará también cuando hables con tu terapeuta y con los demás durante tu recuperación sobre todo aquello que ha ido mal.

Es importante que elabores una lista lo más completa posible, porque al hacerlo lograrás que tu recuperación sea mucho más sólida.

Al principio, tal vez te sientas incómodo o con temor al crear esta lista. Si fuera necesario, tómate un respiro y vuelve más tarde. Algunos adictos han descubierto que a medida que van escribiendo, se van revelando más capas de sus problemas. De nuevo, puede llegar a ser desconcertante, así que, si necesitas hablar de las emociones que están brotando con tu persona de apoyo o terapeuta, hazlo y después vuelve al ejercicio.

Enumera todos tus problemas. Incluye todos, tanto los sexuales (por ejemplo, gastarle todos los ingresos en la tarjeta de credito para reproducir videos porno online, mentir a tu jefe sobre encuentros durante horas de trabajo tener que hacerte un test del SIDA) como los no sexuales (por ejemplo, mi hijo adolescente tiene problemas en el colegio, la trasmisión del vehículo hace un ruido extraño, etc.)

Primer problema: ______________________________

____

____

____

Segundo problema: ______________________________

____

____

____

Tercer problema: ______________________________

____

____

____

Cuarto problema: ______________________________

____

____

____

Quinto problema: ______________________________

____

____

____

Sexto problema: ______________________________

____

____

____

Séptimo problema: ______________________________

____

Octavo problema:

Noveno problema:

Décimo problema:

Décimo primer problema:

Décimo segundo problema: ________________________________

Décimo tercer problema: ________________________________

Décimo cuarto problema: ________________________________

Décimo quinto: ________________________________

• • • Ejercicio 1.2 • • •

La lista secreta

Indicaciones: Generalmente, los adictos al sexo poseen un significante número de secretos: hijos fuera del matrimonio, tarjetas de crédito que su esposo(a) no conocen, "amantes online" de los que no tienen ni la menor idea y mucho más. De hecho, muchos de los problemas que has enumerado en el ejercicio 1.1 están probablemente ahí por los secretos que conllevan. Deberías preguntarte cuántos de los problemas enumerados serían aún peores si todo el mundo supiera la verdad sobre tu conducta.

Los secretos en sí mismos ya son un problema. Primero, lo más probable es que estés inmerso(a) en estrés emocional al ser consciente de que eres deshonesto(a). También podrías experimentar ansiedad al intentar recordar qué has contado a quién, para no descubrirte. Y, después, el miedo a que se descubra la verdad.

Cada uno de estos problemas te pasa factura. Pero lo que es peor, terminas por creerte algunas de tus distorsiones. Al contar una historia con bastante frecuencia, los adictos empiezan a vivir como si la historia fuera real.

Debes comenzar con la realidad. Recuerda incluir las omisiones, no solo las mentiras sino lo que te has dejado fuera. Después de que enumeres cada secreto, fíjate en qué personas en tu vida no tienen una imagen precisa de ti porque has mantenido muchos secretos con ellos. Si necesitas más espacio, utiliza tu diario.

Primer secreto: ____

____

____

¿De quién has mantenido este secreto? ______________________

____

Segundo secreto: ____

____

¿De quién has mantenido este secreto?

Tercer secreto:

¿De quién has mantenido este secreto?

Cuarto secreto:

¿De quién has mantenido este secreto?

Quinto secreto:

¿De quién has mantenido este secreto?

Sexto secreto: ______________________________

____

____

¿De quién has mantenido este secreto? ______________________________

____

Séptimo secreto: ______________________________

____

____

¿De quién has mantenido este secreto? ______________________________

____

Octavo secreto: ______________________________

____

____

¿De quién has mantenido este secreto? ______________________________

____

Noveno secreto: ______________________________

____

____

¿De quién has mantenido este secreto? ______________________

____

Décimo secreto: ______________________________________

____

____

¿De quién has mantenido este secreto? ______________________

____

• • • Ejercicio 1.3 • • •

La lista de excusas

Indicaciones: Los adictos racionalizan su conducta. Generalmente, manifiestan los razonamientos en términos como:

- privación (por ejemplo: "Mi esposa(o) no es sexualmente receptiva(o).")
- culpa (por ejemplo: "Mi pareja no me entiende.")
- singularidad: algunas situaciones o circunstancias especiales son la causa de que se comporten de ese modo (por ejemplo: "tengo mucha tensión en mi trabajo porque soy cirujano, sacerdote, profesor, abogado, etc.")

Cualesquiera que sean los razonamientos, el propósito es ayudar a los adictos a aceptar una conducta poco saludable.

Es importante desde el principio etiquetar esos razonamientos como excusas. Solo cuando nos demos cuenta de que estamos poniendo excusas, podremos comenzar a eliminar la capa de mentiras que cubren nuestra conducta.

Enumera las excusas que has utilizado durante todo este tiempo para llevar a cabo tu conducta. Con frecuencia, se irán agregando a esta lista a medida que avanzas en el libro. Anota la fecha en la que te diste cuenta de que estabas distorsionando la realidad para que puedas hacer un seguimiento de tu progreso.

Razonamiento/Excusa	Fecha de reconocimiento
1.	
2.	
3.	
4.	
5.	
6.	
7.	
8.	

Razonamiento/Excusa	Fecha de reconocimiento
9.	
10.	
11.	
12.	
13.	
14.	
15.	
16.	
17.	
18.	
19.	
20.	
21.	
22.	
23.	
24.	
25.	
26.	
27.	
28.	
29.	
30.	

• • • Ejercicio 1.4 • • •

Inventario de consecuencias

Indicaciones: La mayoría de los adictos tienen la expectativa, en general, de que alguien a su alrededor va a ignorar siempre el daño causado por sus acciones. Algunos, incluso se indignan cuando *sufren* las consecuencias, como, ser despedidos, cheques devueltos, ir a la cárcel, etc.

Las consecuencias, sin embargo, son claras señales de la realidad. Los adictos las sufren porque el mundo no comparte sus pensamientos distorsionados. Mentiras, promesas rotas y un comportamiento explosivo finalmente les pasará factura y les costará muy caro.

De este modo, los adictos descubren que su negación es el comienzo de un proceso de duelo. En otras palabras, las pérdidas comienzan a acumularse, y el adicto(a) intenta evitar el momento de la verdad aferrándose a la negación. Pero, al final el momento llega y el desastre es inmediato.

Durante la recuperación, los adictos encuentran extremadamente útil hacer un inventario completo de sus consecuencias. Todos los adictos que han experimentado una conducta sexual fuera de control utilizan el sexo para enfrentarse al estrés. Lamentablemente, muchas personas no mencionan lo que les ha ocurrido como una consecuencia. O siguen utilizando su conducta sexual como modo de evitar los sentimientos o admitir lo que ha ocurrido.

Tú también has tenido que enfrentarte a las consecuencias. Aunque es difícil volver a los "restos de nuestro pasado", como lo denomina *Alcohólicos Anónimos*, una evaluación honesta de tus consecuencias mejoraría radicalmente tu recuperación.

Observa con realismo las consecuencias de tu conducta en cada de una de las categorías siguientes: Rodea o subraya cada uno de los elementos que describan tus experiencias.

Consecuencias emocionales

1. Pensamientos o sentimientos sobre el suicidio
2. Intento de suicidio
3. Pensamientos o sentimientos homicidas
4. Sentimientos de desolación y desesperación
5. Esfuerzos insatisfactorios por controlar tu conducta sexual

6. Sensación de tener dos vidas diferentes: una pública y otra secreta
7. Depresión, paranoia o miedo a volverse loco(a)
8. Pérdida de contacto con la realidad
9. Pérdida de autoestima
10. Pérdida de objetivos en la vida
11. Actuar en contra de tus propios valores y creencias
12. Fuertes sentimientos de culpa y vergüenza
13. Fuertes sentimientos de aislamiento y soledad
14. Fuertes temores sobre el futuro
15. Agotamiento emocional
16. Otras consecuencias emocionales: ______________________

    ____

Consecuencias físicas

1. Continuación de la conducta adictiva a pesar del riesgo en la salud
2. Ganancia o pérdida de peso extrema
3. Problemas físicos, como úlceras o hipertensión
4. Lesiones físicas o abuso por parte de otros(as)
5. Participación en situaciones potencialmente peligrosas o abusivas
6. Accidentes con vehículos (automóvil, moto, bicicleta)
7. Autolesionarte con tu conducta sexual
8. Alteraciones del sueño (demasiadas horas de sueño, no descansar lo suficiente)
9. Agotamiento físico
10. Otras consecuencias físicas relacionadas con tu conducta sexual, como enfermedades de transmisión sexual, SIDA, o sangrados.

    ____

    ____

Consecuencias espirituales

1. Sensaciones de vacío espiritual
2. Sensación de estar desconectado del mundo y de ti mismo(a)
3. Sentirse abandonado por Dios o por el Poder Supremo
4. Ira hacia el Dios o el Poder Supremo
5. Pérdida de fe sobre lo espiritual
6. Otras consecuencias espirituales:______________________________

   ____

Consecuencias relacionadas con la familia

1. Riesgo de perder a la pareja o esposo(a)
2. Pérdida de la pareja o esposo(a)
3. Incremento de los problemas matrimoniales o en la relación
4. Poner en peligro el bienestar de tu familia
5. Pérdida de respeto de la familia o de la pareja
6. Incremento de problemas con tus hijos
7. Distanciamiento de tu familia de origen
8. Otras consecuencias familiares o parentales: _____________________

   ____

Consecuencias relacionadas con la carrera profesional y educación

1. Disminución de la productividad en el trabajo
2. Degradación en el trabajo
3. Pérdida de respeto de los compañeros (as)
4. Pérdida de la oportunidad de trabajar en la carrera profesional de tu elección
5. Suspender cursos en el colegio
6. Pérdida de oportunidades educativas
7. Pérdida del negocio
8. Forzado a cambiar la carrera profesional

9. No trabajar a tu nivel de capacidad
10. Finalización del empleo
11. Otras consecuencias educativas o en la carrera profesional: __________

    ____

Otras consecuencias

1. Pérdida de amistades importantes
2. Pérdida de interés en hobbies y actividades
3. Pocos o ningún amigo(a) que no participe o condene tu conducta sexual
4. Problemas financieros
5. Actividades ilegales (arrestos o detenciones)
6. Implicaciones legales o jurídicas
7. Demandas
8. Prisión o trabajos sociales
9. Robar o malversar para continuar con esa conducta
10. Otras consecuencias: ______________________________________

    ____

Vas a tener que volver a este inventario de consecuencias más tarde. Además, será un gran beneficio hablar de ello con tu terapeuta o persona de apoyo(sponsor).

Esta es la parte más dura. Con frecuencia, los adictos creen que las consecuencias son injustas. Recuerda que nadie te ha prometido justicia y equidad. En el pasado tal vez has vivido con la ilusión de que otros responderán a las injusticias o se mostrarían comprensivos por todo lo bueno que has hecho o por lo mucho que lo has intentado. Nada de eso te va a ayudar ahora. Es el momento de enfrentarte a lo que es real.

Las personas que te han mostrado las consecuencias no son tus enemigos. Al verlos como enemigos, todavía estarás atrapado justificando tu conducta. El problema real es tu negación y tu capacidad de autoengaño. Eres responsable de mostrarte vulnerable ante ellos. Cuando elijes tu comportamiento, abres la puerta a estas consecuencias potenciales. Tienes que preguntarte si merece la pena el riesgo. Y si logras hacerlo, estarás logrando un progreso significativo en tu recuperación.

Lo que más ayuda en este punto es interpretar tus consecuencias como si ejercieran como profesores. Te han enviado una lección que debes aprender. Si no la aprendes ahora, se manifestará de nuevo, y probablemente en una manera más dolorosa.

• • • Ejercicio 1.5 • • •

Reconocer la negación

Indicaciones: Negar algo es decir que no es verdad, decir "no" a ello o impedir que ocurra. La negación, por supuesto, puede ser un desacuerdo directo, honesto o un rechazo. Cuando se empareja, sin embargo, con una conducta sexual fuera de control se convierte en un modo potente y poderoso, a menudo destructivo, de protegerse a uno(a) mismo(a) para no ser descubierto, y como consecuencia, un arma para evitar la ayuda.

Para los adictos, la negación es un tipo de pensamiento y razonamiento confuso utilizado para evitar la realidad de su conducta o las consecuencias de esta. Los adictos utilizan la negación en un esfuerzo por proteger su conducta sexual porque creen que no pueden vivir sin ella. Es un modo de desviar la atención y la responsabilidad. A continuación, mostramos algunas afirmaciones que reflejan la negación:

- Fue solo de vez en cuando.
- No he hecho daño a nadie porque nadie lo sabía.
- Tenía que satisfacer mis necesidades en algún sitio.
- Empezó ella, así que ¿por qué está disgustada?
- Ya somos todos adultos.
- Solo me estoy comportando como un hombre (o una mujer).
- Si crees que soy malo(a), entonces deberías ver esto y lo otro.
- Mi situación es diferente.

Observa el rol que la negación juega en tu vida. Enumera todas las razones que creíste, o todavía crees, que son fundamentales para no pertenecer a ningún grupo de apoyo o terapia con el fin de ayudarte con tu comportamiento sexual y actividades inapropiadas.

___

___

___

• • • Ejercicio 1.6 • • •

Explorar las múltiples caras de la negación

Indicaciones: Existen muchos tipos de negación. A continuación, mostramos una lista de las categorías principales. Escribe tus propios ejemplos de cada tipo.

Pensamiento global

Intentar justificar por qué algo no es un problema con términos como "siempre", "nunca", y "ningún problema en absoluto."

____

____

Racionalización

Justificar un comportamiento inaceptable: "No tengo ningún problema, simplemente estoy liberado sexualmente", "¡Es que sois demasiado puritanos!", "estáis locos."

____

____

Minimizar

Intentar que el comportamiento o las consecuencias parezcan más pequeñas o menos importantes de lo que son: "Solo un poco", "solo de vez en cuando", "no es para tanto".

____

____

Comparación

Cambiar el centro de atención a otra persona para justificar su conducta: "No soy tan malo(a) como ____________________ (completar el espacio en blanco)."

____

____

Singularidad

Pensar que eres diferente o especial: "Mi situación es diferente", "me han hecho más daño", Todo eso está muy bien para ti, pero yo estoy demasiado ocupado para ir ahora a un grupo de apoyo."

____

____

Evitarlo creando un revuelo o distracción

Hacer el payaso y provocar la risa de todos, estallidos de ira para atemorizar, amenazas y gesticulaciones o un comportamiento impactante que puede ser sexual.

____

____

Evitar por omisión

Intentar cambiar el tema, ignorarlo, o manipular la conversación para evitar hablar de lo que ocurre. Este modo de negación también conlleva dejar fuera partes importantes de información; por ejemplo, que tu amante tiene dieciséis años o que es la pareja de tu amigo.

____

____

Culpar

Pasar la responsabilidad a otra persona: "Bueno, tú también saldrías toda la noche si tuvieras mi trabajo", "si mi mujer/marido/pareja no fuera tan frío, no tendría que buscarme una aventura", "no puedo evitarlo, el niño llora día y noche y me pone nervioso(a)."

____

____

Intelectualización

Evitar los sentimientos y responsabilidades al darle muchas vueltas o preguntándote por las razones de esta conducta. Explicar todo. Perderse en los detalles y en la historia. Pretensión de tener un intelecto superior y utilizar la inteligencia como arma en lugar de fuerza para cambiar la conducta.

____

____

Desesperación/Desamparo

Sentir como si todo estuviera perdido y tu situación no puede mejorar: "Soy una víctima, no puedo evitarlo", "no hay nada que puede hacer mejor", "soy lo peor".

____

____

Conducta manipuladora

Distorsionar la realidad, incluyendo el uso de poder, mentiras, secretos o culpa para explotar a los demás.

____

____

Dividir

Dividir tu vida en áreas que no tienen nada que ver entre ellas; tener pensamientos, sentimientos y conductas que mantienes separadas de las otras partes de tu vida.

Hacerles creer que están locos

Cuando se enfrentan a alguien que indica claramente un hecho, les recriminan que están totalmente equivocados. Al actuar indignado(a) hacia ellos intenta hacerles creer que están locos, señalando que no pueden confiar en sus propias percepciones.

Seducción

Utilizar el encanto, humor, buen aspecto o amabilidad para ganarse el acceso sexual y ocultar la falta de sinceridad.

Volverse responsable

En su momento, la mayoría de los adictos en recuperación descubren que en realidad no hay ninguna excusa para su comportamiento. No es fácil ser honesto(a) con uno(a) mismo(a), menos aún serlo con el resto del mundo. Pero continuar sumido en la negación y en la deshonestidad garantiza que los viejos patrones destructivos continuarán.

Cuando empiezas a aceptar la responsabilidad por tus conductas y sus consecuencias, conseguirás un atisbo de cómo puede ser la vida en la recuperación. Sabes muy bien que la negación crea una ansiedad constante. Intentar recordar las mentiras que has contado y a quién es una fuente continua de estrés. La buena noticia es que la honestidad y la responsabilidad proporcionan paz y libertad, es decir, una sensación de serenidad relacionada directamente con la integridad en tu vida.

Con la negación, decías que no habías dañado a nadie; la responsabilidad se enfrenta a ello, y muestra que, en realidad, sí has hecho daño a los demás. Por ejemplo, si llevamos a cabo una masturbación compulsiva, lo más probable es que no reconozcamos ningún daño a nadie. Pero, si no estamos disponibles sexualmente para nuestra pareja, demasiado obsesionado(a), y por tanto, los niños no están bien atendidos, o te escapas en horas de trabajo, entonces el impacto y el daño es muy real.

• • • Ejercicio 1.7 • • •

¿Indefenso o desmotivado?

Indicaciones: Durante la recuperación, hablamos de la indefensión. Debido a tu adición, no has sido capaz de detener tu conducta por ti mismo(a). Por eso has pedido ayuda. Pero a pesar de sentirte indefenso, no obstante, todavía eres responsable de lo que has hecho.

El concepto de responsabilidad es esencial en el proceso de los "Doce pasos". Aceptar tu responsabilidad te ayudará a romper con la negación y a admitir la magnitud del problema.

A continuación, enumera el máximo de ejemplos que puedas de personas que han sido dañadas por tu conducta y describe el modo en las que les hiciste daño. Especifica tus ejemplos al máximo. Si necesitas más espacio para escribir, entonces continúa en tu diario.

Antes de empezar, es importante saber que esta es una de las tareas más difíciles de la recuperación. Aunque va a ser dolorosa, no se trata de castigarte a ti mismo(a); es más bien, enfrentarte a la realidad y dejar la negación atrás. Por lo tanto, sé amable contigo mismo(a) pero también exhaustivo(a).

1. ____

   ____

2. ____

   ____

3. ____

   ____

4. ______________________________

____

5. ______________________________

____

6. ______________________________

____

7. ______________________________

____

8. ______________________________

____

9. ______________________________

____

10. ______________________________

____

En la negación, no estás solo

Si eres como la mayoría de los adictos, estás empezando a darte cuenta lo distanciado de la realidad que has estado viviendo. Para asegurarte que no estás solo, lee los comentarios siguientes de otros adictos describiendo cómo fue esta fase para ellos. A medida que lo leas, fíjate cómo la realidad se insertó en sus vidas.

- Ir a una sala de masajes eróticos después de prometerme a mi mismo(a) que no lo haría
- No ser capaz de rechazar tener sexo con mujeres. No me parece correcto negarme
- No ser capaz de cumplir el compromiso matrimonial
- Tener sexo a cambio de dinero con mujeres mayores cuando estaba en secundaria
- Acostarme con parejas en serie en una noche
- Salir seis noches por semana para ligar o que me liguen en bares
- Utilicé una aplicación de smartphone o página web para localizar parejas dispuestas a tener sexo
- Asumir riesgos sexuales con empleados
- Masturbarme en la biblioteca y no estudiar
- Intentar empezar una aventura con mi cuñada(o)
- Perder dos amigos íntimos porque intenté seducir a sus mujeres
- Tener sexo con extraños
- Intercambiar sexo por drogas
- Comportarse de manera sexual en lugares públicos como bares
- Masturbarse en el coche a pesar de la posibilidad de tener un accidente o causarlo
- Robar dinero para mantener mi relación sexual
- Acumular una deuda grande para "comprar " a una persona
- Cuando estoy solo(a), sentirme obligado(a) a comportarme de manera sexual
- Arrestado(a) por comportamiento obsceno
- Cada vez que voy de compras, sentirme obligado(a) a ir a los baños a buscar sexo
- Participar en más de una relación intensa a la vez
- Muchas parejas anónimas
- No soy capaz de crear amistades/solo encuentro parejas sexuales
- Hacer autostop por la noche esperando conseguir sexo
- Ir a un parque en busca de sexo después de obtener un test negativo de VIH

- Exhibirme mientras conduzco
- No puedo practicar sexo seguro incluso cuando intento hacerlo
- Sexo con hombres casados
- Llamar a una persona que me ha torturado, quedar con él y tener sexo
- Situaciones peligrosas con extraños
- A la edad de catorce años, tuve ya varios amantes durante el día
- Robar ropa de mujer para travestirme
- Masturbarse desnudo en el porche o en la terraza en mitad de la noche
- Sexo en un tren de pasajeros con un extraño
- Arriesgar con prostitutas y proxenetas
- Sexualizar clientes en el trabajo
- Traer hombres a casa en mitad del día cuando los niños están presentes
- Dormir con un círculo de amigos de un hombre por estar cerca de él
- Despertarme con extraños
- No he podido decir no a la sugerencia de mi marido de intercambiar esposas
- El médico me masturbó mientras me examinaba y no pude decir no

Como muestra la lista anterior, no estás solo(a). Todas estas personas han logrado cambiar sus vidas radicalmente. Comenzaron por admitir que necesitaban ayuda.

Conseguir la ayuda que necesitas

Después de reconocer que tienes un problema, incluso aunque no lo quieras llamar adicción, hay dos pasos que debes seguir. Primero, debes comenzar la terapia. Segundo, debes participar en el programa de los "Doce pasos" para la adicción al sexo. Todo esto incluye encontrar una persona de apoyo (sponsor).

Es bastante común en esta etapa preguntarte si realmente eres un adicto y necesitas pasar por todo esto. Los dos capítulos siguientes de este libro te ayudarán a decidir si lo eres.

Es, además, muy importante entender si la adición es un problema en tu vida, porque todo este material fracasará a la hora de ayudarte si los utilizas aislado. Debido a la vergüenza y a la culpa que proporciona la adicción, es más fácil pensar, *bueno, me leo el libro, hago los ejercicios en casa, y hablo contigo cuando esté mucho mejor.*

No lo hagas. *Debes* hablar con personas que tienen más experiencia en la recuperación que tú. Es natural en la negación reafirmarse cuando una persona se aísla de los demás. La capacidad de reconocer tu adicción, junto con sus consecuencias en tu vida y en la de los demás, incrementa radicalmente cuando estás con personas que lo han pasado tan mal como tú.

"Quédate con los ganadores"," anima Alcohólicos Anónimos. Esto significa encontrar personas que han pasado por las mismas sombras que inundan actualmente tu vida y que ahora han salido a plena luz.

Los beneficios de la terapia

Los terapeutas están formados para ayudar a las personas a entender que les está ocurriendo. Puedes ganar una perspectiva importante con la terapia. Y, lo que es más, los terapeutas están formados para orientarte con el tiempo y pueden ayudarte a través de lo que puede ser un proceso desconcertante y doloroso. Si ya tienes un terapeuta, tal vez ya te haya recomendado este libro. Tu terapeuta se convertirá en una de tus guías para el proceso que presentamos aquí. Para consultar una lista de terapeutas certificados en adicción al sexo, visita www.sexhelp.com o www.iitap.com.

Mi experiencia al trabajar con adictos al sexo me ha enseñado lo que un adicto(a) necesita hacer para curarse y encontrar una recuperación sostenida. Esto es lo que este libro te ofrece. También sé que no ocurre de la noche al día. El proceso dura entre tres a cinco años.

Participar en el programa de los "Doce pasos"

Ten en cuenta que nuestros estudios nos han demostrado que el trabajo de los "Doce pasos" y la terapia están vinculados de un modo esencial. Mientras que la terapia acelera el proceso y reduce radicalmente el riesgo de recaída, la terapia sola no es suficiente. En pocas palabras, el proceso de los "Doce pasos" es imprescindible para la recuperación. Estar en una comunidad de personas que te apoyen que son también adictos en recuperación, parece ser absolutamente clave para la curación.

Puedes encontrar grupos de recuperación de muchas maneras. Empieza buscando en la lista de recursos del anexo D al final de este libro. Tu terapeuta tal vez te pueda conectar con una persona que te pueda servir como apoyo temporal. Tus servicios psicológicos o médicos locales podrían ser de ayuda. También puedes hacer una búsqueda en internet utilizando las palabras *grupos de recuperación de adicciones.* Para una orientación de compañeros nacionales que podrían ponerte en contacto con alguien en tu comunidad, visita nuestra página web sexhelp.com.

Una vez que hayas encontrado un grupo de "Doce pasos", recuerda que se necesita mucha valentía para atravesar esas puertas. Pero ese es el camino para el tipo de curación y plenitud que buscas para toda tu vida.

Encontrar una persona de apoyo (espónsor)

Una de las grandes tradiciones que ha ido creciendo cada vez más en el movimiento de los "Doce pasos", son las personas de apoyo. Un sponsor o persona de apoyo es alguien con mayor experiencia en la recuperación, al que pedimos que nos ayude a trabajar en nuestra recuperación y curación. Buscaremos alguien que tenga lo que queremos, es decir, serenidad, sabiduría y humor, y que haya atravesado por una experiencia similar. Es perfectamente correcto encontrar una persona de apoyo temporal: alguien que te ayude a entender el proceso de los "Doce pasos" y su lenguaje cuando estás iniciando la recuperación.

Tal vez te sientas extraño al pedirle a alguien que sea tu sponsor, especialmente cuando eres nuevo en el programa. Podrías sentir que te estás imponiendo a ellos, y podría frenarte a la hora de pedir ayuda. Superar estas hipótesis negativas se convierte en una manera de cuidarte. Este es un paso crucial en el camino de la recuperación.

Empieza por compartir todo lo que sabes con tu terapeuta y tu persona de apoyo.

Utiliza los ejercicios en este capítulo para ayudarte a hablar de ellos.

Finalmente, recuerda que este libro de trabajo está basado en parte en mis dos libros anteriores, *Fuera de las sombras* y *No lo llames amor*. Te invito a que leas los primeros capítulos de cada uno de ellos. Te ayudarán a entender mejor los retos de la recuperación, y los dones que se desvelarán después.

Al leer este capítulo y hacer los ejercicios, has dado un paso significativo. Liberarte de la negación es uno de los pasos más difíciles que los adictos dan. Si necesitas tomarte un respiro o cuidarte de alguna manera (comer en un restaurante agradable, disfrutar de un baño caliente, ir a dar un paseo en una bonita tarde), hazlo, regálatelo. Y, sé consciente de que la fuerza que necesitas para continuar te la vamos a proporcionar.

Capítulo Dos

¿Qué es una adicción? Comprender la conducta adictiva

La masturbación es el único gran hábito considerado como una adicción principal. Las otras adicciones, como el alcohol, morfina, tabaco, etc., solo entran en la vida como sustituto y reemplazo de ella.
— Sigmund Freud

HEMOS RECORRIDO UN LARGO CAMINO desde que Freud especuló por primera vez sobre la adicción al sexo. Pero el progreso no ha sido fácil. Hubo un periodo entre los años 30 y 40 donde los adictos al alcohol y a las drogas se consideraban como seres intratables. Los jugadores compulsivos eran, en el mejor de los casos, objetos de curiosidad y, con frecuencia tratados como personas sin carácter. Aquellos considerados como pervertidos o glotones se creía que tenían un problema moral, si es que ni tan siquiera se lograba hablar de ello.

Hoy, entendemos que la adicción es una enfermedad, un trastorno serio. Es más, los problemas como las drogas, la comida, el juego y la adicción al sexo están, en realidad relacionados y dependen de procesos físicos similares. Lo más importante es que sabemos que estas personas pueden conseguir ayuda y que existe un buen diagnóstico. La adicción al sexo ha sido la última adicción aceptada desde esta percepción.

Cuando publiqué *Fuera de las sombras* en 1983, la definición utilizada en ese momento para describir una adicción era "relación patológica con una experiencia de alteración del ánimo». Las personas que crecieron en situaciones familiares difíciles aprendieron a no confiar. Como adultos, buscan algo en lo que apoyarse y confiar para aliviar el desasosiego profundo que sienten. Como el alcohol, el sexo, la comida y el riesgo siempre proporcionan lo que prometen, al menos temporalmente, generalmente se convierten en la respuesta. A partir de ahí, la "relación patológica" comienza.

Para los adictos al sexo, este se convierte en la prioridad por la que son capaces de sacrificarlo todo. Colocan el sexo por delante de sus hijos, esposas(os) y amigos, a pesar de gran coste que supone para ellos mismos. Al igual que un alcohólico tiene una aventura con la botella, la relación de los adictos al sexo es con el sexo y el romance. Las fantasías distorsionadas y las conductas saciantes, que se vuelven obsesivas hasta el punto de lesionarse físicamente, se utilizan en un intento de resolver la desoladora soledad del adicto. La adicción puede interpretarse, entonces, como un trastorno íntimo. A medida que avances en este libro de trabajo, observarás cómo las relaciones distorsionadas se encuentran en el centro de este proceso adictivo.

La adicción, además, posee un componente psicológico. A mediados de los años 70, los científicos comenzaron a entender que la adicción refleja un problema en el cerebro. Cuando se encuentran solos, abrumados o deprimidos, los adictos acceden a una vía neuronal clave a través de conductas y química que alteran el estado de ánimo. Esto les permitirá sentirse mejor temporalmente. La "solución" de la adicción funciona a través de la estimulación continua. El placer puede ocultar el dolor, adormecer la soledad y ayudar a disminuir la vergüenza.

Cuando los comportamientos se vuelven repetitivos, los denominamos compulsivos. La compulsión es el punto central del proceso adictivo y depende de las vías neuronales del cerebro. Es importante que comprendamos cómo funciona estas vías neuronales y cómo afectan a tu adicción. Obtendrás más información sobre este complejo proceso químico en el capítulo 7.

La estimulación de las vías neuronales procede de lo que yo denomino el sistema adictivo. Comprender la adicción como un sistema repetitivo te ayudará a identificar lo que necesitas cambiar en tu vida.

El ciclo de la adicción

Siempre le pasaba lo mismo a Jim. Tenía una sensación en el estómago, que le daba miedo, pero a la vez era emocionante, y excitante sexualmente. Tenía mucho trabajo, pero durante un rato a mediodía nadie sabía dónde estaba. Se dirigió a algunos clubes de desnudo que ya conocía de antes, intentado decidir si entraba o no. Se fijó en mujeres atractivas y se excitó todavía más. Decidió entrar en un bar de desnudos donde sirven bocadillos. Allí estuvo observando el striptease del espectáculo.

Cuando salió, había tomado una decisión. Nada de deambular o mirar. Claro en su propósito, se dirigió a la casa de una mujer que hace masajes eróticos. Posteriormente, se sentía como siempre, es decir, triste, deficiente y avergonzado. Se preguntaba a sí mismo por qué hacía todo esto cuando sabía que iba a terminar siempre del mismo modo. Y lo peor de todo es que había tardado más tiempo del que pensaba, así que ahora tendría que enfrentarse a problemas en el trabajo e inventarse mentiras para ocultar donde había estado.

Kathy tenía un problema similar. Era una "adicta al romance". Estaba casada pero hasta tuvo una aventura incluso el día de su boda. Durante trece años de matrimonio nunca ha estado con uno o dos amantes, pero sí con múltiples "flirteos" fuera del matrimonio.

Fue a un terapeuta que la diagnosticó como adicta al sexo. Esto la enfureció porque para ella estaba claro que se había casado con el hombre equivocado y ahora estaba atrapada. Después, descubrió y se volvió una gran seguidora de las salas de chat en internet y la intriga que le generaban.

Pretendía que estaba trabajando en su escritorio hasta que su marido se quedaba dormido por la noche, y entonces entraba online para buscar al "Sr. Perfecto". El simple hecho de abrir su navegador web ya la excitaba. Aunque se estableció el objetivo de irse a la cama a las 11:00, eso raramente ocurría. Algunas noches eran las 5:00 de la mañana antes de que lograra despegarse de la web.

Kathy se repetía a sí misma que solo era sexo virtual, pero finalmente se convirtió en sexo en hoteles. Cada nueva relación agregaba más complicaciones. Sufría una fatiga extrema. Su capacidad de rendir en el trabajo disminuyó. Profesionalmente, sentía cómo se mantenía a flote y cada vez iba a peor ¡Si hubiera sido capaz de permanecer dentro de los límites que se había propuesto! Pero no pudo. Kathy y Jim se encontraban en un ciclo repetitivo. A esto lo denominamos el ciclo de la adicción.

Comienza con la *obsesión/inquietud*, que conlleva sentirse sexual o romántico(a). Todo el mundo tiene fantasías y pensamientos sexuales, y esa es una parte maravillosa del ser humano. Pero para Kathy y Jim, sin embargo, la fantasía se convirtió en una obsesión que servía, de alguna manera, para evitar la vida. Utilizada de manera consistente, la obsesión es la puerta a la etapa en la que se pierde el control.

Estas obsesiones se intensifican a través del uso del ritual. Jim primero se da una vuelta y luego va a un show de striptease para aumentar su excitación hasta que se encuentra en un punto en el que ya no puede decir no. De manera similar, Kathy posee un conjunto de acciones predecibles que lleva a cabo para "calentarse", incluyendo conectar su ordenador (computadora) y atraer a personas en las salas de chats. La *ritualización* es un modo de marcar la distancia entre la realidad y la obsesión sexual. Los rituales son una manera de inducir al trance y separarse uno mismo todavía más de la realidad. El objetivo es reducir la capacidad para decidir cómo y cuándo "parar".

La siguiente fase del ciclo es la *conducta sexual compulsiva*, la fase de "conducta inapropiada" del ciclo. Cuando los terapeutas utilizan el término "*conducta inapropiada*" quieren decir que las tensiones que los adictos sienten se reducen al llevar a cabo la conducta sexual. Los adictos se sienten mejor momentáneamente, gracias a la liberación que ocurre. Esta conducta compulsiva solo significa que los adictos, por regla general, llegan a un punto donde el sexo se vuelve inevitable, sin importar las circunstancias o las consecuencias. Por lo tanto, personas adultas e inteligentes terminan llevando a cabo cosas que otros verían como inmorales o imprudentes.

Casi de inmediato, después de la conducta inapropiada, aparece la realidad. Durante un momento, los adictos se darán cuenta del significado de su conducta y se sentirán avergonzados. Este punto del ciclo es doloroso, y ya lo han vivido innumerables veces. La última vez que se encontraron en este punto, probablemente se prometieron a sí mismos que no volverían a esta situación jamás. Pero una vez más, la conducta se repite y termina en *desesperación*. Para muchos adictos, esta emoción oscura les provoca depresión o un sentido crónico de desesperanza. Para otros, da como resultado la aversión al sexo (anorexia sexual). En otras palabras, el sexo se convierte en un enemigo... hasta la próxima vez.

Una de las maneras más sencillas de curar los sentimientos de desesperación es empezar a obsesionarse de nuevo. Así, el ciclo se perpetúa por sí mismo.

El sistema adictivo

El ciclo de la adicción está integrado en un sistema adictivo mayor, y todo esto comienza con un *sistema de creencia*. Nuestro sistema de creencia es una colección de convicciones, mitos y valores que afectan las decisiones que tomamos. Las creencias sobre los hombres, las mujeres, esposas(os), matrimonio y sexo son generalmente parte de un paradigma interno. Si crees que "las mujeres siempre se marchan" o que "los hombres siempre mienten", por ejemplo, distorsionará como interpretas las relaciones. No confiarás en tu relación principal. Si volvemos a la historia de Kathy, ella no creía ser capaz de dejar a su marido, pero no era capaz de compartir lo infeliz que era o los peligrosos riesgos que estaba llevando a cabo.

En el centro de nuestro sistema de creencias existen ideas que creemos ciertas sobre nosotros mismos. Para los adictos al sexo, en general, son:

- Soy básicamente una mala persona que no merece la pena.
- Nadie me querrá tal y como soy.
- Mis necesidades nunca van a ser satisfechas si tengo que depender de otros.
- El sexo es mi necesidad más importante.

Existe una lógica interna que conecta estas creencias y fluye así: *Como no merezco la pena, nadie me querría si supieran cómo soy por dentro. Por lo tanto, mis necesidades nunca serán satisfechas si tengo que decirte la verdad de quién soy. Dado que el sexo es mi necesidad más importante, nunca podré depender de otra persona que me conoce de verdad para conseguirlo.* Esta lógica es una receta directa a la desesperación y el desastre, El sexo se convierte en un final por sí mismo.

Desde esta situación circula el tipo de pensamiento ilusorio que exploramos en el capítulo 1. Este *pensamiento deteriorado* permite que el ciclo de adicción se desarrolle. Esencialmente distorsiona la realidad o incluso bloquea la percepción de lo que está a tu alrededor. Simplemente, recuerda la veces en las que has ignorado una realidad importante como una fecha de entrega en el trabajo o los límites financieros. Por ejemplo, las obligaciones de Jim que le presionaban en el trabajo fueron separadas de su conciencia a través de su obsesión.

El ciclo de adicción se convierte en la fuerza motora de la vida del adicto. Empiezan a ocurrir cosas negativas. A esto lo llamamos *ingobernabilidad o descontrol.* Empiezan a aparecer las consecuencias. Como el adicto se encuentra fuera de control, y, además, ajeno a la realidad, los problemas se multiplican. Mentir, ocultar e inventar maneras de mantener las pérdidas a raya, no detiene la acumulación. Tarde o temprano, la vida del adicto se convierte en un caos. Los adictos se desesperan al ver lo complejas, estresantes y horribles que se han vuelto sus vidas.

Los sentimientos de desesperación confirman sus creencias disfuncionales sobre ser una persona que no puede ser amada. Por lo tanto, el sistema de creencias se perpetúa a sí mismo.

La imagen 2.1 es un mapa gráfico sobre el aspecto del sistema completo. Vamos a tener en cuenta en particular el ciclo de adicción ilustrado en la parte inferior de la imagen, que compone la base para el ejercicio 2.2.

El sistema adictivo

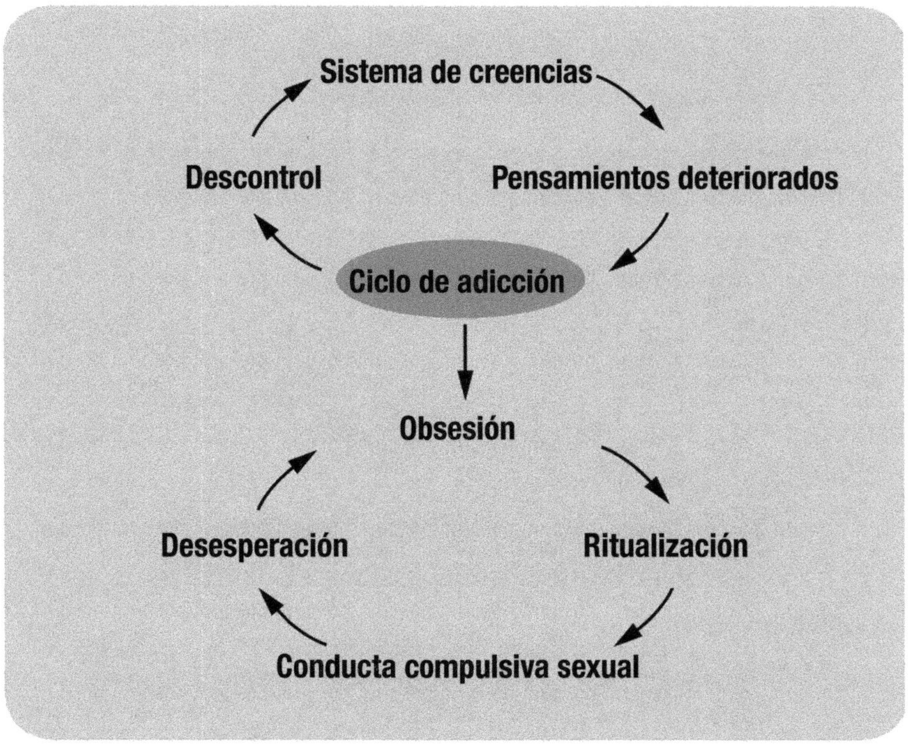

Imagen 2.1

• • • Ejercicio 2.1 • • •

Lista de momentos descontrolados y cuando me di cuenta de que no podía continuar así

Indicaciones: Lamentablemente, la mayoría de los adictos no entienden que sus vidas se han vuelto inmanejables hasta que alcanzan un punto donde simplemente ya no pueden continuar y deben aceptar la realidad. En las siguientes afirmaciones, los adictos indican cómo saben que no pueden seguir viviendo así. Marca o subraya aquellas que sean similares a tu experiencia:

- Mis compañeros mentían por mí en el trabajo para ocultar mis ausencias.
- Perdí mi trabajo por tomarme libertades sexuales con un(a) cliente(a).
- Tuve una crisis por la promiscuidad de mi hija que, con quince años, estaba haciendo exactamente lo mismo que yo hice.
- Perdí nuestro negocio familiar.
- Tuve dos embarazos en dos años, dando en adopción a los dos bebés.
- He sido rechazado(a) varias veces por compañeros de habitación debido a mi conducta sexual.
- Me di cuenta de que el agotamiento en mi búsqueda sexual estaba afectando seriamente mi trabajo.
- Me di cuenta de que perdí tres matrimonios por mis aventuras.
- Tuve intenciones suicidas por mi participación en múltiples relaciones intensas.
- Me comporté sexualmente con mi terapeuta y con dos de mis profesores de grado al mismo tiempo.
- Me han echado de varios bares por tener una actitud sexual públicamente.
- Tuve que dejar los estudios porque no me podía concentrar debido a mis fantasías obsesivas.
- Gasté el dinero en sexo cuando lo necesitaba para la ropa de mis hijos.
- No sabía quién era el padre de mi hijo.
- Permanecí en mi matrimonio a pesar del sexo destructivo.
- Observé porno durante mis horas de trabajo.
- Crucé los límites profesionales con mis pacientes.

- Tuve un herpes y se lo contagié a mi esposa(o).
- No tengo amigas porque les he robado a sus novios.
- Perdí oportunidades de promoción y una beca porque mis compañeros descubrieron mi vida sexual.
- Llegaba tarde al trabajo constantemente o demasiado cansado(a).
- Estuve toda la noche fuera y dormí durante todo el día a pesar de tener que cuidar a mis hijos.
- Perdí el fin de semana entero en la cama con varias personas.

Ahora redacta tu propia lista. Describe los momentos específicos en los que empezaste a entender que no podías continuar con tus conductas adictivas.

• • • Ejercicio 2.2 • • •

Tu ciclo de adicción

Indicaciones: A continuación, mostramos una representación gráfica del ciclo de adicción. Cada fase del ciclo tiene un espacio para que registres los ejemplos del tuyo.

Obsesión

Ejemplo: ______________________________

____

____

____

Desesperación

Ejemplo: ______________________________

____

____

____

Ritualización

Ejemplo: ______________________________

____

____

____

Conducta compulsiva sexual

Ejemplo: ______________________________

____

____

____

Imagen 2.2

Algunas personas encuentran más útil trabajar en una hoja de papel grande y crear un diagrama de su sistema adictivo completo. Traza lo que ocurre en tu adicción, incluyendo los siguientes componentes:

- Sistema de creencias
- Pensamientos deteriorados
- Descontrol
- Obsesión
- Ritualización
- Conducta compulsiva sexual
- Desesperación

Habla con tu terapeuta, persona de apoyo y los grupos de soporte para que te ayuden a identificar tu ciclo de adicción.

Anorexia sexual - El espejo de la adicción al sexo

Los sistemas, a menudo, funcionan igual de bien a la inversa. Hace tiempo estuve recopilando viejos motores fueraborda construidos en la era anterior a los embragues y las transmisiones. Estos motores cambiaban marcha atrás simplemente con rotar el motor en la dirección opuesta. Esta imagen de un motor marino como un sistema capaz de rotar en ambas direcciones se puede utilizar para ayudar a entender otro trastorno sexual denominado anorexia sexual. Los anoréxicos sexuales tienen aversión a comportarse de modo sexual.

Como principiante en la recuperación de la adicción al sexo, podrías preguntarte claramente qué tiene eso que ver conmigo. La respuesta es que *muchos adictos al sexo tienen un problema de aversión también, y no se curarán hasta que lo entiendan.* Estos adictos cambian a la anorexia sexual, confundiendo la inactividad sexual con la recuperación. Pero al intentar evitar el sexo por completo, solo provoca que se vuelvan más vulnerables en las recaídas. Los adictos en recuperación deben entender las dinámicas de la aversión desde el principio. Las personas con anorexia sexual simplemente evitan el sexo, incluso podrían odiar todo aquello que se conecta con el sexo. En su forma más pura, la anorexia sexual significa que la persona llegará a verdaderos extremos para evitar un comportamiento sexual.

Vamos a considerar la historia de Stan que, a la edad de treinta y ocho años, tenía tendencias suicidas debido a su soledad y aislamiento. Nunca había tocado a una mujer, se había dado la mano, besado o salir con una mujer. Pero, lo que es más, nunca lo había deseado. Procedía de una familia con una madre alcohólica que estaba sexualmente fuera de control. Su padre se había suicidado al descubrir otra de sus aventuras. Después de la muerte de su padre cuando Stan tenía doce años, sus años de adolescencia estuvieron repletos de vergüenza por las escapadas sexuales de su madre. Tuvo incluso que defenderse de sus iniciativas sexuales hasta el punto de tener que quitar forzosamente sus manos sobre él en numerosas ocasiones. Discutía que ella tenía amigos que se comportaban sexualmente con sus hijos y que era bueno para ellos. Por tanto, ya como adulto, percibía el sexo como la fuente de todo su dolor y se negaba a permitirse tener ningún sentimiento sexual. El resultado es que se encontró aislado y lleno de miedos.

Los anoréxicos como Stan poseen características comunes:

- pavor al placer sexual
- temor al contacto sexual
- angustia después del contacto sexual
- vigilia obsesiva sobre cuestiones sexuales
- rechazo de todo aquello que se conecte con el sexo
- obsesión con la conducta personal de otras personas

- distorsiones sobre el aspecto corporal
- desprecio extremo de las funciones del cuerpo
- inseguridad obsesiva sobre su idoneidad sexual
- temor excesivo a las enfermedades de transmisión sexual
- actitudes críticas rígidas
- conducta autodestructiva para limitar, detener o evitar el sexo

Cómo funciona el sistema sexualmente anoréxico

El sistema sexualmente anoréxico funciona del mismo modo que el sistema adictivo. Comienza con creencias malsanas sobre el sexo y las relaciones. Las mismas creencias primordiales existen sobre sentirse defectuoso, no merecer la pena o no ser querido como persona. Los anoréxicos, además, creen que el sexo es peligroso y están aterrorizados de sus propias necesidades sexuales.

Estas creencias desestructuradas generan el pensamiento deteriorado. Llegan a pensar, por ejemplo, que "todo el mundo se aprovechará sexualmente de mí si se lo permito" como una importante distorsión de la realidad. De hecho, los anoréxicos utilizan mucho este tipo de distorsiones para mantener el sexo a distancia. Los ciclos compulsivos similares también existen, pero la diferencia es que el anoréxico se obsesiona y preocupa por evitar el sexo.

Del mismo modo, los anoréxicos pasan por rituales elaborados o estrategias de distancia, para evitar la atención sexual sobre ellos. Algunos, por ejemplo, toman medidas extremas para no parecer atractivos y se comportan de manera compulsiva y aversiva. Después, se desesperan por ello.

El descontrol o falta de manejabilidad de la anorexia sexual es, con frecuencia, más difícil de detectar que la adicción al sexo. Es decir, perder un matrimonio porque no estás disponible sexualmente a tu pareja, es una causa por la que se pierde dicho matrimonio. Para los anoréxicos sexuales, tales eventos meramente confirman su idea original de ser personas difíciles de amar.

La imagen 2.3 en la página siguiente compara los sistemas de anorexia y adicción sexual.

Cómo la aversión sexual y la adicción al sexo se combinan

A continuación, mostramos ejemplos de cómo la aversión sexual se ajusta a la adicción al sexo:

- Cuando los adictos al sexo actúan fácilmente fuera de su relación, pero evitan tener sexo con su pareja. Muchos anoréxicos encuentran difícil que realmente les importe una persona o ser vulnerable *y* sexual con dicha persona.

- Cuando los adictos se dan un atracón y después pasan por un periodo en el que evitan el sexo. Se sienten tan mal que prefieren "hacer dieta".
- Cuando los adictos dividen claramente sus vidas, por lo que una parte está fuera de control mientras que otra está bajo un control "excesivo". Pensemos en un clérigo que predica en contra de la promiscuidad y la pornografía, pero en privado su vida está sexualmente fuera de control.

Comparación de la anorexia y la adicción sexual

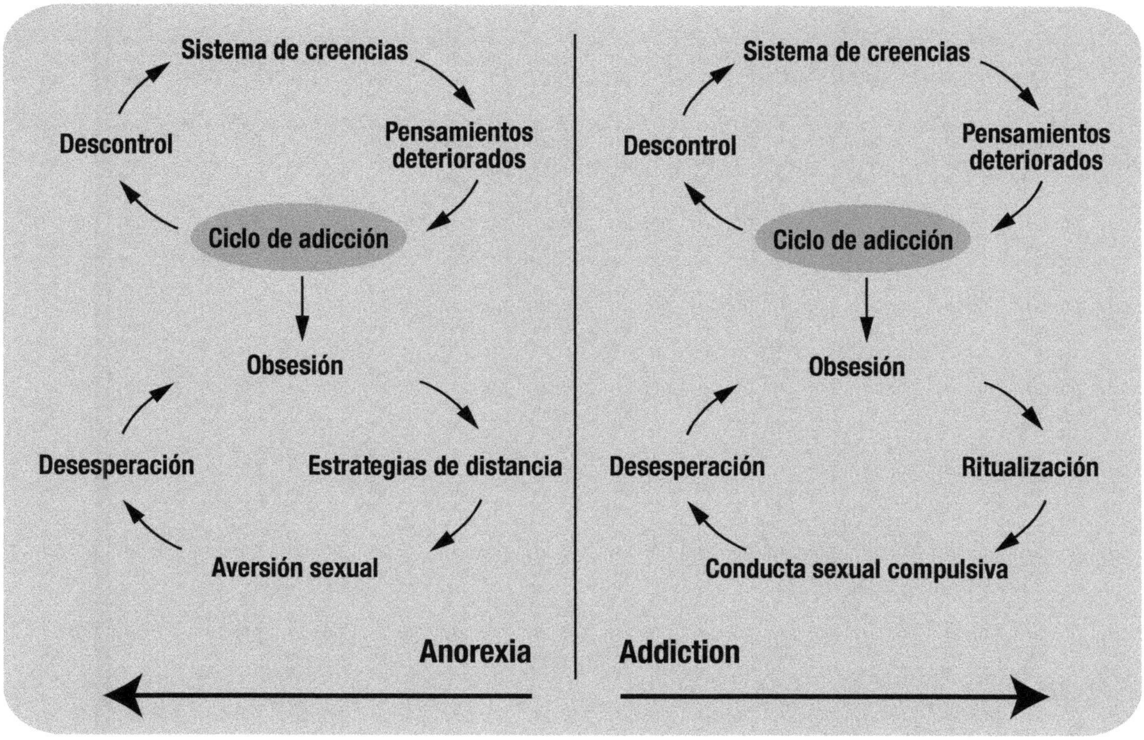

Imagen 2.3

- Cuando largos periodos de conducta inadecuada van seguidos de largos periodos de privación sexual. La adicción simplemente ha cambiado al "modo anorexia".
- Cuando la adicción al sexo y la anorexia se mezclan con otras adicciones. Por ejemplo, un adicto(a) al sexo, también anoréxico alimenticio, se casa, empieza a comer en exceso y compulsivamente y se vuelve sexualmente anoréxico(a).
- Cuando una adicción activa cambia la conducta sexual de adictiva a anoréxica. Por ejemplo, una superviviente de abusos sexuales y alcohólica se comporta de manera sexual compulsiva cuando bebe, pero compulsivamente no sexual cuando está sobria.

Existen muchos patrones en la adicción al sexo y la anorexia sexual. Algunas personas están tan controladas por ambos patrones que se mutilarán, lesionarán o destruirán sus propios genitales como modo de dejar de vivir en esos extremos. Muchos adictos al sexo consideran algún modo de autolesión permanente como una solución.

Es crucial entender tanto la parte aversiva como adictiva de ti mismo(a). La combinación contradictoria de la adicción y la aversión es, con frecuencia, una aflicción abrumadora y potente. Causa una vergüenza y culpa extrema en ambos lados del espectro.

Te aseguro que hay esperanza. Una vez que se han enfrentado a los demonios conflictivos de su vida, muchas personas utilizan las herramientas descritas en este libro para encontrar su esperanza y curación.

Tal vez todavía creas que esta situación no es la tuya. Haz los siguientes ejercicios y observa si empieza a tener más sentido.

• • • Ejercicio 2.3 • • •

Listado de anorexia sexual

Indicaciones: Enumera cinco ejemplos de las veces que has sentido aversión al sexo. Piensa en momentos en los que has evitado el contacto sexual, te has auto odiado sexualmente, o has entrado en un periodo de privación extrema.

1. ____________________

____

____

____

2. ____________________

____

____

____

3. ____________________

____

____

____

4. ____

____

____

____

5. ____

____

____

____

Describe tres ejemplos en los que tu adicción al sexo y tu anorexia sexual van de la mano.

1. ____

____

____

____

2. ____

____

____

____

3. ____

Cómo sabemos cuándo la adicción al sexo y la anorexia sexual están presentes

Las enfermedades, generalmente, tienen un patrón de síntomas que los profesionales pueden reconocer. Con todas las adicciones, una prueba de detección o un instrumento de evaluación normalmente puede indicar cuando se necesita buscar un patrón más en profundidad.

Tu terapeuta tal vez te haya proporcionado el SAST (Test de detección de la adicción al sexo). Ha sido utilizado cientos de miles de veces y ha podido demostrar la diferenciación entre adictos al sexo y no adictos. Si has puntuado alto en el test, probablemente tu terapeuta realizó una serie de entrevistas utilizando criterios específicos para discernir los patrones adictivos.

Cuando la adicción al sexo está presente, los criterios siguientes se identifican fácilmente:

1. Fracasos repetitivos a resistir los impulsos para participar en una conducta sexual específica
2. Participación frecuente en esas conductas en mayor medida o durante un periodo de tiempo más largo de lo pretendido
3. Deseo persistente o esfuerzos inútiles de dejar, reducir o controlar esas conductas
4. Cantidad de tiempo desmesurada gastada en obtener sexo, comportarse de manera sexual o recuperarse de una experiencia sexual
5. Obsesión con la conducta o las actividades de preparación
6. Participación frecuente en la conducta cuando se espera cumplir con obligaciones profesionales, académicas, domésticas o sociales
7. Continuación de la conducta a pesar de ser consciente de un problema social, financiero y psicológico, persistente y repetitivo, que está causado o exacerbado por la conducta
8. Necesidad de incrementar la intensidad, frecuencia, número o riesgo de la conducta para alcanzar el efecto deseado, disminuir el efecto con conductas continuadas en el mismo nivel de intensidad, frecuencia, número o riesgo.
9. Abandonar o limitar las actividades sociales, profesionales o de ocio por la conducta
10. Incomodidad, ansiedad, inquietud o irritabilidad si no puede llevar a cabo su conducta

Los estudios muestran que, si se cumplen al menos tres de estos criterios, entonces la adicción al sexo está presente. Estudios posteriores indican que después de un periodo de recuperación (a medida que su concienciación aumenta), la mayoría de los adictos pueden identificar cinco de los criterios en sus conductas. Muchos de ellos reconocen siete de ellos.

En la anorexia sexual existen unos criterios similares:

1. Patrón repetitivo de resistencia o aversión a cualquier tipo de actividad sexual, iniciativa o conducta
2. Aversión persistente al contacto sexual incluso aunque sea autodestructivo y dañino para las relaciones
3. Esfuerzos extremos para evitar el contacto sexual o la atención, incluyendo la auto mutilación, distorsiones del aspecto corporal o apariencia y conducta aversiva
4. Actitudes rígidas y críticas sobre la sexualidad personal y la sexualidad de los demás
5. Vergüenza extrema y auto desprecio por las experiencias sexuales, percepciones del cuerpo y atributos sexuales
6. La aversión sexual afecta al trabajo, hobbies, amigos, familia y la relación principal
7. Preocupación y obsesión por evitar el contacto sexual y con las intenciones sexuales de los demás
8. Angustia sobre la idoneidad sexual y el rendimiento
9. Evitar la intimidad y las relaciones por el miedo al contacto sexual
10. Malestar, ansiedad, inquietud o irritabilidad debido al contacto sexual o un potencial contacto sexual

De nuevo, nuestras investigaciones demuestran que, al comienzo de la recuperación, cumplir con tan solo tres de los criterios puede significar la existencia de una conducta compulsiva.

Para nuestros propósitos, también podemos observar las señales de la existencia de ciclos de atracones-purgas. A continuación, mostramos criterios que utilizan los profesionales:

1. Placer o alivio en el momento de llevar a cabo la conducta sexual, pero experimentar angustia después
2. Periodos de tiempo en los que todo el interés y la conducta sexual cesan
3. Un patrón de atracones seguido de periodos de ser compulsivamente asexual
4. Ser excesivo(a) sexualmente en algunas áreas, y al mismo tiempo, compulsivamente asexual en otras

5. Tomas medidas extremas, como la auto mutilación, como un intento de interrumpir el ciclo de conductas sexuales
6. Otros miembros de la familia que son adictos sexuales
7. Otros miembros de la familia que son anoréxicos sexuales
8. Tu pareja es un adicto(a) al sexo
9. Tu pareja es un anoréxico(a) sexual
10. Patrones de atracón-purga con tu pareja

Los ejercicios siguientes te ayudarán a explorar estos criterios con mayor profundidad. Comprueba por ti mismo(a) cómo te ajustas a ellos. Es importante que revises estos ejercicios en un entorno de apoyo con tu terapeuta o equipo profesional, tu grupo de soporte o tu persona de apoyo. El hacerlo te ayudará a entender la fortaleza de tu sistema adictivo y si la anorexia sexual forma parte de tu conducta sexual.

Recuerda que todos los adictos luchan con los pensamientos deteriorados. Si dudas, pide ayuda a tu grupo o terapeuta para determinar si ciertos criterios se ajustan a ti o no.

• • • Ejercicio 2.4 • • •

Criterios de adicción sexual y anorexia

Indicaciones: Seguidamente, vamos a mostrarte una lista de los criterios de adicción. Registra si crees que tus patrones sexuales se ajustan al criterio, rodeando o marcando "sí" o "no". Para aquellos en los que marques "sí", proporciona ejemplos que demuestren por qué el criterio parece ajustarse a ti. Anota el número total de tus respuestas afirmativas al final. Hablaremos de lo que el total puede significar después de los ejercicios.

Sí No 1. Fracaso repetitivo (patrón) para resistir los impulsos por participar en una conducta sexual específica

____

____

Sí No 2. Participar en esas conductas en gran medida o durante un periodo más largo de lo que estaba pensado

____

____

Sí No 3. Deseo persistente o esfuerzos infructuosos para detener, reducir o controlar estas conductas

____

____

Sí No 4. Excesiva cantidad de tiempo pasado en obtener sexo, comportarse sexualmente o recuperarse de una experiencia sexual

____

____

Sí No 5. Obsesión con la conducta o con las actividades de preparación

____

____

Sí No 6. Participación frecuente en la conducta sexual cuando se espera cumplir con las obligaciones profesionales, académicas, domésticas o sociales

____

____

Sí No 7. Continuación de la conducta a pesar de ser consciente del problema físico, psicológico, financiero y social persistente que es causado o exacerbado por la conducta

____

____

Sí No 8. Necesidad de incrementar la intensidad, frecuencia, número o riesgo de las conductas para alcanzar el efecto deseado, o disminuir el efecto con conductas continuadas en el mismo nivel de intensidad, frecuencia, número o riesgo

____

____

Sí No 9. Abandonar o limitar la actividades sociales, profesionales o de ocio por la conducta

____

____

Sí No 10. Angustia, ansiedad, inquietud o irritabilidad debido a el contacto sexual o un potencial contacto sexual

____

____

Respuestas "Sí" totales: ____________

Ahora considera los criterios para la anorexia sexual. En la página siguiente, registra si crees que tus patrones sexuales se ajustan a los criterios, rodeando con un círculo o marcando "sí" o "no". Para aquellos que marques "Sí", proporciona ejemplos que muestren por qué el criterio parece ajustarse a tu conducta. Anota el número total de respuestas con "Sí" al final. De nuevo, hablaremos lo que podría significar tu total después de los ejercicios.

Sí No 1. Patrón repetitivo de resistencia o aversión a cualquier actividad, iniciativa o conducta sexual

____

____

Sí No 2. Aversión persistente al contacto sexual, incluso aunque sea autodestructivo o dañino en las relaciones

____

____

Sí No 3. Esfuerzos extremos por evitar el contacto sexual o la atención, incluyendo la auto mutilación, distorsiones de la apariencia del cuerpo o aspecto y conducta aversiva

____

____

Sí No 4. Actitudes rígidas y críticas sobre la sexualidad personal y la sexualidad de los demás

____

____

Sí No 5. Vergüenza extrema y auto desprecio sobre las experiencias sexuales, la percepción del cuerpo y los atributos sexuales

____

____

Sí No 6. La aversión sexual afecta al trabajo, hobbies, amigos, familia y a la relación principal

____

____

Sí No 7. Preocupación y obsesión por evitar el contacto sexual y con las intenciones sexuales de los demás

____

____

Sí No 8. Desesperación sobre la idoneidad sexual y el rendimiento

____

____

Sí No 9. Evitar la intimidad y las relaciones por miedo al contacto sexual

____

____

Sí No 10. Angustia, ansiedad, inquietud o irritabilidad debido a el contacto sexual o un potencial contacto sexual

____

____

Respuestas "Sí" totales: ____________

• • • Ejercicio 2.5 • • •

Criterios de atracón-purga

Indicaciones: Los siguientes criterios de atracón-purga incluyen características familiares además de los patrones personales. Registra si crees que tus patrones sexuales se ajustan al criterio rodeando con un círculo o marcando "sí" o "no". Para aquellos que marques con un "sí", proporciona ejemplos que muestren por qué el criterio se ajusta a ti. Anota al final el número total de respuestas con "síes".

Sí No 1. Placer o alivio en el momento de llevar a cabo la conducta sexual, pero experimenta angustia después

____

____

Sí No 2. Periodos de tiempo en los que cesa todo el interés y comportamiento sexual

____

____

Sí No 3. Un patrón de atracón seguido de periodos de asexualidad compulsiva

____

____

Sí No 4. Ser excesivo sexualmente en algunas áreas, y, al mismo tiempo compulsivamente asexual en otras

____

____

Sí No 5. Tomar medidas extremas como la auto mutilación, en un intento de interrumpir el ciclo de conducta sexual inadecuada

____

____

Sí No 6. Otros miembros de la familia que son adicto sexuales

____

____

Sí No 7. Otros miembros de la familia que son anoréxicos sexuales

____

____

Sí No 8. La pareja es un adicto(a) sexual

____

____

Sí No 9. La pareja es anoréxica(o) sexual

____

____

Sí No 10. Patrones de atracón-purga con la pareja

____

____

Respuestas "Sí" totales: ____________

Interpretar los resultados de tus ejercicios

Si has respondido "sí" a tres o más de los criterios en cualquiera de las categorías de los ejercicios anteriores, esto sugiere que probablemente estás luchando con ese problema.

Respira hondo. Puede asustarte el darte cuenta de que tienes un problema serio. Incluso así, muchos adictos encuentran útil y un alivio poner nombre finalmente a lo que los lleva molestando durante tanto tiempo.

Recuerda, este es el principio de un proceso de curación que trabajará contigo.

¿Cómo he llegado a este punto?

A estas alturas debes tener claro si tienes o no un problema. Empiezan a surgir las preguntas habituales cuando te das cuenta de que tienes un problema. Primero, te preguntas cómo te ha ocurrido todo esto. Ha continuación describimos una breve lista de los factores más importantes:

- Los adictos generalmente heredan *una estructura genética que les predispone a las adicciones* en general. Los científicos creen que es un problema en el modo que el cerebro del adicto(a) procesa las sustancias neuroquímicas como la dopamina y la serotonina (a menudo asociadas con el placer, el dolor y el alivio en el cerebro). Podría, en realidad, haber un problema con el modo en el que la sinapsis se activa en el cerebro o cómo se realizan las conexiones. Independientemente de la razón, sabemos que parte del problema es genético.
- Con frecuencia los adictos proceden de *familias con otros miembros que sufren adicciones.* Padres, hermanos o familiares más lejanos tendrán tipos de conductas compulsivas o adictivas. Esto incrementa la probabilidad de desarrollar conductas adictivas a través de la familia desestructurada, imitación y abuso infantil. Todo esto puede además activar una naturaleza predispuesta.
- Uno de los principales fracasos que juega un sólido papel en un adicto(a) es la *incapacidad de mantener relaciones íntimas.* Existe un fracaso fundamental a la hora de confiar en los demás lo suficiente como para conectar con ellos, y por eso lo consideramos un trastorno de intimidad.
- *Las familias de los adictos al sexo tienden a ser rígidas y autoritarias,* o al menos algunos miembros de ellas. Esto da como resultado la resistencia a ser responsable.
- Además, la presencia de *una negatividad sexual extrema* probablemente intensificará la obsesión sexual. Por ejemplo, vivir en una tradición religiosa que no es compatible con actitudes sexuales saludables puede crear pensamientos obsesivos.

- *El abuso infantil* es un factor para muchos, que conlleva unas reacciones extremas o hipersensibilidad al dolor y malestar emocional. Algunos adictos sexuales, en realidad, repiten los temas abusivos en sus conductas sexuales inadecuadas.
- *La depresión* frecuentemente acompaña tanto a la adicción como a la anorexia sexual. Los sentimientos de angustia intensifican las obsesiones tanto de la adicción como de la anorexia.
- *Situaciones de estrés elevado* como enfrentarse a problemas en los negocios o en los estudios, o a un peligro extremo como una guerra puede crear adictos cuando no existían otros factores de predisposición.
- *La exposición temprana* a intensas sesiones de media sexual digital también puede ser un precursor de la adicción. Los cerebros humanos no están desarrollados para procesar estímulos sexuales novedosos e interminables que están disponibles en cualquier momento en los dispositivos portátiles.
- *Otras adicciones* también pueden precipitar un patrón sexual adictivo. Las adicciones pueden, en realidad, migrar de una forma a otra.

Te llevará algún tiempo entender cómo te volviste un adicto(a). Con el fin de empezar a cambiar, simplemente tienes que reconocer que *tienes* un problema. Los siguientes capítulos te ayudarán a profundizar su entendimiento.

Otro modo a través del cual los profesionales confirman un diagnóstico es buscar indicadores colaterales (signos que acompañan) que generalmente están presentes en los adictos al sexo. Revisarlos te ayuda a entender mejor los factores que conllevan tu enfermedad. Los siguientes ejercicios están diseñados para ayudarte a ganar esa perspectiva.

• • • Ejercicio 2.6 • • •

Indicadores colaterales

Indicaciones: A continuación, mostramos veinte indicadores colaterales que, con frecuencia, suelen confirmar la presencia de la adicción al sexo. Generalmente, forman parte del perfil de un adicto(a) al sexo. El propósito de este ejercicio es enumerar cuántos se ajustan a tu experiencia.

Rodea con un círculo o marca "sí" o "no" en cada uno de los siguientes indicadores para anotar si la afirmación se ajusta a ti. Para aquellos que hayas marcado "sí", proporciona ejemplos que muestren por qué el indicador parece corresponder a tu experiencia. Anota el número total de respuestas con "si" al final. Los adictos al sexo, generalmente, marcan "sí" a seis o más de estos indicadores.

Sí No 1. He sufrido consecuencias severas debido a mi conducta sexual.

____

____

Sí No 2. He estado luchando contra la depresión y parece estar relacionada con mi conducta sexual inadecuada

____

____

Sí No 3. He estado luchando contra la depresión y parece estar relacionada con la aversión sexual

____

____

Sí No 4. Poseo un historial de abuso sexual.

____

____

Sí No 5. Poseo un historial de abusos físicos.

____

____

Sí No 6. Poseo un historial de abusos emocionales.

____

____

Sí No 7. Observo mi vida sexual en términos de auto medicación (intoxicación, alivio de la tensión, alivio del dolor, pastillas para dormir).

____

____

Sí No 8. He perseguido persistentemente un comportamiento de alto riesgo o autodestrucción.

____

____

Sí No 9. He descubierto que la conducta autodestructiva o de alto riesgo es más excitante para mí que el comportamiento sexual seguro.

____

____

Sí No 10. Tengo otras adicciones.

____

____

Sí No 11. Utilizo la conducta sexual junto con otros comportamientos adictivos (juegos, trastornos alimenticios, abuso de sustancias, alcoholismo, compras compulsivas) hasta el punto de no poder alcanzar el efecto deseado sin actividad sexual y las otras adicciones presentes.

____

____

Sí No 12. Poseo un historial de decepciones alrededor de la conducta sexual.

____

____

Sí No 13. Otros miembros de mi familia son adictos.

____

____

Sí No 14. Con frecuencia siento desprecio de mi mismo(a) debido a mi conducta sexual.

____

____

Sí No 15. He tenido pocas relaciones íntimas que no han sido sexuales.

____

____

Sí No 16. Estoy ahora en crisis debido a cuestiones sexuales.

____

____

Sí No 17. Poseo un historial de crisis alrededor de asuntos sexuales.

____

____

Sí No 18. Ahora experimento menos placer con las mismas actividades sexuales que en su momento me dejaban satisfecho(a).

____

____

Sí No 19. Procedo de una familia "rígida".

____

____

Sí No 20. Procedo de una familia "desligada".

____

____

Respuestas "Sí" totales: ______________

• • • Ejercicio 2.7 • • •

Reflexiona sobre tus experiencias clave sexuales

Indicaciones: Este ejercicio te ayudará a identificar los eventos o factores clave en tu historial sexual que te han llevado a la adicción. Por favor, responde a las siguientes afirmaciones describiendo eventos específicos en tu desarrollo sexual, junto con tu edad cuando esos eventos ocurrieron.

Experiencias sexuales claves en la infancia hasta los diez años (tales como fuertes recuerdos, eventos traumáticos, acontecimientos que evocan fuertes sentimientos o abuso infantil por parte de los padres u otros adultos).

____

____

____

____

____

Experiencias sexuales clave en la adolescencia hasta los dieciocho años (tales como experimentación sexual, masturbación, comienzo de la menstruación, abuso sexual por miembros de la familia u otros adultos o vida imaginaria.)

____

____

____

____

____

Experiencias sexuales clave como adulto joven hasta los veinticinco años (tales como citas, relaciones con el mismo sexo, matrimonio o divorcio)

____

____

____

____

____

Experiencias adultas clave hasta el presente (incluyendo los patrones sexuales actuales)

____

____

____

____

____

Ahora, responde a las preguntas siguientes sobre el impacto potencial de alguna o todas ellas en tu desarrollo sexual.

¿Cómo han afectado las actitudes de la familia con tu desarrollo sexual?

____

____

____

____

____

¿Cómo la influencia de la religión ha afectado a tu desarrollo sexual?

¿Cómo tu tradición cultural o etnia ha afectado a tu desarrollo sexual?

¿Cómo ha afectado tu trabajo o carrera profesional a tu desarrollo sexual?

¿Hay esperanza para los adictos sexuales?

¿Se recuperan realmente los adictos al sexo? Esa es una pregunta que escucho muy frecuentemente. La respuesta es un "Sí" definitivo.

Para entenderlo, piensa en otras enfermedades crónicas. La diabetes es una enfermedad debilitante. Sin embargo, si aprendes cómo comer adecuadamente, gestionar tu peso y estar atento a las señales de problemas de azúcar en la sangre, puedes vivir y avanzar.

De manera similar, los adictos pueden aprender a vivir una vida feliz, alegre y libre siempre que mantengan las prácticas esenciales para recuperarse. Deben aprender a vivir en la "zona" de recuperación en la que su conducta sexual es saludable. Este libro de trabajo se basa en esa premisa ya demostrada. El último capítulo del libro proporciona más información sobre cómo funciona el programa, incluyendo una visión general de las tareas que las personas que se han recuperado satisfactoriamente hacen para vivir en la zona de recuperación.

Algunos pacientes al comienzo de la recuperación sienten que sus problemas les sobrepasan y no ven ninguna esperanza. Siguen recayendo y se encuentran perdidos y desesperados hasta el punto de considerar el suicidio. Pero aquí, de nuevo, el problema no es la desesperanza. Lo que estas personas necesitan es más soporte, como un programa de pacientes hospitalizado (residencial) o externo. Si ya están en terapia, generalmente necesitan un programa externo más estructurado con citas más frecuentes y un grupo de terapia.

¿Qué es lo mejor para ti?: ¿Terapia hospitalaria o externa?

Básicamente, vas a tratar con los mismos problemas en una situación externo u hospitalaria. Ambas serán adecuadas. Todos los programas de terapia se centran en crear un entorno de apoyo. Los programas externos funcionan mejor si la persona en proceso de recuperación puede permanecer sin recaídas, posee un sólido apoyo familiar y está comprometida con el proceso. Pero si la enfermedad es demasiado intensa, un tratamiento hospitalario podría ser más adecuado.

El resultado final es que *la esperanza está conectada con tu coraje.* Con el fin de cambiar, debes enfrentarte a la negación y al engaño de tu sistema adictivo. Esto puede llegar a ser muy doloroso. Generalmente esto significa que los que creías que era verdadero resulta no serlo.

Elige un camino suave

La mayoría de los adictos al comienzo de la recuperación se sienten ofendidos cuando otros se enfrentan a ellos debido a su conducta. Se quejan a los terapeutas, se rebelan frente a sus personas de apoyo y se distancian de otras personas que se están recuperando.

Se defienden a sí mismos para simplemente más tarde descubrir que no han entendido para nada lo que está ocurriendo y lo severa que es su situación. Es duro reconocer que te encuentras fuera de control.

En un momento posterior, hablaremos en profundidad sobre qué tiene que ocurrir para que la recuperación continúe. Por el momento, es importante y suficiente tener compasión de ti mismo(a). Por eso hablamos de "elegir un camino suave". Cuando alguien te presenta la realidad, escucha en lugar de calentarte y defenderte. Admite la posibilidad de que tal vez la otra persona está en lo cierto. Estas personas no están ahí para ponerte las cosas difíciles sino para quererte y ayudarte.

Recuerda que no estás solo(a) en esta lucha. Vivimos en una cultura que apoya las adicciones de muchas maneras. Se nos invita constantemente a exceder nuestros límites con la comida, el sexo, dinero y productos químicos. Por ejemplo, recuerda cuánto tiempo nos ha llevado entender que la adicción al tabaco y a la nicotina, así como jugar de manera compulsiva son problemas serios. Históricamente, hemos recorrido un largo camino en nuestro entendimiento de la naturaleza de la adicción. Incluso todavía hay profesionales de salud mental que no creen en el alcoholismo.

Al vivir en esta cultura, no es de extrañar que estés confuso(a) sobre la adicción al sexo. Para aclarar todo esto aún más, vamos a analizar conductas sexuales específicas en el siguiente capítulo.

Lecturas recomendadas

Carnes, Patrick. *No lo llames amor: Recuperación de la adicción sexual* New York: Bantam, 1992. (Versión solo en inglés)

Carnes, Patrick, and Joseph Moriarity. *Anorexia sexual: Superar el odio a uno mismo* Center City, MN: Hazelden, 1997. (Versión solo en inglés)

Carnes, Patrick. *Fuera de las sombras: Entender la adicción sexual.* Center City, MN: Hazelden, 2001.(Versión solo en inglés).

Capítulo Tres

¿Cuál es tu conducta? Entender el sexo compulsivo

El caballero, cuyo caso se le presenta ahora... atribuye su indisposición a su excesiva devoción por Venus, que cree inducida por un miembro de su cuerpo... Me ha pedido encarecidamente que lo vuelva impotente, si no puedo otorgarle el dominio de sí mismo de otra manera.

—Benjamin Rush

CUANDO EL FAMOSO INVESTIGADOR DE CONDUCTAS SEXUALES, Alfred Kinsey fue preguntado, "¿Qué es anormal?", el respondió "Todo aquello que no puedes hacer". He pensado en ello muchas veces durante todos estos años porque me encuentro constantemente personas que hacen cosas sexualmente que tal vez nunca te hayas imaginado o esperado. Me digo a mí mismo, *no sabía que podrías hacer todo eso.* Y después conozco a otras cinco personas que han hecho cosas aún más impensables. Uno de mis mayores hallazgos sobre el sexo es que las personas son extraordinariamente diversas en sus conductas sexuales.

El problema es que el sexo es un tema del que no se habla demasiado, por lo que la mayoría de las personas no conocen la diversidad e intensidad del comportamiento sexual humano. Este el gran secreto de nuestra cultura y posee varios efectos:

- Las personas sienten vergüenza sobre lo que hacen porque no saben lo normal o no que es su conducta; creen que no son normales.
- Ha habido un retraso social a la hora de entender lo que constituye el comportamiento sexual saludable o no saludable.
- Y aún más importante, ha sido difícil entender a aquellos cuyo motor compulsivo sexual es el foco de su proceso adictivo.

En este capítulo, nos centraremos en ayudarte a entender la variedad de conductas sexuales y comprobarás que no estás solo(a).

El cambio en nuestras ideas sobre el comportamiento sexual normal

La cita que inicia este capítulo procede de Benjamin Rush, reconocido habitualmente como uno de los precursores de la psiquiatría moderna. Incluso a principios del siglo XIX, ya se dio cuenta de que existían personas que sufrían conductas sexuales problemáticas. La cita ha sido extraída de un caso en el que el hombre estaba tan perturbado sobre su situación sexual que creía que la castración sería un gran alivio. La mayoría de los que trabajamos con adictos al sexo hemos escuchado a menudo esa idea. Algunos de nosotros, incluso, tenemos pacientes que realmente se ha castrado por pura desesperación. Recientemente, un colega mío trató a un paciente que utilizó una escopeta para destrozarse los genitales. Tal angustia llegó a convertirse en algo más allá de lo trágico.

En el siglo XX, los profesionales han desarrollado una lista de parafilias (conductas extremas o inusuales que en ocasiones son ilegales o disfuncionales). La pedofilia, el exhibicionismo y el voyeurismo son reconocidos generalmente como parafilias. A veces, hay personas que podrían tener una parafilia, pero no ser adictos al sexo. En otras ocasiones, las parafilias podrían ser parte de la conducta adictiva. Básicamente, la parafilia ocurre cuando una persona se centra en cierta experiencia que le excita, como, por ejemplo:

- un aspecto específico o práctica de sexo como la coprofilia (excitarse por las heces)
- una parte del cuerpo como el "axilismo" (excitarse con las axilas)
- una cierta edad como la efebofilia (excitarse solo con adolescentes)

Esta es una lista de cambios que reflejan la aceptación de la conducta por parte de la sociedad. Por ejemplo, en un momento dado, la homosexualidad fue considerada como una conducta problemática, pero ya no se identifica como un problema de salud mental. Entender las convenciones sociales es otro tema. Por ejemplo, un hombre que se exhibe y se excita por exhibirse corre el riesgo de ser arrestado. En cambio, cuando una mujer se exhibe en la carretera a los vehículos que pasan y lo encuentra agradable, también es una exhibicionista, pero tiene un riesgo realmente bajo de ser arrestada o de asignarle una parafilia.

Es más, definir a las personas por sus preferencias o actos sexuales poco convencionales pierde totalmente su objetivo. Muchos adictos al sexo hacen cosas que son problemáticas para ellos, pero las conductas en sí son bastante convencionales. Consideremos un hombre cuyos impulsos sexuales en su matrimonio son tan grandes que su mujer se encierra en el vehículo familiar por la noche en un intento desesperado por evitar sus ataques. Tener sexo con tu esposa(o) es normal y lo esperado en una relación amorosa. Pero demandar sexo tantas veces al día que tu pareja tiene que eludirte, sí es un problema.

Con mucho, el mayor problema que debemos de tratar es que los adictos al sexo combinarán conductas convencionales y no convencionales en un patrón. El exhibicionista que visita un proveedor de masajes eróticos para que la mujer le vea desnudo cambia el contexto de su conducta, por lo que hay menos posibilidad de ser arrestado. Pero su práctica de exhibicionismo podría continuar. El vendedor de calzado que tiene cierto fetichismo con los pies también podría tener un problema con aventuras compulsivas en las que podría estar o no interesado en los pies de sus parejas sexuales.

Algunos adictos al sexo tienen compartimentos muy diferenciados en sus vidas en los que sus conductas son muy diversas. Por ejemplo, un hombre puede organizar tríos muy elaborados cuando está borracho. Pero, sin embargo, cuando consume cocaína, se travestirá y masturbará durante quince o veinte horas si nadie le molesta.

Descubrir los patrones en tu conducta

Los adictos necesitan entender sus patrones. Primero, necesitan saber que conductas sexuales tienen un patrón que les causa problemas. Segundo, deben notar cuándo llegan a perder el control, es decir, cuando fracasan en los esfuerzos por dejarlo, la continuación a pesar de las consecuencias negativas, o cuando saben que algo le meterá en problemas, pero lo hacen de todos modos.

Generalmente, la mayoría de los adictos notan que tienen más de un patrón. Podemos pensar en los tipos de sexo como si fueran módulos. Si una actividad no se puede hacer, la sustituyes por otra. Denominamos a esto *modularidad.* Cambiar del exhibicionismo a la prostitución, por ejemplo, es simplemente cambiar el espacio.

La mayoría de los adictos además poseen una jerarquía en las preferencias. Por ejemplo, un hombre se hospeda en un hotel mientras viaja. Va a su habitación y utiliza un aplicación en su iPhone para encontrar una pareja sexual cercana. Insatisfecho con los resultados, decide bajar al vestíbulo y buscar prostitutas que trabajen en el hotel, pero no hay nadie. Tampoco hay mujeres solas en el bar que pudieran ser una opción. Vuelve a su habitación e intenta ver películas para adultos, pero este hotel no ofrece ninguna. Abre su portátil para visitar páginas web pornográficas, pero por alguna razón no tiene internet. Al final, vuelve al vestíbulo y se compra una *Penthouse* o *Playboy,* vuelve a su habitación y se masturba. En resumen, se ha pasado toda la tarde-noche buscando alternativas hasta que ha encontrado alguna salida sexual.

Conocer tus preferencias y su jerarquía es extremadamente importante para una recuperación satisfactoria. Los ejercicios en este capítulo te orientarán hacia ese descubrimiento crucial.

Tipos de conducta sexual

De 1985 a 1991, he seguido la recuperación de más de 1.000 adictos al sexo. Durante todos esos años, se pidió a estos individuos que completaran un inventario exhaustivo de su conducta sexual. Inicialmente se identificaron 114 conductas,; actualmente, la cifra está cerca de 200.

A través de una técnica denominada análisis de factores, descubrimos que estos comportamientos se agrupan en tipos diferenciados. Cada categoría posee un conjunto de temas que son importantes entender. Lo siguiente es una visión general de los diez tipos de conducta sexual que encontramos:

1. **Fantasía sexual** – fantasías cargadas de sexo, relaciones y situaciones. La excitación depende de la posibilidad sexual.
2. **Sexo voyeurista**– excitación visual. El uso de la estimulación visual para escapar de un trance obsesivo.
3. **Sexo exhibicionista**– atraer la atención al cuerpo o a las zonas sexuales del cuerpo. La excitación sexual depende de la reacción del espectador, si está interesado o lo rechaza.
4. **Sexo con rol seductivo**– seducción de la pareja. La excitación se basa en conquistar y disminuye rápidamente después del contacto
5. **Intercambio de sexo**– vender o intercambiar sexo por poder. La excitación se basa en ganar el control de los demás utilizando el sexo como ventaja.
6. **Sexo invasivo**– violación de los límites sin descubrimiento. La excitación sexual ocurre al violar los límites sin repercusiones.
7. **Pagar por sexo**– compra de servicios sexuales. La excitación está conectada al pago por sexo y con el tiempo, la excitación en realidad se conecta con el dinero en sí.
8. **Sexo anónimo**– sexo de alto riesgo con personas desconocidas. La excitación no conlleva seducción o coste y es inmediata.
9. **Sexo de intercambio con dolor**– ser humillado o dañado como parte de la excitación sexual, sadismo o degradación de los demás sexualmente o, incluso ambos.
10. **Sexo de explotación**– explotación de los vulnerables. Los patrones de excitación se basan en los "tipos" de vulnerabilidad.

Según estudios más recientes, se ha ampliado la lista original de diez a veinte tipos. Varios de los tipos originales han sido divididos en dos y se han añadido otros. El resultado es un conjunto de categorías más útil y específico para describir la conducta sexual:

1. **Fantasías y consecuencias**
2. **Uso de la pornografía**
3. **Red para llevar a cabo sexo anónimo**
4. **Sexo en grupo y de intercambio**

5. **Conducta "cruising"**
6. **Adicción en la relación**
7. **Conducta de conquista**
8. **Sexo invasivo**
9. **Humillación y dominación**
10. **Intercambio de dolor**
11. **Pagar por sexo, comercial o prostitución**
12. **Pagar por sexo, poder, pagar por sexo en relaciones**
13. **Sexo telefónico**
14. **Voyeurismo e intromisiones ocultas**
15. **Exhibicionismo**
16. **Sexo de explotación, confianza**
17. **Sexo de explotación infantil**
18. **Interacción con drogas. Uso del sexo en combinación con drogas y alcohol**
19. **Sexo con objetos. Uso de objetos o juguetes sexuales**
20. **Pornografía producida en casa**

El ejercicio 3.1, basado en esta lista ampliada de conductas sexuales, te ayudará a reflexionar cuál de los veinte tipos juegan su papel en tu propio historial sexual. Ten en cuenta que tus conductas podrían aparecer en más de un tipo. Ser consciente de la existencia de múltiples adicciones es importante a la hora de trabajar en una recuperación sin recaídas. Además, te acercará cada vez más a comprender los problemas que rodean el núcleo de tu conducta sexual.

• • • Ejercicio 3.1 • • •

Reflexiona sobre tus conductas sexuales

Indicaciones: Repasa tus conductas sexuales para ver cuáles son los patrones que emergen de ellas. En este ejercicio, te pediremos que revises los indicadores siguientes:

- En la columna "historial" revisa las conductas que son parte de tu historial sexual.
- En la columna "problema", revisa las conductas que te han causado angustia, arrepentimiento o consecuencias negativas.
- En la columna "pérdida de control", revisa esos elementos que te has esforzado por controlar o conductas que sabías que no eran buenas para ti, pero aun así las hiciste.

Ten en cuenta que algunos elementos se marcarán en cada columna.

Tu terapeuta puede tener acceso a el Inventario de Dependencia Sexual 4.0 (SDI 4.0, por sus siglas en inglés), una aplicación informática que comparará tus respuestas con las de otros adictos al sexo. Además, recibirás un informe que organizará tus respuestas en un formato para que tu terapeuta y tú podáis revisarlas. Si decides completar el SDI 4.0, puedes saltarte este ejercicio. El Inventario de Dependencia Sexual (SDI) se desarrolló a partir de un estudio a largo plazo de 932 adictos sexuales y sus parejas. Todos los datos, recogidos durante un periodo de siete años, hacen un seguimiento de las recuperaciones de los participantes en el estudio. Inicialmente, una serie de análisis de factores revelaron diez tipologías que parecen estar relacionadas con las conductas de manera consistente. Desde el primer estudio, el SDI ha atravesado varias modificaciones de mejora y las escalas se han ampliado.

Es totalmente posible que encuentres solo algunos elementos problemáticos, pero que son, de todos modos, destructivos. También es posible que no poseas un tipo o patrón distintivo emergente. Por ejemplo, si te masturbas compulsivamente, podrías estar incapacitado por ello incluso aunque no participes en otras conductas de modo compulsivo. Muchos adictos descubren que en realidad tienen un perfil en un número de tipos de conducta diferentes. Muchas personas descubren que poseen dos o tres escalas que han respaldado muchos de los elementos enumerados. Estas serán probablemente las áreas en las que más necesitan centrarse en su recuperación.

Fantasía y sus consecuencias

Los adictos pueden obsesionarse con sus fantasías sexuales. Esto, con frecuencia, se traslada a su conducta que altera el trabajo, las relaciones familiares, el cuidado personal y otros aspectos de la vida diaria. Considera los siguientes elementos a medida que exploras el poder de tus fantasías sexuales y sus efectos directos.

Historial	Problema	Pérdida de control	
			Sexualizar personas o materiales (como anuncios o catálogos) que no son sexualmente explícitos
			Buscar momentos sexualmente sugerentes en TV o en películas
			Sentirse desesperado o ansioso ("nudillos blancos") entre periodos de conducta sexual inadecuada
			Sentirse deprimido, desesperado o sin valor después de un encuentro sexual
			Pensar u obsesionarse sobre el sexo
			Sexualizar a otros que observas en lugares públicos (como centros comerciales, restaurantes u oficinas)
			Rebuscar en la televisión, periódicos u otros medios historias y fotos que te excitan sexualmente
			Tener pensamientos ilusos (como "las mujeres solo necesitan calentarse" o "solo me masturbo para quedarme dormido(a)")
			Racionalizar o denegar las consecuencias de tu adicción sexual (como "todo el mundo es sexual" o "solo necesito un poco más que los demás.")
			Fantasear sobre experiencias sexuales pasadas o futuras
			Masturbarte
			Descuidar las responsabilidades y compromisos (como el trabajo, la familia y/o la salud)
			Denegar o suprimir tu sexualidad y/o tus sensaciones sexuales durante periodos de tiempo

Historial	Problema	Pérdida de control	
			Pensar que tus necesidades sexuales "especiales" marcan la diferencia entre tú y los demás
			Sexualizar a los otros en clubes deportivos, vestuarios, baños públicos, duchas, etc.
			Interpretar un role en particular (como "la virgen", "el niño dañado", o el "intelectual") como parte de tu conducta de ritualización

Uso de la pornografía

En nuestra lista original de las diez conductas sexuales, esta estaba incluida dentro de "Fantasía sexual". Puedes beneficiarte de ver el uso de la pornografía como un tipo de conducta separada con un conjunto único de consecuencias en tu vida.

Historial	Problema	Pérdida de control	
			Mantener material sexualmente explícito en casa o en el trabajo
			Mantener una "colección" de materiales pornográficos
			Ver videos sexualmente explícitos
			Ojear revistas sexualmente explícitas
			Obtener pornografía online para la excitación sexual
			Utilizar el ordenador (computadora) con propósitos de excitación sexual
			Frecuentar librerías de adultos
			Ver escenas en las que alguien observa a su pareja tener sexo con otros(as)

Red para llevar a cabo sexo anónimo

La tecnología hace posible que las personas se conecten con extraños a fin de conseguir propósitos sexuales. Revisar los siguientes elementos te ayudará a descubrir si este tipo de conducta juega un papel significativo en tu vida.

Historial	Problema	Pérdida de control	
			Conocer parejas sexuales potenciales en Internet o a través de aplicaciones de smartphone
			Utilizar salas de chat, mensajes instantáneos o páginas web para encontrar pareja
			Ver videos sexualmente explícitos
			Conocer gente online para llevar a cabo sexo anónimo
			Viajar para conocer a alguien que has conocido online y es un desconocido con propósitos sexuales.
			Tener sexo con personas cuya identidad es un nombre en la pantalla
			Utilizar los tablones de anuncios web como manera de intercambiar información sexual con una persona o grupo de personas.
			Servicios de citas "cruising" online y fuera de línea
			Hacer contactos en el ordenador (computadora) para utilizar lenguaje explícito sexualmente con ellos
			Utilizar los anuncios de columnas personales para encontrar parejas sexuales
			Convertirse en "swinger" o utilizar las columnas personales para volverse sexualmente activo
			Masturbarte o exhibirte en tiempo real a través de cámaras web, o en páginas web que publican imágenes explícitas
			Utilizar salas de chat para hacer comentarios inadecuados sexuales o fuera de contexto

Historial	Problema	Pérdida de control	
			Enviar fotos tuyas a personas que no las han pedido, a través de correo electrónico o un enlace a una página web
			Participar en sexo con parejas anónimas
			Participar en páginas web sexualmente explícitas

Intercambio y sexo en grupo

Este tipo de conducta va más allá del contacto con individuos para interactuar con grupos de personas con el objetivo de una gratificación sexual.

Historial	Problema	Pérdida de control	
			Organizar o proponer a los demás tener sexo con una pareja, amigo(a) o esposo(a)
			Observar al esposo(a) o pareja tener sexo con otros(as)
			Intercambiar parejas
			Instar a tu pareja a tener sexo con una persona fuera de vuestra relación
			Participar en sexo en grupo
			Pertenecer a un club nudista para encontrar parejas sexuales
			Celebrar o asistir a eventos/fiestas con el propósito específico de participar en actividades sexuales
			Participar en grupos u organizaciones cuyo propósito principal o enfoque es el contacto sexual

Conducta "cruising"

Conectar con extraños para realizar sexo anónimo es una conducta muy común para muchos adictos. Pueden surgir problemas únicos cuando esta conducta se lleva a cabo en un lugar público.

Historial	Problema	Pérdida de control	
			Participar en experiencias sexuales en baños públicos (de cafés o bares) con parejas desconocidas
			Frecuentar lugares de descanso de viajes y participar en actividad sexual en tales áreas.
			Participar en alguna forma de conducta sexual mientras echas un vistazo en una librería para adultos
			Exhibirte en duchas, vestuarios y baños públicos
			Conectar con extraños en playas, parques, parkings, baños, etc.
			Asistir a fiestas/eventos (como adolescente o adulto) donde el tema sea la masturbación en grupo

Adicción en la relación

En ocasiones la conducta sexual está basada en la obsesión con una persona específica. Considera los elementos siguientes para descubrir si la adicción en la relación es un factor que opera en tu vida.

Historial	Problema	Pérdida de control	
			Utilizar el sexo como medio para encontrar amor
			Pensar que el sexo es amor
			Enamorarse repetidamente

Historial	Problema	Pérdida de control	
			Obsesionarse de manera romántica en una persona hasta la exclusión de otros intereses
			Pensar que si eres sexual con alguien, tendrás a esa persona bajo tu poder
			Pensar que la próxima vez las cosas serán diferentes (por ejemplo, "la próxima vez encontraré al amante correcto")
			Sentir la necesidad de ser sexual con el fin de sentirte bien contigo mismo(a)
			Obsesionarse sexualmente con una persona hasta la exclusión de otros intereses
			Sentir que tienes que seguir con el sexo porque has encontrado satisfactoriamente alguien a través de tu ritual (como flirtear de manera sugerente o crear una atmósfera sexualizada)
			Utilizar la seducción sexual para ganar poder sobre otra persona

Conducta de conquista

Este tipo de conducta sexual se centra en la seducción sin implicación emocional.

Historial	Problema	Pérdida de control	
			Tener muchas relaciones al mismo tiempo
			Utilizar un comportamiento seductor o de flirteo para ganar la atención de los demás
			Hablar con alguien que no conocías antes (por ejemplo, mientras estás en tu vehículo o andando)
			Tener relaciones rápidas y sucesivas, una detrás de otra
			Tener aventuras fuera de tu relación principal

Historial	Problema	Pérdida de control	
			Merodear en clubes de solteros, bares o clubes deportivos
			Tener un encuentro de una sola noche
			Hacer gestos sexuales o entrar de manera inadecuada a otros(as)

Sexo invasivo

La conducta sexual puede estar unida a la agresión física y verbal. Revisa los siguientes elementos para pensar con honestidad si esto podría aplicarse a tu comportamiento.

Historial	Problema	Pérdida de control	
			Divulgar información sobre tu vida pasada a personas inadecuadas con el fin de sorprenderles, avergonzarles o dañarles
			Hablar de historias sexualmente explícitas o utilizar un lenguaje explícito sexual en momentos inapropiados (por ejemplo, en el trabajo o con niños presentes)
			Divulgar información sobre otros(as) con el fin de causar incomodidad en su vida
			Preguntas a extraños o a conocidos información personal inadecuada sobre sus vidas sexuales
			Mencionar el sexo o el humor sexualizado en tus conversaciones
			Llegar de imprevisto a casa de una pareja o amigo(a), oficina u otros lugares que esta persona frecuenta

Humillación y dominación

La conducta sexual puede distorsionarse cuando las personas buscan dominar a los demás, o volverse dominado. Internet puede convertirse fácilmente en una herramienta para alimentar fantasías sobre esa conducta.

Historial	Problema	Pérdida de control	
			Utilizar páginas web involucradas en humillaciones o degradaciones
			Utilizar páginas web que se centran en el sometimiento y el dolor
			Utilizar páginas web que se centran en lo anormal, extraño o doloroso
			Buscar experiencias humillantes o degradantes como parte del sexo
			Utilizar páginas web de fantasías
			Renunciar al poder voluntariamente o actuar en el papel de víctima

Intercambio de dolor

Cuando la conducta sexual supone peligro físico, las consecuencias negativas se pueden acumular rápidamente. Si este es tu caso, decir la verdad sobre ello puede salvar vidas.

Historial	Problema	Pérdida de control	
			Provocar la asfixia de tu pareja mientras tenéis relaciones sexuales con el fin de incrementar la excitación de la experiencia sexual
			Participar en una conducta con toma de oxígeno limitada con el fin de incrementar la intensidad sexual de una experiencia
			Masturbarse o participar en otras actividades sexuales donde utilizar cintas, cuerdas u otros artículos alrededor del cuello para incrementar la intensidad de la experiencia sexual
			Masturbarse o participar en relaciones sexuales con bolsas o almohadas sobre el rostro para incrementar la excitación de la experiencia
			Recibir daño físico o dolor durante la actividad sexual para intensificar el placer sexual

Historial	Problema	Pérdida de control	
			Causar daño físico o daño a tu pareja durante el acto sexual para intensificar tu placer
			Obligar a tu pareja a que restrinja tu movilidad (con esposas, cuerdas, etc.) con el fin de incrementar la intensidad de la experiencia sexual
			Recibir dinero por sexo con un amigo(a), pareja o esposo(a)
			Exhibirte mientras estás en el escenario o contratado(a)
			Dejar que tu pareja te golpee o te azote para incrementar la intensidad de la experiencia sexual
			Dejar que tu pareja introduzca su puño en el recto como modo de incrementar el placer sexual ("fisting")

Pagar por sexo, comercial, prostitución

No es ningún secreto que el sexo se puede comprar. Lo que las personas sí pueden pasar por alto es hasta qué punto pagar por sexo domina su atención y comportamiento. Adoptar una actitud "minuciosa y valiente" a esta conducta puede llevar a una curación profunda, tanto financiera como psicológicamente.

Historial	Problema	Pérdida de control	
			Pagar a alguien para tener actividad sexual
			Utilizar una dama de compañía o un servicio erótico telefónico
			Frecuentar saunas, salas de masajes y salones privados
			Buscar terapia de masajes y corporales con el fin de tener contacto sexual
			Gastar dinero en alguien con el fin de tener sexo

Historial	Problema	Pérdida de control	
			Ir a ver espectáculos eróticos o de striptease

Pagar por sexo, poder, pagar por sexo en relaciones

En ocasiones, pagar por sexo tiene como objetivo establecer un acceso permanente o prolongado a las parejas sexuales. Merece la pena explorarlo como un tipo de conducta separada con su propio conjunto de dinámicas y consecuencias.

Historial	Problema	Pérdida de control	
			Organizar el soporte financiero de alguien a cambio de sexo
			Proporcionar soporte financiero a alguien para que esta persona esté disponible con el fin de realizar actividades sexuales
			Hacer regalos extraordinarios para ganarse el acceso sexual
			Ayudar a alguien en su carrera profesional con el fin de recibir favores sexuales

Sexo telefónico

En la era de internet, es posible pasar por alto una herramienta mucho más antigua: el teléfono. Considera los siguientes elementos para obtener un panorama completo del papel de la tecnología en tu conducta sexual.

Historial	Problema	Pérdida de control	
			Utilizar tarjetas de crédito en las líneas "900" o "976" para participar en sexo telefónico
			Pagar por llamadas sexualmente explícitas (como "Dial-a-Porn")
			Participar en actividades sexuales por teléfono

Historial	Problema	Pérdida de control	
			Buscar parejas que consientan participar en sexo telefónico

Voyeurismo o intromisiones ocultas

¿Estás posiblemente sobrepasando los límites adecuados con otras personas a través de tus acciones y te gustaría que no se detectaran? Si es así, echa un vistazo detallado a este aspecto de tu conducta sexual.

Historial	Problema	Pérdida de control	
			Llegar a extremos para observar el cuerpo de los demás (como esconderse debajo de las escaleras, hacer agujeros en las paredes, utilizar telescopios para observar o meterse en vestuarios del sexo opuesto)
			Utilizar prismáticos o telescopios para observar a otras personas
			Esconderse en lugares secretos (como armarios o debajo de las camas) para observar o escuchar a los demás
			Observar a las personas a través de las ventanas de sus casas o apartamentos
			Observar o tocar a una persona que está durmiendo o esta incapacitada
			Pensar en o participar en actividades sexuales con personas que están inconscientes o con la conciencia limitada (debido a drogas, alcohol u otras razones)
			Seguir a una persona que conoces sin que él/ella lo sepa
			Utilizar páginas web de voyeurismo
			Llegar a grandes extremos para descubrir información personal sobre una persona (como su trabajo, nombre u otra información personal)

Historial	Problema	Pérdida de control	
			Entrar en los dispositivos de otros(as) sin su conocimiento por excitación sexual
			Acceder a páginas web con cámaras que observan a otros
			Tocar a las personas, pero actuando como si hubiera sido un accidente
			Seguir a las personas que te atraen sexualmente o que te gustaría tener contacto sexual

Exhibicionismo

Incluso aunque no conlleve contacto físico, exponer tu cuerpo a los demás de manera provocativa puede convertirse en una conducta compulsiva con consecuencias por sí misma. Considera los ejemplos siguientes.

Historial	Problema	Pérdida de control	
			Exhibirte desde un vehículo
			Exhibirte en lugares públicos (como parques, calles o patios de colegios)
			Exhibirte desde tu casa
			Exhibirte comportándote de manera sexual o vistiéndote/desvistiéndote en lugares públicos o semi públicos
			Exhibirte a través de la elección de tu ropa
			Masturbarte en lugares públicos como cines, salones de bronceado o vestuarios

Sexo de explotación, confianza

Algunas distorsiones en la conducta sexual conllevan abusos de ética profesional y límites en el lugar de trabajo. Esta es un área clave que debemos considerar.

Historial	Problema	Pérdida de control	
			Tener contacto sexual con clientes/pacientes actuales o pasados
			Besar a clientes/pacientes en la privacidad de tu despacho profesional
			Utilizar una posición de poder para explotar o ser sexual con otra persona (como un clérigo con un feligrés, un terapeuta con un paciente o un director con un empleado)
			Participar en alguna forma de actividad sexual con clientes que frecuentan tu lugar de empleo
			Comportarse de modo sexual con clientes profesionales (como abogados, médicos o terapeutas)
			Participar en alguna forma de actividad sexual con empleados a los que supervisas
			Seducir a personas que trabajan para ti
			Recibir formación en masajes o terapia corporal con el fin de tener contacto sexual

Sexo de explotación infantil

Exponer a los niños a imágenes e información sexual inapropiada, o iniciar un contacto sexual real con niños, puede traumatizar a todos los involucrados. Si este tipo de sexo de explotación es parte de tu vida, comienza ahora a observarlo de manera intransigente.

Historial	Problema	Pérdida de control	
			Compartir información sexual inapropiada con niños
			Participar en una actividad sexual con el consentimiento del menor
			Forzar la actividad sexual a un niño(a) fuera de tu familia

Historial	Problema	Pérdida de control	
			Exponer a los niños a tu actividad sexual (por ejemplo, tener actividad sexual con las puertas abiertas o desnudez inadecuada)
			Observar pornografía infantil
			Utilizar internet como modo de "encontrar" personas vulnerables o niños

Interacción con drogas, utilizar el sexo combinado con drogas y alcohol

Para algunas personas, las drogas y el sexo están unidos. Esta interacción puede ser una señal de adicciones múltiples. Puedes empezar a recuperarte en muchos niveles al contar la verdad ahora mismo sobre tal conducta.

Historial	Problema	Pérdida de control	
			Utilizar drogas para mejorar tu experiencia sexual
			Utilizar drogas adicionales para incrementar la intensidad de la experiencia sexual
			Utilizar marihuana para incrementar la intensidad de la experiencia sexual
			Utilizar cocaína para incrementar la intensidad de la experiencia sexual
			Utilizar tabaco para incrementar la intensidad de la experiencia sexual
			Proporcionar drogas o servicios a personas a cambio de actividad sexual
			Recibir drogas a cambio de actividad sexual

Sexo con objetos, utilizar objetos o juguetes sexuales

La obsesión por el sexo puede conllevar al uso compulsivo de una variedad de dispositivos. A medida que reflexionas sobre tu vida sexual, asegúrate de considerar este tipo de conducta.

Historial	Problema	Pérdida de control	
			Utilizar estimuladores sexuales (como vibradores o vaginas artificiales) para mejorar la experiencia sexual
			Masturbarse con objetos
			Utilizar estimuladores sexuales para mejorar tu experiencia sexual
			Masturbarse con dispositivos eléctricos o mecánicos
			Insertar objetos en el ano/recto mientras te masturbas o participar en una actividad sexual para incrementar el placer sexual
			Insertar objetos en el ano/recto de tu pareja para ayudarlo(la) en la masturbación o como parte de la actividad sexual para incrementar la experiencia sexual

Pornografía producida en casa

Para algunos adictos, la pornografía producida de manera comercial no es suficiente. Estas personas crean sus propios materiales sexualmente explícitos para su uso personal repetido. Si el sexo anónimo y el intercambio es parte de tu vida, entonces es especialmente importante considerar si la pornografía producida en casa también se presenta como un problema.

Historial	Problema	Pérdida de control	
			Grabar tus fantasías sexuales con el fin de reiniciar tu nivel de excitación cuando vuelves a verlas
			Escribir tus propias historias (verdaderas o inventadas) que lees una y otra vez para excitarte sexualmente

Historial	Problema	Pérdida de control	
			Crear métodos con tu propia pornografía (como colecciones, escritos o música)
			Hacer videos sexualmente explícitos
			Hacerse fotografías sexualmente explícitas
			Exhibirte en fotografías y videos producidos en casa

El cortejo sale mal

Implícita en la mayoría de los patrones sexuales compulsivos está la distorsión de lo que sería un cortejo o noviazgo normal. Por ejemplo, es muy habitual que los niños jueguen a "Yo te enseño lo mío si tu me enseñas lo tuyo". Es normal tener curiosidad por el cuerpo de tu pareja y es un placer que examinen tu cuerpo. A medida que vas creciendo, aprendes cómo gestionar ese aspecto de ir conociendo a alguien adecuadamente. Exhibicionistas y voyeurs, sin embargo, se quedan atrapados en esta parte del cortejo. Se han centrado tanto en esta fase que se vuelve más placentera que el resto de la relación. En otras palabras, el cortejo sale mal.

Vamos a considerar el caso de Carrie. Con abusos emocionales y físicos por parte de ambos padres, también sufrió abusos sexuales por parte de su padre, que la sobaba regularmente hasta que tuvo catorce años. En un momento determinado se quedó embarazada y sus padres le forzaron a tener un aborto. Su madre incluso le pidió al doctor que pusiera el feto cerca de la cara de Carrie después de la intervención para que "aprendiera la lección". Ya en la edad adulta, Carrie encontró muy difícil tener relaciones sexuales con un hombre que le gustaba. Siempre tenía ansiedad y miedo si la relación entraba en una fase más importante. Sin embargo, cuando estaba con hombres que eran unos "babosos" y que a ella no le importaba, podía comportarse de manera sexual sin ningún reparo. Además, era intensivamente sexual con ella misma. Se masturbaba siempre que sentía ansiedad.

Carrie sintió un alivio tremendo cuando finalmente entendió que haber sufrido abusos le crearon un sentido desordenado del cortejo y le impidieron mantener relaciones sexuales con un hombre que realmente le importaba. Llegó a entender que el primer hombre que le importó, su padre, le había traicionado. Un legado posterior de esa traición fue que sus relaciones eran con hombres que no le importaba y que eran inestables.

El problema es que no hay un modo sistemático y fiable en nuestra cultura para aprender los fundamentos del cortejo. Probablemente nunca has asistido a un curso que enseñe como flirtear de manera adecuada y con éxito. El fracaso en el cortejo puede significar el inicio de patrones repetitivos porque tu conducta no funciona.

Las doce dimensiones del cortejo

Para evitar esos patrones viciados de comportamiento, necesitamos aprender los elementos básicos de un cortejo adecuado. Son doce, y nos referiremos a ellos como las *dimensiones* del cortejo.

Notar

Es la capacidad de percibir los rasgos atractivos de los demás. Con una pareja ya existente significa que eres capaz de ser consciente de los rasgos deseables de esa persona.

Esta dimensión requiere la capacidad de filtrar rasgos que, aunque son deseables, no coinciden contigo. En otras palabras, darse cuenta también significa discriminar.

Atracción

Es la capacidad de sentirse atraído por los demás e imaginar que se actúa en consecuencia. Esta dimensión asume un "mapa" de excitación funcional donde seleccionas conductas y personas adecuadas para ti. La atracción conlleva tanto curiosidad como el deseo sobre los rasgos físicos, emocionales e intelectuales de los demás.

En una relación existente, la atracción significa ser capaz de mantener una actitud abierta al cambio y a lo desconocido. En las relaciones basadas en la realidad, las parejas se van "descubriendo" continuamente. La atracción es donde la pasión comienza y cómo las relaciones van perdurando.

Flirteo

Todo el mundo necesita saber cómo flirtear. Un flirteo satisfactorio utiliza el juego, la seducción y las pautas sociales para enviar señales de interés y atracción a la persona deseada. Esta capacidad se extiende también a darse cuenta y leer con precisión el flirteo de los demás.

El factor crítico en el flirteo es saber cuándo es apropiado enviarlo y recibirlo. El éxito en las relaciones de larga duración requiere un flirteo continuo con tu pareja.

Demostración

A veces, descrito con poca precisión como "alardear", aquí es donde uno demuestra sus "habilidades", es decir, un rasgo físico, capacidad o habilidad. Las conductas aquí incluyen demostrar una habilidad, por ejemplo, atlética.

La demostración también puede incluir vestirse para atraer a la otra persona o realizar actividades específicas relacionadas con el sexo para incrementar el interés de la persona. Es importante ser consciente de lo que haces para que tus acciones sean adecuadas al contexto y a la persona.

Romance

Esta es la capacidad de experimentar, expresar y recibir pasión. El romance asume la capacidad de ser consciente de todos los sentimientos de atracción, vulnerabilidad y riesgo. Y, lo más importante, un amante debe ser capaz de expresar sus sentimientos y tener la suficiente auto estima como parar aceptar las expresiones de cariño como verdaderas.

Incluido en el romance se encuentra la capacidad de probar la realidad de los sentimientos. Por ejemplo, ¿es exacto lo que percibes en la otra persona, o simplemente una proyección de lo que quieres ver? ¿Son las personas seleccionadas consistentemente opciones positivas/buenas o negativas/malas para ti?

Individualización

En medio del romance, las personas sanas son capaces de ser fieles a sí mismas. Se sienten totalmente libres de ser quienes son, sin temor a la desaprobación o control del otro(a). Dicen la verdad y no se sienten intimidados. No tienen que ceder en temas importantes. Estas personas pueden pedir que se satisfagan sus necesidades y no tienen que someterse al otro(a). Confían en que la gente se preocupe por ellos tal y como son.

Intimidad

A medida que la euforia de la primera pasión va disminuyendo, las parejas entran en la fase de "apego". Aquí la relación profundiza en su significado e integridad. Esto requiere una honda vulnerabilidad que es continua y más difícil que la euforia de descubrir lo que ocurre al comienzo del romance. Esta es la parte que incluye "conocerse por completo y quedarse de todos modos" en las relaciones.

Contacto

El contacto físico requiere confianza, cariño y criterio. El contacto afirma al otro(a) pero respeta el momento, la situación y los límites. Un contacto sexualizado o sin permiso traiciona la confianza.

Aunque el contacto puede ser seductor y confuso, también puede ser extraordinariamente sano. En adultos a los que no se ha tocado o que no fueron cuidados cuando eran niños, la carencia de contacto puede llegar a ser extrema. Las personas privadas de contacto se comportarán en contra de su mejor criterio y sus necesidades por el simple hecho de tener contacto.

Juegos preliminares

En ocasiones, mencionados como la parte más importante del contacto sexual, esta es la expresión de la pasión sexual sin relaciones sexuales genitales. Abrazarse, acariciarse, besarse y el juego sexual crean tensión y puede ser erótico y placentero. Estos juegos incluyen expresiones verbales de pasión y significado. En repetidos estudios, la mayoría de las personas admiten que es la mejor parte del sexo. Sin embargo, a menudo se ignora en nuestra cultura por la falta de tiempo y el estrés.

Acto sexual

Más que el intercambio de fluidos corporales, esta es la capacidad de rendirse a la pasión, dejarse ir y confiar en que tanto tu pareja como tú sois vulnerables. Mientras que es extremadamente placentero, el acto sexual también es un indicador de cómo eres capaz de perder el control. Entregarse a la pasión requiere un verdadero abandono de cómo se supone que deben ser las cosas. Muchas personas se limitan a sí mismas o no logran el orgasmo simplemente por problemas con la confianza y el control.

Compromiso

El compromiso es la capacidad de vincularse o apegarse al otro(a). Algunos describen la adicción como el fracaso a la hora de crear un vínculo o la falta de capacidad de formar una relación significativa y profunda. Si alguien te importa lo suficiente, honras la relación con tu fidelidad y la importancia que le das a la misma.

Muchos adictos hablan del "agujero negro" que buscan rellenar continuamente. El compromiso es el objeto de esta búsqueda, es decir, estar vinculado a relaciones significativas, incluidas las no sexuales.

Si creciste en una familia en la que aprendiste a no contar con los demás, buscas algo con lo que puedas contar. Alcohol, sexo, drogas y el riesgo alto siempre proporcionan lo que prometen, pero una relación patológica con una conducta con cambios de humor alterados no completa el vacío dejado por la falta de compromiso.

Renovación

La renovación es la capacidad de mantener todas las dimensiones anteriores en una relación existente. Estar casado no significa dejar de flirtear o expresar pasión con tu esposa(o). Hay una diferencia entre estar apegado a alguien por costumbre y estarlo por el significado de vuestra relación y cómo ha evolucionado vuestro viaje juntos.

En las parejas con éxito, ambos continúan el cortejo, demostrándole al otro(a) que todavía es una pareja que merece la pena, siguen haciendo esfuerzos por atraerlo(la) y expresan el valor que se tienen recíprocamente. Si la relación no funciona, ambos asumen la responsabilidad de cambiarlo. Si la relación no es sostenible, lo dejan.

Cortejo y tipos de conducta sexual

Piensa de nuevo en el tipo de conductas sexuales que has examinado al comienzo de este capítulo. Cada una de ellas puede revelar un problema en el cortejo. Vamos a considerar ahora algunos ejemplos, para que puedas empezar a analizar donde te falla el cortejo, y dónde tienes que trabajar para repararlo.

Marca como prioridad descubrir ahora esas conexiones. Esto te ayudará a entender que *tu problema no es solo "sexual" sino además un trastorno de intimidad.* Lo estás pasando mal con las adicciones porque no formas el tipo de relaciones que satisfacen tus necesidades, y tu conducta proporciona un indicio claro sobre dónde yacen tus problemas de intimidad. En esta sección utilizamos los diez tipos originales y sus dimensiones de cortejo correspondientes.

Conductas basadas en la fantasía

Cuando su conducta sexual está controlada por la fantasía, las personas notan rasgos atractivos en otros y se sienten atraídos por ellos. Sin embargo, no se mueven más allá de estos aspectos del cortejo. Es más seguro quedarse en el mundo de la fantasía que, de manera opuesta, actuar sobre ella. El romance y el sexo pueden prosperar lo que no se demuestra en la realidad. También se vuelven una obsesión.

A través de la masturbación basada en las fantasías es cómo aprendemos sobre nuestro propio deseo. Pero cuando la masturbación se vuelve compulsiva, la utilizamos para escapar de nuestra soledad. Esta conducta nace del miedo al rechazo, miedo a la realidad y reducción de la ansiedad. También puede ser autocomplaciente en el sentido de buscar el confort en contra de arriesgar con una relación.

Muchos adictos al sexo encuentran refugio en la fantasía porque otras maneras de actuar son demasiado complicadas, demasiado arriesgadas o conllevan demasiado esfuerzo. La conducta sexual basada en la fantasía es un modo de separarse de la realidad, incluyendo las relaciones.

Conductas basadas en el voyeurismo

Los voyeurs también son personas que no participan en el juego sexual, incluso aunque van más allá de la fantasía para buscar objetos sexuales en el mundo real. Es habitual que disfruten observando a otros(as) sexualmente. Cuando eso significa observar a personas *que no saben* que están siendo observadas, entonces el voyeurismo se convierte en un problema. Cuando conlleva el uso de pornografía compulsiva, el voyeurismo se convierte también en aislamiento.

Los voyeurs también se aventuran con el flirteo. Sentarse en un bar de striptease y dejar que alguien baile de manera erótica lo hacen para centrarse en la demostración sexual de otro(a) sin tener que hacer nada. En palabras infantiles, "me enseñas lo tuyo y yo miro." Generalmente el voyeurismo significa objetivizar a la otra persona. Esta no es una relación personal.

Conductas basadas en la exhibición

Exhibicionismo es la parte "Te enseñaré lo mío". Es placentero y normal que otros te tengan en cuenta sexualmente. Con una pareja, es una parte significativa del juego sexual.

Algunos adictos se centran solo en ser notados y tienen dificultades para moverse más allá de ese punto. El aspecto erótico para ello es ser vistos. Para algunos es darse cuenta de que han captado la atención de otro(a). Para otros, es forzar su sexualidad en el otro(a), lo que es una conducta agresiva.

Desde la perspectiva de una relación, este tipo de exhibición te introduce en un modo de conducta inapropiado. Estás buscando la atención de los demás sin ninguna intención de seguir adelante, que es meramente burlarse. En otras ocasiones se trata del placer de romper las reglas. En cualquier caso, cuando el exhibicionismo es compulsivo y obsesivo, se vuelve una distorsión significativa del cortejo normal.

Conductas basadas en pagar por sexo

Aquí, los adictos al sexo son participantes voluntarios de una intimidad simulada. Se centran en las dimensiones del tacto, juegos preliminares y el acto sexual sin la molestia de una relación. Con frecuencia, los adictos al sexo se dicen a sí mismos que recurren al pago de prostitutas por las carencias de sus parejas. La prostitución compulsiva es un problema mayor, y además refleja el fracaso en la relación. A menudo, este fracaso está conectado con la incapacidad de los adictos de comunicar sus sentimientos a sus parejas o su falta de voluntad por trabajar sus propias conductas de atracción. Para algunos, pagar por sexo es intimidad o lo más cercano que se permiten estar ellos mismos.

Con frecuencia, la anorexia sexual está presente al pagar por sexo, cuando es difícil excitarse en presencia de alguien que te importa. El compromiso y la renovación de las relaciones se ven profundamente socavados por la vida secreta de este comportamiento.

Conductas basadas en sexo invasivo

Las personas que participan en el sexo invasivo, como tocar a otros en multitudes o hacer llamadas telefónicas obscenas, están realmente pervirtiendo las dimensiones del tacto y los juegos preliminares del cortejo. En la mayoría de los casos, utilizan a otros para su excitación sexual con pocas posibilidades de ser descubierto. Su conducta representa tanto el fracaso en la intimidad como dificultades en la individualización. En este comportamiento, no se ven así mismos como depredadores, aunque sí lo son. Durante el sexo invasivo, su objetivo es tener sexo sin el conocimiento del otro(a).

Conductas basadas en la red de sexo anónimo

Por definición, esta conducta sexual no es en absoluto una relación. No tienes que atraer, seducir, o incluso pagar por sexo. El sexo anónimo es simplemente eso, sexo. Irónicamente, la anorexia sexual está con frecuencia también presente, junto a su soledad y aislamiento asociado. Frecuentemente para los adictos al sexo, parte de la excitación en el sexo anónimo es el riesgo de las situaciones y personas desconocidas. En parte, esto proviene de relaciones sexuales tempranas que provocaron temor. Tener que experimentar miedo con el fin de excitarse o que la iniciación sexual funcione distorsiona de manera fundamental el proceso de cortejo. La seguridad de un vínculo duradero nunca está ahí para, así, permitir los riesgos más profundos de ser reconocido por otro(a).

Conductas basadas en intercambio de dolor

En este tipo de conducta, las personas participan compulsivamente en prácticas sexuales dolorosas, degradantes o peligrosas. Ejemplos de ellos son los "deportes de sangre" (crear heridas que sangran como parte del sexo) y la asfixia.

El sexo con intercambio de dolor conlleva con frecuencia distorsiones significativas del cortejo. Las caricias, los juegos preliminares y el acto sexual se subordinan a una narrativa dramática que en ocasiones es una recreación de las experiencias vividas en abusos infantiles. Para una mujer que solo se excita si el hombre le hace daño, por ejemplo, es una distorsión de la salud sexual y de las relaciones. Las situaciones de excitación integradas en sexo de alto riesgo provocan que las relaciones duraderas sean difíciles de desarrollar.

Conductas basadas en el sexo de explotación

Explotar a los vulnerables representa claramente un cortejo distorsionado. Los violadores tienen problemas muy notables con la intimidad y la ira. Menos obvios son los depredadores no violentos que seducen a los niños o muestran una conducta indebida sexual con los clientes. En un lugar de trabajo donde existe una diferencia de poder, los empleados pueden ser explotados.

Los adictos en esta categoría utilizarán un comportamiento de "preparación" para generar la confianza de la víctima inocente. Atracción, flirteo, demostración, romance e intimidad son modos de ganarse la confianza de la otra persona para su posterior explotación sexual. Los adictos llegarán tan lejos como, incluso, profesar un vínculo duradero, aunque sus intenciones son mucho más malévolas.

Cuando la excitación depende de la vulnerabilidad de otro(a) existe una distorsión significativa en toda la secuencia del cortejo.

La figura 3.1 resume las etapas del cortejo y los diez tipos. El gráfico muestra cómo cada tipo de conducta se ve afectada por problemas en las dimensiones específicas del cortejo. Para aclarar todavía más estos temas, hemos incluido un inventario de cortejo en el Ejercicio 3.2. Al utilizarlo, podrás conectar lo que has aprendido sobre los patrones de tu conducta sexual con los modos que has aprendido sobre el cortejo.

Trastorno del cortejo y los diez tipos

Tipo compulsivo	Notar	Atracción	Flirteo	Demostración	Romance	Individualización	Intimidad	Caricias	Preliminares	Acto sexual	Compromiso	Renovación
Fantasía sexual	•	•										
Voyeurismo	•	•	•									
Exhibicionismo			•	•								
Sexo con rol seductivo			•	•	•	•	•				•	•
Sexo comercial			•	•	•	•	•				•	•
Sexo invasivo						•	•	•	•		•	•
Pagar por sexo						•	•	•	•	•	•	•
Sexo anónimo						•	•	•	•	•	•	•
Sexo con intercambio de dolor								•	•	•	•	•
Sexo de explotación	•	•	•	•	•	•	•	•	•	•	•	•

Figura 3.1

• • • Ejercicio 3.2 • • •

Inventario del cortejo

Indicaciones: Este ejercicio te ayudará a conectar lo que has aprendido sobre los patrones de tu conducta sexual con lo que hemos analizado sobre el cortejo. A continuación, mostramos las doce dimensiones del cortejo. Califícate en cada dimensión y escribe cualquier comentario que tengas sobre esa calificación. Recuerda que no tienes que hacerlo a la perfección. Tu objetivo es identificar los lugares en los que estás atascado a la hora de entender el cortejo. Utiliza tu trabajo del ejercicio 3.1 o revisa los resultados de tu SDI 4.0 para observar cómo tus problemas de conducta e intimidad están alineados. Registra ejemplos específicos de problemas que hayas tenido con las relaciones y que estén relacionados con tus conductas sexuales.

Notar - la capacidad de reconocer rasgos atractivos en los demás. Con una pareja existente, significa ser consciente de los rasgos deseables en esa pareja. Esta dimensión requiere tanto el acto de darse cuenta y la discriminación sobre lo que has notado, es decir, la capacidad de filtrar los rasgos que, aunque sean deseables, no son una buena opción para ti.

¿Has notado rasgos atractivos en los demás? ¿Eres capaz de notarlos con tu pareja actual incluso después de años de estar juntos? ¿Puedes reconocer rasgos atractivos y decidir que no son adecuados para ti?

BAJO									ALTO
1	2	3	4	5	6	7	8	9	10

____

____

____

Atracción - la capacidad de sentir atracción hacia los demás e imaginar la situación con esos sentimientos. Esta dimensión asume un patrón de excitación funcional en el que seleccionas alguien adecuado para ti. La atracción conlleva curiosidad, así como deseo por los rasgos físicos, emocionales e intelectuales. En una relación existente, significa tener la capacidad de mantener una disposición al cambio y a lo desconocido.

¿Te atraen las personas sanas, adecuadas? ¿Puedes mantener tu atracción por una persona con el paso del tiempo? ¿Eres capaz de tener fantasías y reconocer cuáles son las apropiadas? ¿Puedes ir más allá de tus fantasías y sentimientos para iniciar una relación con alguien que te atrae?

BAJO									ALTO
1	2	3	4	5	6	7	8	9	10

____

____

____

Flirteo — la capacidad de utilizar pautas sociales, actitudes juguetonas y de seducción para enviar señales de interés o atracción a la persona deseada. Esta capacidad se extiende a notar el flirteo de los demás. Un factor crítico en un coqueteo satisfactorio es saber cuándo es adecuado enviar y recibir.

¿Eres capaz de flirtear? ¿Flirteas con las personas adecuadas y en contextos apropiados? ¿Notas cuando alguien flirtea contigo? ¿Lees exactamente lo que la otra persona pretende con el flirteo? En una relación existente, ¿flirteas?

BAJO									ALTO
1	2	3	4	5	6	7	8	9	10

____

____

____

Demostración — utilizar habilidades y capacidades para atraer más a la pareja adecuada. La conducta de demostración debe ser apropiada al contexto y a la persona.

¿Eres capaz de atraer la atención y mostrar tus cualidades y rasgos positivos? ¿Puedes hacerlo sexualmente? En el campo sexual, ¿te comportas de manera adecuada en el contexto y la edad? ¿Son tus comportamientos sexuales específicos para una relación o pretendes que sean notados por todos? ¿Eres un(a) provocador(a), es decir, alguien que quiere atención, pero no tiene ninguna intención de conectar?

BAJO									**ALTO**
1	**2**	**3**	**4**	**5**	**6**	**7**	**8**	**9**	**10**

____

____

____

Romance — la capacidad de experimentar, expresar y recibir pasión. Esto requiere un difícil acto de equilibrio con una vulnerabilidad extrema y sentimientos frente a la realidad: ¿Coincide la persona real con los sentimientos y la imagen que te has creado de ella?

¿Sientes pasión cuando te atrae otra persona? ¿Puedes expresar claramente lo importante que es la otra persona demostrando esos sentimientos? ¿Son las personas que seleccionas consistentemente inadecuadas para ti?¿Idealizas a tus parejas y por tanto no son lo que pensabas que eran?

BAJO									**ALTO**
1	**2**	**3**	**4**	**5**	**6**	**7**	**8**	**9**	**10**

____

____

____

Individualización — la capacidad de gustarte y ser verdadero en una relación.

¿Eres capaz de ser tú mismo(a) en una relación? ¿Te preocupa la aprobación de los demás? ¿ Cedes con tu pareja? ¿Eres capaz de expresar tus necesidades con efectividad? ¿Crees que estás cediendo o que permites que el otro(a) se haga con el control?

BAJO									**ALTO**
1	**2**	**3**	**4**	**5**	**6**	**7**	**8**	**9**	**10**

Intimidad — la capacidad de mantener la conexión y la vulnerabilidad mientras se es responsable y digno de confianza.

¿Puedes mantener una relación larga que te importa? ¿Puedes ser totalmente honesto(a) con tu pareja sobre tus peores aspectos? ¿Te aburres con tu relación principal? ¿Eres capaz de hablar sobre lo significativo que es estar con tu pareja?

BAJO									ALTO
1	2	3	4	5	6	7	8	9	10

Caricias (Tacto) — contacto consciente y caricias con el otro(a). Las caricias afirman al otro(a) y la relación mientras que todavía es respetuosa con el tiempo, situación y límites.

¿Eres capaz de utilizar las caricias para conectar con tu pareja? ¿Eres consciente de tus caricias? ¿Utilizas el tacto de manera seductiva? ¿No acaricias habitualmente? ¿Tienes en cuenta los límites apropiados con respecto al tacto? ¿Acaricias o tocas sin permiso? ¿Tocas a las personas sexualmente sin su conocimiento?

BAJO									ALTO
1	2	3	4	5	6	7	8	9	10

Estimulación previa - en ocasiones, se refiere a la parte más importante del contacto sexual, la expresión de la pasión sexual sin el uso de los genitales. La estimulación previa incluye iniciativas verbales, emocionales y físicas.

¿Es tu estimulación previa rutinaria y está ritualizada? ¿Te degrada o humilla a ti o a tu pareja? ¿Ponen tus juegos preliminares a alguien en riesgo físicamente? ¿Pasas el tiempo suficiente en la estimulación previa?

BAJO									**ALTO**
1	**2**	**3**	**4**	**5**	**6**	**7**	**8**	**9**	**10**

____

____

____

Acto sexual — más que el intercambio de fluidos corporales, esta es la capacidad de rendirse a la pasión, dejarse llevar y confiar que tanto tú mismo(a) como el otro(a) podéis ser totalmente vulnerables.

¿Ocurre el orgasmo fácilmente cuando le importas a alguien? ¿Encuentras el acto sexual más fácil con personas que no conoces o con las que no estás involucrado(a)? ¿Necesitas de alguna manera tener el control sobre la persona con la que estás para llegar al orgasmo? ¿Funciona mejor el acto sexual con personas nuevas o desconocidas?

BAJO									**ALTO**
1	**2**	**3**	**4**	**5**	**6**	**7**	**8**	**9**	**10**

____

____

____

Compromiso — la capacidad de formar una relación profunda, significativa y satisfactoria.

¿Mantienes tus compromisos? ¿Tienes dificultades para crear relaciones que duren? ¿Das consistentemente pasos para honrar y fomentar tu relación principal? ¿Te encuentras en una relación principal profundamente satisfactoria? Si no es así, ¿qué responsabilidad tienes para que no sea satisfactoria?

BAJO									**ALTO**
1	**2**	**3**	**4**	**5**	**6**	**7**	**8**	**9**	**10**

____

____

____

Renovación - la capacidad de mantener la intimidad y el resto de las dimensiones del cortejo en una relación existente. Esto requiere la capacidad de ver cuando la relación no funciona y trabajar activamente para cambiarla o dejarla.

¿Adoptas la suficiente responsabilidad para hacer que tu relación funcione? ¿Sigues cortejando y atrayendo a tu pareja? ¿Eres capaz de expresar consistentemente lo significativa que es tu relación? ¿Te encuentras ahora en una relación principal que se profundiza cada vez más?

BAJO									**ALTO**
1	**2**	**3**	**4**	**5**	**6**	**7**	**8**	**9**	**10**

____

____

____

• • • Ejercicio 3.3 • • •

Reflexiones sobre los trastornos del cortejo

Indicaciones: Después de trabajar en los ejercicios del comienzo de este capítulo, deberías tener una comprensión mucho mayor de tu adicción sexual. En este ejercicio, te pedimos que escribas un resumen de lo que has aprendido sobre ti con respecto a los tipos de conducta sexual y los elementos del cortejo. Al hacerlo, te estarás preparando para comenzar el trabajo de tu "Primer paso", que será el punto de atención del capítulo 4.

He aprendido... ____

Tecnología: El gran acelerador

La tecnología está transformando nuestra sexualidad. Por *tecnología,* me refiero a cualquier dispositivo con acceso a internet. Esto incluye ordenadores (computadoras) de sobremesa, portátiles, smartphones y tablets.

Desde el punto de vista positivo, estos dispositivos nos permiten acceder a información sobre el sexo de manera cómoda y útil. Los servicios de citas online permiten a las personas conectarse con parejas que nunca se hubieran conocido de otro modo. Los recursos de recuperación online constituyen, además, una gran ventaja. Algunos de nuestras mejores reuniones de los "Doce pasos" han sido reuniones virtuales.

Al otro lado de la moneda, las páginas web sexualmente explícitas son un centro de beneficios importantes en internet. Los niños pueden acceder a estas páginas web mientras que hacen los deberes o los empleados de una oficina pueden acceder a ellas de nueve a cinco. Internet se ha convertido en nuestra fuente imprescindible para el entretenimiento y la educación sexual no oficial.

Más allá de todo esto, internet y los smartphones se han vuelto los grandes aceleradores del comportamiento sexualmente compulsivo. Las personas pueden utilizar la tecnología para:

- acceder a páginas web con el fin de encontrar extraños que desean tener sexo
- localizar un ligue a través de un "buscador de amigos" u otras "aplicaciones de sexo" que muestran nombres, fotos, perfiles, ubicación e información de contacto de parejas potenciales
- descargar aplicaciones GPS para localizar proveedores de masajes cercanos, servicios de compañía y prostitutas
- unirse a redes sociales legítimas como Twitter, Facebook, y Google+ para conectar con extraños y conocidos con propósitos sexuales
- utilizar salas de chat, correos electrónicos y mensajes de texto para mantener tales contactos
- utilizar cámaras web para compartir imágenes explícitas en tiempo real con cualquiera, y en cualquier parte del mundo con una conexión de internet
- utilizar aplicaciones de video para producir y distribuir pornografía casera

En su libro, *Cruise Control: Understanding Sex Addiction in Gay Men,*(versión solo en inglés), Robert Weiss resume los resultados de un modo aplicable a todos nosotros, ya seas heterosexual, gay o lesbiana: "A medida que nuestra interconectividad tecnológica se incrementa, ha traído consigo modos fáciles y asequibles de distraerse, contenido sexual excitante y sexo anónimo. En todo ello, los profesionales de salud mental y de adicciones están descubriendo un incremento correspondiente en el número de personas que luchan contra las adicciones sexuales y sentimentales. Así de simple."

La atracción de la conducta sexual online

Para los lectores de este libro, es importante también entender que muchas personas que tienen problemas con el sexo compulsivo nunca habrían tenido dicha adicción si no fuera por internet y los smartphones. Considera los siguientes ejemplos:

- Un pastor eclesiástico descubrió páginas web porno que ofrecen funciones especiales para los suscriptores de pago. En cinco semanas, se gastó los ahorros de la familia y desfalcó ocho mil dólares a su iglesia.
- La esposa de un cirujano de éxito utilizó Facebook para ponerse en contacto con los amigos de su marido y ahora tiene múltiples aventuras que se han convertido en una pesadilla.
- Un comandante de la fuerza aérea con total conocimiento de que los sistemas de información están vigilados, utilizó un dispositivo de la base para acceder a prostitutas y le pillaron.
- Un filtro de información de un hospital desveló pornografía infantil a la que accedían dos médicos que eran pediatras.
- Un padre descubrió que su hijo de 14 años se conectaba online para ver videos sexualmente explícitos en una media de cuarenta horas a la semana.

Nos preguntamos con frecuencia esta cuestión, "¿Por qué el sexo digital tiene ese poder?" Existen varias respuestas. Entre ellas destaca el anonimato. Los usuarios de internet se refugian pensando que nadie observa lo que están haciendo. El hecho es que nuestra ruta en internet puede ser (y, con frecuencia lo es), vigilada cuidadosamente por una variedad de partes interesadas. Además, estos datos quedan registrados durante mucho tiempo. Por lo tanto, la ilusión de estar solo es seductora, pero ilusa. Permite a una persona pensar que el comportamiento sexual online es impersonal (no hace daño a nadie). En lugar de la vida real, se cree que es más como un juego, otro más en la gama de las realidades virtuales.

La comodidad es otro factor. Antes de que se extendiera el uso de internet, smartphones y otros dispositivos, acceder al porno significaba que tenías que ir específicamente a una "librería de adultos" o a un espectáculo en una zona conflictiva de la ciudad y esperar que nadie te viera. Si querías ligar con una pareja sexual, entonces tenías que comenzar una conversación con otro cliente de la librería o ir a un bar, casa de baños, parque o baños públicos. Todo esto ha cambiado con la tecnología que reduce radicalmente el tiempo, el dinero, el esfuerzo y el riesgo que conllevan tales actividades. Hoy, puedes utilizar tu portátil, teléfono o tablet para acceder instantáneamente a la pornografía y encontrar parejas sexuales. Y puedes hacerlo sin salir de casa, tenerte que vestir o incluso sin salir de la cama. De hecho, ha surgido una sólida teoría según la cual la estimulación sexual por internet es capaz de ir más allá de nuestros propios límites biológicos. El neurocientífico Donald Hilton describe la tecnología de hoy como un "estímulo supra normal".Ninguna pareja puede competir con internet. Las personas son estimuladas de tal manera que el sexo parece más real en internet que en sus vidas reales.

Sabemos algunas cosas a ciencia cierta:

- Una vez que empieza, la adicción sexual que conlleva una conducta sexual online puede escalar rápidamente.
- La adicción sexual en internet se puede extender a los comportamientos fuera de línea (las fantasías se convierten en conductas).
- Aquellos que ya tienen el problema de la adicción al sexo descubren que el sexo digital magnifica las conductas sexuales y sus problemas asociados.
- Al utilizar la tecnología, el sexo compulsivo incrementa la conducta que el adicto no había experimentado antes o que incluso ni siquiera sabía que existía.
- Los adictos al sexo en fase de recuperación indican que la conducta sexual online es uno de los factores principales en las recaídas.

La conducta sexual digital y las distorsiones del cortejo

Considera lo que has aprendido en este capítulo sobre los tipos de conducta sexual y las distorsiones del cortejo. Dichas distorsiones pueden tener muchos puntos de intersección con la conducta sexual digital.

Por ejemplo, muchos sitios web de contenido sexual explícito basan su atractivo en fomentar la fantasía. Algunas presentan historias breves que describen situaciones que excitan sexualmente. El atractivo del voyeurismo, además, es común, incluyendo las páginas web que utilizan cámaras y se muestran desnudos, masturbándose o teniendo sexo con una pareja. Por supuesto, muchos videos pornográficos están basados en guiones que enfatizan el anonimato, seducción, sexo invasivo, humillación, dominación intercambio de dolor, intercambio de parejas y sexo en grupo.

• • • Ejercicio 3.4 • • •

Inventario de conductas sexuales digitales

Indicaciones: Vamos a analizar detalladamente cómo las conductas sexuales digitales te han afectado. Este ejercicio se basa en lo que has descubierto en el ejercicio 3.1, incitándote a reflexionar más sobre cómo la conducta digital ha cambiado tus patrones adictivos y, tal vez, incluso tu sexualidad.

Completar el siguiente inventario te ayudará a revisar tu uso de la tecnología en mayor detalle. Notarás que el centro de atención no está en conductas específicas, sino en discernir los patrones. Esto aumentará tu conciencia personal y además te ayudará en tu recuperación y terapia. Como esta información es muy personal y confidencial, guárdala en un lugar seguro.

Fecha en la que comenzaste el comportamiento sexual digital ________________

Estima de manera real las horas a la semana dedicadas a alguna forma actual de conducta digital sexual:

Veces a la semana ______ Horas por sesión ______ Total semanal ______

¿Has tenido periodos en los que te has dado un "atracón" sexualmente en internet o con tu smartphone u otro dispositivo?

Rodea o marca uno de ellos: Sí No

Si la respuesta es sí, descríbelo:

____

____

____

¿Ha habido periodos en los que has hechos esfuerzos para dejar tu conducta?

Rodea o marca uno de ellos: Sí No

Si la respuesta es sí, descríbelo: ________________________________

____

____

¿Te ha causado tu conducta sexual digital tales problemas que lo has dejado durante un periodo largo?

Rodea o marca uno de ellos: Sí No

Si la respuesta es sí, descríbelo: ________________________________

____

____

Con el tiempo, ¿has notado alguno de estos factores? Marca todos los que procedan

______ un patrón en el que se asumen riesgos mayores

______ buscar imágenes más violentas, o inusuales sobre conductas

______ una atracción hacia menores (edades entre los doce y dieciséis años)

______ una atracción hacia los niños (hasta los doce años)

______ una atracción hacia menores o niños involucrados como parte del sexo digital

______ una atracción a conductas sexuales o personas que no te atraían antes de tus experiencias en internet

______ una atracción a conductas sexuales o situaciones de las que no eras consciente antes de tus experiencias en internet

______ asumir riesgos sexuales con otros(as) que nunca habías asumido antes de tus experiencias en internet u otros dispositivos digitales

______ comenzar nuevas conductas sexuales por las cosas que has visto y experimentado en internet

______ participar en conductas sexuales antiguas que habías dejado antes de tu uso de internet o el smartphone

______ una capacidad en descenso de responder sexualmente a tu pareja debido a la conducta sexual online/digital

______ ira o ansiedad cuando no puedes conectarte o acceder a los dispositivos para conseguir tu contacto sexual.

Cuando la conducta sexual digital se vuelve compulsiva, el usuario de tecnología empieza a asumir riesgos desmedidos. Además, esta conducta crea un completo caos en la vida de esa persona. Los siguientes son una lista de riesgos y problemas asociados con las conductas sexuales digitales que se vuelven adictivas. Revisa la lista y marca aquellos que son ciertos en tu experiencia.

______ riesgo de ser descubierto(a) en casa

______ fui descubierto(a) en casa

______ riesgo de ser descubierto(a) en el trabajo

______ fui descubierto(a) en el trabajo

______ disminución o pocas horas de sueño

______ "atracón" durante toda la noche sin dormir nada

______ fracaso al completar un trabajo importante o con fechas límite

______ gastarte dinero que no te puedes permitir

______ compartir información personal con personas desconocidas

______ uso indebido de la información personal por parte de las parejas sexuales digitales

______ conocer gente desconocida

______ atacado(a) o explotado(a) por parejas sexuales digitales

______ involucrarse en relaciones que comenzaron en internet o en tu dispositivo

______ pérdida de la relación principal por el sexo digital

______ incapacidad de responder sexualmente fuera de línea a una persona real

______ ordenador (computadora) puesto en riesgo debido a los virus y spyware contagiados a través de páginas web sexuales o contactos online

______ sustituir el disco duro o el ordenador (computadora) por la conducta sexual online

______ riesgo de ser arrestado por esta conducta

______ fui arrestado por esta conducta

Los siguientes razonamientos se utilizan, con frecuencia, para explicar o justificar la conducta sexual. Revisa si estos razonamientos forman parte de lo que piensas sobre la conducta sexual digital.

______ Nadie lo sabrá.

______ Realmente no es sexo porque solo es virtual.

______ No estoy siendo infiel porque no hay contacto.

______ No hago daño a nadie con el comportamiento.

______ Es como un videojuego, no es real.

______ Todo el mundo lo hace.

______ Es un modo positivo, seguro y divertido de escapar de mis problemas.

______ No afecta a nada siempre que no lo descubran.

______ Es mejor hacerlo online que en la vida real.

______ No me ha cambiado de ningún modo.

______ Es una buena manera de aprender.

______ Mi pareja no es lo suficientemente sexual y me merezco sexo.

______ Me siento controlado(a) y es una manera de satisfacer mis necesidades.

______ Es una manera segura de romper las reglas.

______ Mi pareja no está interesada en satisfacer mis necesidades.

______ Puedo ver y explorar lo que siempre he querido hacer.

______ Estoy compensando todo lo que me he perdido.

______ A menudo me siento solo y esto ayuda.

______ No soy muy sociable y puedo satisfacer mis necesidades en este medio.

______ La conducta digital sexual es una válvula de escape para mí.

______ Me encanta el secretismo de hacer algo que todos desconocen.

______ Me gusta el territorio "prohibido".

Durante tus episodios sexuales en internet, ¿llegaste al orgasmo?

Rodea o marca uno de ellos: Sí No

¿Qué condiciones se necesitan para que ocurra un orgasmo? Por favor, descríbelas:

____

____

____

¿Te has hecho daño a ti mismo(a) físicamente por una larga estimulación sexual online?

Rodea o marca uno de ellos: Sí No

Si la respuesta es sí, descríbelo:______________________________

____

____

Los rituales son modos de prepararse para el episodio de internet, incluidos convencerte a ti mismo(a) de tus conductas incluso cuando crees que no debes hacerlo. Consideras estas actividades como un modo de "seducirte a ti mismo(a)" dentro de los patrones habituales de un conducta sexual digital.

¿Tienes rituales específicos para iniciar tu actividad en internet? Si es así, por favor, descríbelos:

____

____

____

____

____

Durante el tiempo que estás online o con tu conducta sexual digital, ¿utilizas alguna de las sustancias siguientes? Marca todas las que procedan:

______ alcohol

______ cocaína

______ anfetaminas
______ poppers de nitrito
______ alucinógenos
______ OxyContin u otros analgésicos
______ nicotina
______ cafeína

Después de llevar a cabo tu conducta sexual digital u online, ¿has experimentado lo siguiente? Marca todas las que procedan:

______ desazón por el tiempo malgastado
______ desazón sobre una vida secreta
______ no disponible sexualmente para tu pareja
______ pensamientos suicidas
______ vergüenza porque la conducta no se ajusta a tus valores
______ prometer que nunca volverás a comportarte así
______ ansiedad y obsesión sobre los riesgos asumidos
______ uso de alcohol, nicotina y otras drogas para sentirte mejor
______ comer de manera compulsiva para sentirte mejor
______ masturbarte para sentirte mejor
______ otras actividades online como apostar, operar en Bolsa, jugar o subastar para sentirte mejor

Además de la problemática conducta sexual, ¿es alguno de estos comportamientos online problemáticos también para ti? Marca todos los que procedan:

______ apostar
______ operar
______ jugar
______ pujar

Por favor, enumera cualquier otro:

______ ____

______ ____

______ ____

______ ____

______ ____

Al utilizar el espacio inferior, crearás un mapa de las páginas web que visitas. Ten en cuenta que los adictos generalmente empiezan con tan solo algunas páginas y luego acceden a otras, dependiendo de lo que encuentren. Habitualmente surgirán rutas múltiples al navegar en la web.

Para crear un mapa, empieza en la parte superior del espacio en blanco enumerando las páginas web con las que sueles empezar. Debajo de cada una de estas páginas, escribe el siguiente nivel de páginas web a las que accedes. Tu mapa podría tener varios niveles. Para indicar tus rutas de navegación, agrega líneas que conecten las páginas web. Asegúrate de utilizar los nombres específicos de las páginas. Por otro lado, fíjate en qué tipo de imágenes u otro contenido buscas en cada página web.

Otra opción es añadir colores. Utiliza un bolígrafo de color para enumerar las páginas web. Utiliza otro color para anotar lo que estás buscando. Sigue añadiéndolas al mapa hasta que hayas enumerado todas las páginas web que te convencen.

Tal vez es difícil hacer este ejercicio solo. Si es así, pide ayuda a tu terapeuta. Muchos terapeutas prefieren que completes el ejercicio durante una sesión programada.

• • • Ejercicio 3.5 • • •

Conducta sexual online o digital: ¿Parte de la adicción al sexo?

Indicaciones: Después de completar el ejercicio anterior, es importante reflexionar sobre tu conducta sexual online o digital y si esta forma parte de tu adicción sexual.

Enumerados a continuación mostramos criterios utilizados por profesionales médicos para determinar la presencia de la adicción al sexo. Revisa cada criterio y rodea o marca "sí" o "no" si se ajusta a tu comportamiento. Proporciona ejemplos de cada criterio en el que hayas respondido afirmativamente. Habla con tu terapeuta sobre cualquier criterio que no tengas claro.

1. **Obsesión con el sexo en internet o en tu dispositivo.** ¿Te encuentras
   - fantaseando y pensando en tu próxima incursión sexual online?
   - planificando y manipulando con el fin de tener tiempo para tu conducta sexual online?
   - revivir en tu mente las actividades sexuales digitales u online más recientes?

Rodea o marca una: Sí No

Ejemplos: ____

____

____

____

____

2. **Participar en la conducta sexual digital con más frecuencia o durante periodos más largos de lo planeado.** Podría ser común ponerte un límite de tiempo, pero fallar a la hora de mantenerlo. El tiempo permitido ya ha pasado, pero no importa. O tal vez hay ciertas páginas web a las que no quieres acceder, pero al final te encuentras en ellas de todos modos. Los adictos descubren que cada vez

necesitan más tiempo, más riesgo o más dinero. ¿Es difícil detener tu conducta sexual digital una vez que has comenzado?

Rodea o marca una: Sí No

Ejemplos: ____

____

____

____

____

3. **Repetidos esfuerzos sin éxito por controlar, reducir o dejar de participar en conductas sexuales digitales u online.** Una vez que te das cuenta de que la cantidad de tiempo que pasas con el sexo online es excesiva, tal vez decides establecer unos límites. Tal vez te prometes a ti mismo(a) que entrarás a la web solo una vez al día o una vez por semana y solo durante treinta minutos cada vez. O tal vez decidas cortar por lo sano durante una semana o entrar tan solo los fines de semana.

Cualesquiera de las promesas que te has hecho, no las puedes mantener. Tal vez tus intentos de control funcionan durante unos días, una semana, varias semanas, o incluso un mes. Pero al final, "algo" ocurre y "necesitas" volver a conectarte. Aunque lo hayas intentado, ¿vuelves finalmente a internet o a tu smartphone en búsqueda de actividades sexuales?

Rodea o marca una: Sí No

Ejemplos: ____

____

____

____

____

4. Nerviosismo o irritabilidad cuando intentas limitar o detener tus visitas o tu conducta sexual digital u online. Cuando has planeado conectarte, pero ocurre algo que interrumpe tus planes, por ejemplo, tu esposa(o) llega a casa antes de lo esperado, ¿te irritas y te incomoda? Durante los periodos en los que intentaste dejarlo ¿te enfadabas rápidamente? ¿Sientes ansiedad y angustia cuando tu rutina planeada cambia?

Rodea o marca una: Sí No

Ejemplos: ______________________________

____

____

____

____

5. Utilizar la conducta sexual digital como modo de escapar de los problemas o aliviar sentimientos como impotencia, culpa, ansiedad o depresión. Todo el mundo tiene sentimientos de impotencia, tristeza, preocupación, depresión e ira. Pero existen muchos modos de tratar o asumir estos sentimientos.

¿Te conectas a internet como salida sexual y así sentirte mejor y funcionar en casa o en el trabajo? ¿Es la conducta sexual online un modo de cubrir la soledad? ¿Postergación? ¿Escapar de acontecimientos dolorosos o tareas?

Rodea o marca una: Sí No

Ejemplos: ______________________________

____

____

____

____

6. Volver a una conducta sexual digital u online un día tras otro en busca de una experiencia sexual más intensa o de mayor riesgo. Tus expectativas de lo que quieres de internet continúan incrementándose y se vuelven más elaboradas. Por ejemplo, tal vez esperas encontrar tu verdadero amor a través de internet. Al principio te dejarás caer en salas de chat, permaneciendo anónimo(a), simplemente para ver si puedes encontrar un(a) compañero(a) potencial online. En un momento dado, ser anónimo ya no es suficiente. Tu búsqueda en varias salas de chat se vuelve más intensa y frenética además de consumirte mucho tiempo. Después de conectar con una persona en particular, os habéis enviado correos electrónicos privadamente. Finalmente, organizáis una cita en un hotel para tener sexo. La emoción y la esperanza que sientes en tu búsqueda conlleva una conducta más arriesgada tanto dentro como fuera de internet.

¿Has utilizado las aplicaciones de tu smartphone para ligar de manera arriesgada y anónima?

¿Sigues volviendo a páginas web y situaciones que no son buenas para ti? ¿Qué estás buscando en internet? ¿Cómo ha cambiado todo ello desde que comenzaste a conectarte online? ¿Estás visitando áreas que en su momento te dijiste a ti mismo(a) que nunca explorarías?

Rodea o marca una: Sí No

Ejemplos: ____

____

____

____

____

7. Mentir a la familia, terapeutas u otros para encubrir la conducta sexual digital u online. En nuestra cultura, la mayoría de las personas generan algún tipo de secretismo con respecto a su vida sexual, tanto si su comportamiento es normal o problemático. El problema surge cuando la deshonestidad sobre la conducta sexual daña a los demás.

¿Has mentido sobre tus conductas sexuales digitales? ¿Has minimizado tu participación o no has sido honesto(a) sobre tu conducta con tu esposa(o), pareja, jefe o terapeuta? ¿Has utilizado la excusa «es solo curiosidad» para llevar a cabo estas conductas?

Rodea o marca una: Sí No

Ejemplos: ______________________________

____

____

____

____

8. Cometer actos ilegales sexuales online o en tu smartphone (por ejemplo, enviar o descargar pornografía infantil o solicitar actividades sexuales ilegales). A medida que las personas utilizan internet y sus dispositivos para actividades relacionadas con el sexo, y el incremento del tiempo que pasan online, algunos se acercan cada vez más a participar en conductas ilegales.

Por ejemplo, un hombre de cuarenta años que fantasea durante años con tener sexo con una adolescente finalmente visita una sala de chat para adolescentes. Participa en una conversación con una adolescente de trece años durante algún tiempo hasta que llega un punto en el que le pide tener una cita sexual.

Solicitar actividades sexuales con menores online es ilegal, al igual que enviar, intercambiar o descargar pornografía infantil. Estos son delitos graves que, en muchos estados, dará como resultado prisión obligatoria. ¿Has participado en o has estado pensando en hacerlo?

Rodea o marca una: Sí No

Ejemplos: ______________________________

____

____

9. Poner en peligro o perder una relación o trabajo significativo, o una oportunidad educativa o profesional debido a la conducta sexual digital. La conducta sexual digital puede tener serias consecuencias. Ray, una figura pública en su comunidad, envió imágenes sexuales suyas a una empleada que trabajaba en su oficina. La vergüenza de ser acusado de acoso sexual se volvió sofocante, y las consecuencias se propagaron a cada aspecto de su vida. Para pagar sus cuantiosos honorarios legales, se vio forzado a gastarse la mayoría de sus ahorros y fondos de jubilación. Perdió un trabajo prestigioso y bien remunerado en una empresa excelente que tenía un tremendo potencial de ascenso. Ray era muy respetado en su comunidad y formaba parte de numerosos consejos y comités. Todo esto terminó como resultado de estas acusaciones.

¿Qué partes de tu vida se han visto afectadas por tu conducta sexual digital? ¿Has puesto en peligro o perdido una relación significativa? ¿Y tu trabajo o carrera, o tu salud y bienestar?

Rodea o marca una: Sí No

Ejemplos: ______

10. Incurrir en consecuencias financieras significativas como resultado de participar en una conducta sexual digital u online. Aunque el acceso básico a internet puede ser bastante barato, muchas páginas web relacionadas con el sexo cobran un precio de acceso mensual.

Un paciente masculino de treinta y dos años se sorprendió cuando abrió un día los cargos de su tarjeta de crédito para descubrir unos cargos con un total de

$1200 dólares. Se había registrado en varias páginas web sexualmente explícitas y había perdido totalmente el control de cuántas había pagado.

Otro paciente masculino gastó $40,000 dólares en un mes con citas a prostitutas y cocaína. Organizaba ambas cosas a través de un servicio de prostitución online.

¿Has notado las consecuencias financieras de tu conducta sexual digital? ¿Has perdido oportunidades educativas o profesionales por el tiempo que pasas online?

Rodea o marca una: Sí No

Ejemplos: ____

____

____

____

____

Volviendo a los criterios, considera la posible conexión entre tu comportamiento sexual digital u online y la adicción al sexo. Escribe tus pensamientos a continuación. Esto te llevará a un punto en el que estarás listo(a) para aceptar el problema y enfrentarte al reto del "Paso uno".

Reflexiones sobre el sexo en internet y la adicción al sexo:

____

____

____

____

____

____

____

Lecturas recomendadas

Carnes, Patrick. *No lo llames amor: Recuperación de la adicción sexual* New York: Bantam, 1992. (Versión solo en inglés)

Carnes, Patrick. *Fuera de las sombras: Entender la adicción sexual.* Center City, MN: Hazelden, 2001.(Versión solo en inglés).

Weiss, Robert, and Jennifer Schneider. *Siempre excitado: La adicción al sexo en la era digital.* Carefree: AZ: Gentle Path Press, 2015. (Versión solo en inglés)

Capítulo Cuatro

¿Cuál es el primer paso? Aceptar el problema

El hecho extraordinario para cada uno de nosotros es que hemos descubierto una solución común.
—El gran libro de Alcohólicos Anónimos

En 1935, un bróker de valores llamado Bill W. que había perdido casi todo por su problema con la bebida, estaba sentado en la cocina de una casa en Ardmore Avenue en Akron, Ohio. La casa pertenecía al Dr. Bob, un médico que tenía el mismo problema: Simplemente no podía dejar de beber.

Estaban tomando café y hablando de una carta que Bill había recibido de Carl Jung, el famoso médico y pionero en psicoterapia. En la carta, Jung le decía que, si su nuevo grupo iba a lograr éxito, deberían compartir sus historias. Esencialmente, la clave del éxito era ayudarse mutuamente en lugar de actuar solo.

Ahí nació la teoría "contar la historia" que ha sido la piedra angular de Alcohólicos Anónimos (AA). La estructura que estos hombres desarrollaron ha ayudado a millones de personas. No solo a alcohólicos, sino a jugadores de apuestas, anoréxicos compulsivos, adictos al sexo (y a sus parejas) que han podido beneficiarse de las ideas originales de Bill W. y el Dr. Bob. Aquellos que cuentan su historia admiten que tienen un problema, mientras que los que escuchan lo confirman reconociendo que ellos tienen o han tenido la misma experiencia. Esta transacción reduce la vergüenza para todos los involucrados y les apoya en su compromiso común de permanecer sobrios.

Qué ocurre cuando se cuenta la historia

La narración de la historia es poderosa. Cuando los padres, por ejemplo, cuentas historias de la familia, los niños siempre protestan si se queda un fragmento fuera. Uno podría preguntarse por qué los niños desean escuchar estas historias una y otra vez cuando las conocen realmente bien. La respuesta es que el objetivo de la narración no es proporcionar información, es más bien el punto de unión que se crea. El niño se siente vinculado a la historia, como si él/ella formara parte de esta.

Esto nos conecta con nuestra conversación anterior sobre la adicción que deriva de un fallo en la intimidad. Los grupos de los "Doce pasos" comienzan realmente un proceso de re-vinculación que ayuda a las personas a recuperar los déficits del pasado. Los miembros de la comunidad de los "Doce pasos" son aceptados tal y como son.

Tales vínculos tienen una importancia increíble. Un ejemplo adicional ilustrará por qué es así: Cuando Amnistía Internacional intentó al principio la terapia para ayudar a las víctimas torturadas, no llegaron a ningún sitio. Las víctimas de la tortura, aunque estaban deprimidas, se resistían a la ayuda desde su nivel más profundo. Finalmente, los miembros de AI hicieron un descubrimiento: Si las víctimas de la tortura pudieran contar su experiencia a una sala llena de otras personas que también han sido víctimas de la tortura, ocurriría una aceptación de la experiencia. La víctima era, entonces, capaz de vincularse lo suficiente como para que la terapia tuviera éxito.

Lo mismo ocurrió con la adicción a las drogas y el alcoholismo. Los profesionales intentaron ayudar durante años, pero no fue hasta que AA proporcionó un formato para los alcohólicos en el que podían contar sus historias, cuando la terapia realmente funcionó. La mayoría de los adictos han sufrido traumas profundos en sus vidas. Lo que es más, ser un adicto(a) de cualquier tipo es ya traumático de por sí. Estas personas necesitan un lugar seguro con otros individuos que conocen ya su historia antes de contarla.

La esencia de la historia

La narrativa detalla como solía ser la vida y cómo es hoy. En pocas palabras, la historia habla de un cambio. Los "Doce pasos", más que nada, enseñan como realizar un cambio profundo en la vida de una persona. Esencialmente muestran una situación, lo que los psicólogos y filósofos denominan "posición existencial" sobre cómo vivir.

Los "Doce pasos" son en realidad unos principios sólidos sobre el cambio y la vida que todo el mundo puede utilizar, pero son especialmente útiles para personas que aún no han experimentado los cambios radicales de la recuperación. El espíritu de estos principios está bien captado en lo que se denomina la "Oración de serenidad", que busca "la serenidad para aceptar las cosas que no puedo cambiar, el coraje para cambiar las cosas que sí puedo y la sabiduría para saber la diferencia." Las adicciones extraen su poder de la ansiedad, y la aceptación interna de la "Oración de serenidad" ayuda a reducir dicha ansiedad radicalmente.

El "Primer paso" de AA muestra este principio. Cuando se refiere a la adicción al sexo, leeríamos, "Hemos admitido que somos ineficaces con respecto a nuestra adicción sexual, que nuestras vidas están fuera de control." Las personas que dan el "Primer paso" generalmente aprenden las lecciones siguientes:

- que debes aceptar totalmente que tienes un problema
- que reconoces que están ocurriendo cosas que no puedes controlar
- que para tener éxito debes pedir ayuda a otros(as)
- que debes centrarte en lo que puedes hacer

- que debes abandonar los secretos y no pretender ser algo que no eres
- que las conductas adictivas continuarán hasta que verdaderamente aprendas la lección

Los siguientes ejercicios te ayudarán a prepararte para el "Primer paso". A medida que trabajas en ello, te animo a que pidas ayuda. Un terapeuta puede ser un recurso fantástico cuando vayas reflexionando sobre los problemas. También deberías seleccionar un par de "asesores" de tu grupo de "Doce pasos" o tu grupo de terapia para que te ayuden.

Siempre que te sientas avergonzado, desanimado o inseguro sobre qué hacer, consúltalo. Habla con alguien. Pide ayuda. Recuerda que eso es exactamente lo que hicieron Bill y el Dr. Bob en la cocina tomando un café.

• • • Ejercicio 4.1 • • •

Historial de tu adicción sexual

Indicaciones: Este ejercicio te pide que te centres en el desarrollo de tu adicción sexual. Como debe ser difícil recordar eventos específicos o detalles, simplemente responde a las siguientes preguntas lo mejor que puedas.

1. ¿A qué edad crees que comenzó tu adicción sexual (es decir, tu obsesión o conducta sexual te ayudo a hacer frente a tus problemas o perdiste la fe en ti mismo(a)?

   ____

2. ¿Cuáles fueron algunos de los acontecimientos más críticos durante el inicio de tu adicción sexual (por ejemplo, incremento de la frecuencia, pérdida de control, abandono o abuso)?

   ____

   ____

   ____

   ____

   ____

   ____

3. ¿A qué edad crees que tu adicción sexual se estableció firmemente (es decir, tus prioridades en la vida cambiaron; tu preocupación y conducta sexual interfirieron con tu vida, trabajo o familia)?

   ____

4. ¿Ha habido algunos acontecimientos críticos durante este periodo de adicción (por ejemplo, factores estresantes, negación o pensamientos deteriorados)?

____

____

____

____

____

5. ¿Ha habido periodos durante tu vida en los que tu adicción se incrementó repentinamente en términos de frecuencia o tipos de conducta sexual inapropiada?

   Rodea o marca una: Sí No

   Si la respuesta es "sí", ¿a qué edades (por ejemplo, 15–18, 22–24, 30)?

____

6. ¿Ha habido un patrón estacional (primavera, verano, otoño o invierno) en tu conducta sexual?

   Rodea o marca una: Sí No

   Si la respuesta es "sí", por favor, especifica:

____

____

____

7. ¿Cuáles fueron los acontecimientos más críticos durante estos periodos de incremento?

8. ¿A qué edades crees que tu adicción sexual llegó a su mayor nivel?

9. ¿Ocurrieron algunos acontecimientos críticos durante este periodo, cuando tu adicción estaba en el nivel más alto?

10. ¿Ha habido periodos durante tu vida cuando tu adicción sexual disminuyó (fue menos intensa, estaba controlada o pasó a segundo plano)?

Rodea o marca una: Sí No

Si la respuesta es "sí", ¿en qué edades?

____

11. ¿Ha habido algún acontecimiento crítico que ha precedido esta disminución o que haya ocurrido durante esta?

____

____

____

12. ¿Ha habido periodos en tu vida en los que parecía que no tenías vida más allá de la obsesión y el ciclo adictivo de tu conducta sexual inapropiada (es decir, se alteraba tu realidad o abandonaste completamente tu sistema de valores)?

Rodea o marca una: Sí No

Si la respuesta es "sí", ¿a que edad?

____

13. ¿Ocurrieron acontecimientos críticos durante estos periodos?

____

____

____

____

14. ¿Estás actualmente trabajando en limitar otras conductas compulsivas o estás ahora mismo en recuperación por otra adicción?

Rodea o marca una: Sí No

______ uso compulsivo del alcohol y otras drogas
______ dependencia del alcohol y otras drogas
______ codependencia
______ trastornos alimenticios (atracones, anorexia, bulimia)
______ nicotina/adicción al tabaco
______ abuso de la cafeína o adicción
______ apuestas compulsivas
______ gastos compulsivos
______ trabajo compulsivo
______ otros, por favor, especifica:

15. ¿Cómo afectan tus otras adicciones (si procede)a tu adicción sexual?

____

____

____

____

____

____

____

____

Inventario de ineficacia

Indicaciones: Enumera los máximos ejemplos que puedas que demuestren lo ineficaz o impotente que has sido para detener tu comportamiento sexual adictivo. Recuerda, ineficaz o impotente significa no ser capaz de detener tu conducta a pesar de las consecuencias negativas obvias. Por ejemplo: "Sara me ha dicho que se marchará en 2010 si vuelvo a recaer, y lo hice de todas maneras." Si necesitas más espacio para escribir, continúa en tu diario.

Sé explícito sobre los tipos de conducta y la frecuencia. Comienza con tu primer ejemplo de no ser eficaz, y concluye con el más reciente.

Enumera al menos treinta ejemplos. Al generar el máximo número de ejemplos posibles, añadirás información significativa a un entendimiento más profundo de tu propia ineficacia.

Recuerda, no tienes que completar esta lista de una vez. Ves añadiendo a la lista a medida que te ocurran otros ejemplos. Además, no dudes en incluir ejemplos adicionales en tu diario.

Cuando hayas terminado este inventario, no continúes hasta que hayas hablado con uno de tus guías. Adoptar "el camino suave" significa que te mereces apoyo con cada fragmento del trabajo significativo que estás llevando a cabo

1. ______________________________

   ____

2. ______________________________

   ____

3. ______________________________

   ____

4. ______________________________

   ____

5. ______________________________

____

6. ______________________________

____

7. ______________________________

____

8. ______________________________

____

9. ______________________________

____

10. ______________________________

____

11. ______________________________

____

12. ______________________________

____

13. ______________________________

____

14. ______________________________

____

15. ____________________

____

16. ____________________

____

17. ____________________

____

18. ____________________

____

19. ____________________

____

20. ____________________

____

21. ____________________

____

22. ____________________

____

23. ____________________

____

24. ____________________

____

25. ____

____

26. ____

____

27. ____

____

28. ____

____

29. ____

____

30. ____

____

• • • Ejercicio 4.3 • • •

Inventario de la pérdida de control

Indicaciones: Enumera tantos ejemplos como puedas que muestren cómo tu vida se convirtió en algo fuera de control debido a tu adicción. Por ejemplo: "Me descubrieron robando en 1988 para apoyar mi adicción." Si necesitas más espacio para escribir, continúa en tu diario. Recuerda, *la pérdida de control* significa que tu adicción ha creado caos y daño en tu vida. Si necesitas más ideas, vuelve al capítulo uno y revisa tu lista de consecuencias.

Después de haber completado tu lista, considera los acontecimientos que crees que están totalmente fuera de control. En general, suelen ser los más recientes. ¿Cuáles son tus ejemplos más recientes de pérdida de control? Rodea o marca cinco que te hayan ocurrido en los últimos diez días. Ahora rodea o marca cinco más que te hayan ocurrido durante los últimos treinta días.

Cuando termines este ejercicio, haz una pausa y habla con tus guías antes de seguir avanzando en este libro de trabajo. Te mereces su apoyo.

1. ______________________________

____

2. ______________________________

____

3. ______________________________

____

4. ______________________________

____

5. ______________________________

____

6. ______________________________

____

7. ______________________________

____

8. ______________________________

____

9. ______________________________

____

10. ______________________________

____

11. ______________________________

____

12. ______________________________

____

13. ______________________________

____

14. ______________________________

____

15. ______________________________

____

16. ______________________________

____

17. ______________________________

____

18. ______________________________

____

19. ______________________________

____

20. ______________________________

____

21. ______________________________

____

22. ______________________________

____

23. ______________________________

____

24. ______________________________

____

25. ______________________________

____

26. ____

____

27. ____

____

28. ____

____

29. ____

____

30. ____

____

• • • Ejercicio 4.4 • • •

Costes financieros

Indicaciones: La adicción al sexo puede ser muy cara. La prostitución, ser miembro premium de páginas web explícitas, regalos para las(los) amantes, costes médicos, divorcios, pérdida de empleo y fracaso en los negocios son, tan solo, alguna de las maneras con las que los adictos pagan el precio de dicha adicción. Muchos de ellos se sienten abrumados cuando añaden los costes financieros a su conducta sexual.

Generalmente, los costes financieros no se acercan en absoluto a los costes emocionales y personales. Determinar cuánto dinero has gastado en tu conducta sexual proporciona un claro reflejo de lo incontrolable en la situación. Para muchos, totalizar los gastos es alarmante porque se habían engañado a sí mismos(as) sustancialmente sobre todos esos costes. La mayoría de los adictos gastan más de lo que pueden permitirse.

Este ejercicio te ayudará a determinar los costes financieros de tu adicción. Estudia cada sección cuidadosamente y suma cuánto has gastado en cada categoría. Tal vez desees utilizar diferentes hojas de papel o una hoja de cálculo para hacer los cálculos.

Algunos de los costes podrían ser aproximados. Recuerda, el objetivo es documentar lo que está ocurriendo contigo, no sobrevivir a una auditoría. Tú sabes mejor que nadie cuáles han sido los costes. Simplemente, anótalos lo más honestamente posible. Pregunta a tus personas de apoyo si te quedas atascado o necesitas ayuda.

Gastos directos

Incluye el dinero gastado en prostitución, regalos para los(las) amantes, bares de striptease, clubes de intercambio, sexo telefónico, viajes con los(las) amantes, viajes a un lugar para tener contacto sexual, pornografía, suscripciones a páginas web sexualmente explícitas y chantajes. Incluye también todo lo relacionado, como la niñera, ropa, maquillaje, clases de ejercicio y cirugía estética.

Cantidad total $ ________________

Costes en el negocio y la carrera profesional

Incluye el tiempo perdido en ganar dinero, demandas por acoso sexual y demandas por conducta sexual inapropiada. Considera también los costes derivados de un trabajo mal hecho o malas decisiones porque estabas más pendiente de tu conducta sexual que del trabajo. Si has perdido o suspendido tu carrera profesional, incluye el coste de la formación y cuántos ingresos se han perdido. Si has perdido un negocio, calcula no solo la inversión sino las ganancias potenciales que se han perdido.

Además, incluye el mal uso del capital de otras personas, sobornos y extorsiones tuyas o de otros(as).

Cantidad total $ _______________

Gastos médicos

Incluye los gastos obvios directos como el tratamiento por SIDA, hepatitis u otras enfermedades transmitidas sexualmente.

Además, especifica los costes médicos por accidentes con vehículos u otros accidentes que podrían ocurrir mientras llevas a cabo tu conducta sexual.

Si ocurren problemas de salud importantes, como por ejemplo un ataque cardíaco debido al estrés de tu comportamiento sexual, especifícalo también. Incluye abortos y embarazos no deseados.

Cantidad total $ _______________

Divorcio o manutención a la familia

Incluye los costes del divorcio: honorarios de los abogados, manutención y liquidaciones.

Si estás financiando a un(a) amante, familia adicional o una pareja sexual, entonces calcula los costes relacionados con ello.

Especifica cualquier soporte continuo de aquellos por los que te sientes culpable o se ha sentenciado que mantengas legalmente.

Cantidad total $ _______________

Problemas legales

Incluye el dinero gastado en abogados para la defensa contra cargos legales, sobornos y tasas judiciales. Considera también el tiempo perdido debido a los problemas legales, prisión o sentencias domiciliarias. Cualquier demanda que no sea parte de tu negocio o tu carrera profesional, sino resultado de tu conducta sexual también debe ser registrada.

Cantidad total $ _______________

Añade aquí la cantidad total de todos los apartados $ _______________

¿Qué ideas o reflexiones has descubierto ahora que tienes un coste aproximado de tu adicción sexual? Si ese dinero estuviera hoy disponible, ¿qué podrías hacer con él? Escribe aquí tus reflexiones:

• • • Ejercicio 4.5 • • •

Inventario de negación y engaño

Indicaciones: Escribe cinco ejemplos de *negación* sobre tus gastos. Por ejemplo: "Siempre he ido mal de dinero a final de mes, pero nunca lo vi como resultado de mi conducta sexual."

1. ______________________________

____

2. ______________________________

____

3. ______________________________

____

4. ______________________________

____

5. ______________________________

____

Ahora, escribe cinco ejemplos de engaño (racionalización y justificación) sobre tus gastos. Por ejemplo: "He pensado que podría trabajar mejor si tuviera un alivio."

1. ______________________________

____

2. ______________________________

____

3. ____

____

4. ____

____

5. ____

____

Escribe tus reacciones a la negación y al engaño sobre los costes financieros de tu adicción. Empieza con tus pensamientos y luego escribe tus sentimientos.

Pensamientos: ____

____

____

____

____

Sentimientos: ____

____

____

____

____

• • • Ejercicio 4.6 • • •

Los diez peores momentos

Indicaciones: Enumera tus diez peores momentos como adicto(a) al sexo. Piensa en los acontecimientos que fueron más dolorosos o catastróficos. Por cada uno de ellos, escribe los sentimientos que tuviste y los que tienes ahora cuando rememoras estos momentos.

1. Peor momento: ____

____

Sentimientos en aquel momento: ____________________________________

Sentimientos ahora: ____

2. Peor momento: ____

____

Sentimientos en aquel momento: ____________________________________

Sentimientos ahora: ____

3. Peor momento: ____

____

Sentimientos en aquel momento: ____________________________________

Sentimientos ahora: ____

4. Peor momento: ____

____

Sentimientos en aquel momento: ______________________________

Sentimientos ahora: ____

5. Peor momento: ____

____

Sentimientos en aquel momento: ______________________________

Sentimientos ahora: ____

6. Peor momento: ____

____

Sentimientos en aquel momento: ______________________________

Sentimientos ahora: ____

7. Peor momento: ____

____

Sentimientos en aquel momento: ______________________________

Sentimientos ahora: ____

8. Peor momento: ____

____

Sentimientos en aquel momento: ______________________________

Sentimientos ahora: ____

9. Peor momento: ____

____

Sentimientos en aquel momento: ______________________________

Sentimientos ahora: ____

10. Peor momento: ____

____

Sentimientos en aquel momento: ______________________________

Sentimientos ahora: ____

Ahora que has completado la lista, clasifica los peores momentos colocando un "1" en el peor de los momentos y un "2" en el siguiente y así sucesivamente. Continúa hasta que hayas clasificado los diez. Esto te ayudará a centrarte en lo que compartirás en el "Primer paso" de tu proceso.

Compartir tu "Primer paso"

Vas a compartir tu "Primer paso" muchas veces. Al principio será con los grupos y terapia de los "Doce pasos". Si no te encuentras bajo tratamiento por la adicción, lo compartirás con tu persona de apoyo. A medida que progreses en tu recuperación, compartirás tu "Primer paso" con otros grupos, con otras personas de apoyo, y finalmente con tus seres queridos. Esta será la parte de tu historia que marcará lo mal que estaba la situación.

Como hemos destacado al principio, volver a contar la historia no significa transmitir los hechos. Si no más bien, se hace para crear un vínculo que se genera al compartir las experiencias de manera profunda.

Hemos notado cómo contar las historias enseña los principios sobre el cambio. Al hacer "múltiples presentaciones" emerge una filosofía de vida sobre el cambio y el estrés. Este capítulo y el siguiente están diseñados para ayudarte a entender esa filosofía.

Abrirse a los sentimientos y llegar a la aceptación

El "Primer paso" rompe las reglas sobre sentirse siempre bien y mantener los secretos. Ayuda, por lo tanto, a destruir la vida secreta y la vergüenza que perpetúa la deshonestidad. A medida que eso ocurre, los adictos empiezan a experimentar sentimientos que han estado enterrados durante mucho tiempo. Borrados y adormilados por tu obsesión y conducta, estos son sentimientos que literalmente te han estado persiguiendo.

Según vayas compartiendo tu historia, también serás capaz de compartir tus sentimientos. Y esto no es solo importante para que te conozcas a ti mismo(a), sino que al expresar estos sentimientos permitirás a los demás que conozcan tu mundo interior. Aquellos que escuchen podrán entonces proporcionarte comentarios y apoyo. Este intercambio es esencial para el proceso de curación. En pocas palabras, no puedes compartir tu "Primer paso" sin expresar los sentimientos que lo acompañan. Los sentimientos no mostrados proporcionan el combustible perfecto para todas las adicciones.

Los adictos llevan años (incluso décadas) de práctica ignorando, conteniendo y ocultando sus sentimientos, por lo que expresarlos será muy extraño al principio. Además, la expresión del sentimiento es lo que provocará que aquellos que escuchan sepan que estás realmente interiorizando tu "Primer paso". Existe un patrón previsible y generalmente es como se describe:

Explicación y manipulación a la defensiva—indica que el adicto(a) todavía se encuentra en *la negación*

↘

Comunicar los hechos—muestra un *entendimiento* intelectual

↘

Expresiones de ira y miedo—refleja que el adicto(a) está asumiendo *la responsabilidad*

↘

Describir culpa y vergüenza—significa que se *eleva el orgullo adictivo*

↘

Compartir tristeza y dolor—muestra la *compresión emocional*

↘

Admitir una profunda soledad—indica *aceptación*

Abrirse a los sentimientos y llegar al punto de la aceptación representa un profundo punto de inflexión para la mayoría de las personas en proceso de recuperación. A continuación, explicamos algunos consejos sobre cómo llegar hasta allí.

Asegúrate de que hay al menos dos personas de tu grupo que conocen toda la historia junto con tu terapeuta. Con estas personas, repasa todo el trabajo que has hecho, incluyendo tu lista de conducta sexual, tu historial sexual, sus consecuencias, tus ejemplos de ineficacia, de pérdida de control, tus costes y los peores momentos.

Cuando presentes tu "Paso", recuerda que no podrás contar toda la historia. La mayoría de las reuniones poseen un tiempo limitado por grupo. Tu objetivo es compartir tus sentimientos. Si logras llegar a tus sentimientos principales, tus oyentes no necesitarán conocer todos los detalles. Céntrate en las partes más dolorosas o vergonzosas que te hayan ocurrido. Tu pauta será siempre lo malo o negativo que fue para ti.

Pregunta a tus personas de apoyo y a tu terapeuta que te ayuden a decidir qué partes de tu historia y de tus sentimientos presentar. Selecciona elementos que ilustren el impacto de tu conducta en tus hijos(as), en el dolor de tu pareja o esposa(o), tus pérdidas y tu vergüenza pública. Pregúntate qué ocurriría si todo el mundo supiera lo ocurrido.

Utiliza tu lista de los peores momentos del ejercicio 4.6 justo desde el principio para ayudarte a acceder a tus sentimientos. Tu grupo y terapeuta de los "Doce pasos" tal vez te pidan que trabajes más en esta lista hasta que comprueben tu aceptación completa. Esta petición es normal. Significa dos cosas: Primera, otros te están apoyando y empujándote para que cumplas realmente con tus necesidades. Segundo, saben cómo es la aceptación. Esto es lo que están buscando:

- sin excusas o explicaciones (te has comportado de manera sexual inadecuada y te comportaste así, y eso ya no se puede cambiar)
- claro entendimiento de la ineficacia, con buenos ejemplos de esfuerzos para abandonarla
- claro entendimiento de pérdida de control con buenos ejemplos de sus consecuencias
- conocimiento de tu propio sistema adictivo
- conocimiento de cómo tu conducta se ajusta a los criterios de la adicción
- los peores momentos expresados y los secretos expuestos
- asumir plena responsabilidad de tus acciones
- una variedad de sentimientos expresados
- los sentimientos son adecuados para los acontecimientos contados
- sufrimiento incluyendo pena, dolor, tristeza y remordimientos soledad
- un compromiso de hacer todo lo necesario para cambiar

En ocasiones, los adictos se muestran confusos sobre cómo puede uno ser ineficaz y al mismo tiempo asumir su responsabilidad.Aquí existe una paradoja, pero se aclara si recuerdas esto: *Solo eres ineficaz. No podrás detener tu conducta. Con ayuda sí podrás.* Tú creaste esta conducta. Nadie más es responsable de ello. Tú elegiste tu comportamiento. Ahora, al saber lo que sabes, tienes la responsabilidad de utilizar las herramientas que posees y conseguir la ayuda que necesitas. Hubo en su momento fuerzas en acción que no entendías, pero ya no.

Prevenir el autosabotaje

Recuerda el consejo del Gran Libro -*Alcoh*ólicos *Anónimos*- cuando describe la adicción como algo "astuto, desconcertante y poderoso". Esto significa que tu "adicto(a)" intentará sabotear tu "Primer paso". Existen varias cosas que podrían ocurrir:

- Podrías tener la tentación de comportarte de manera sexual inadecuada incluso de un modo menor.
- Tal vez quieras mantener un secreto o proteger a alguien.
- Tal vez desees demorar tu "Primer paso".
- Podrías encontrar distracciones y cosas que te disgustan.
- Podrías encontrar defectos en tu grupo, tu terapeuta o tu programa de tratamiento.
- Podrías encontrar o crear una crisis familiar.

- Podrás generar ansiedad para actuar en tus otras adicciones.
- Podrías estar sumido en una fase de odio a ti mismo(a) y auto desprecio.

En otras palabras, tu "adicto(a)" podría estar pidiéndote que sigas siendo leal a las viejas costumbres. ¡Astuto y desconcertante!

Pero, si, por el contrario, perseveras, descubrirás que el "Primer paso" te enseñará un modo de vida nuevo y más consciente. La ansiedad y el sufrimiento se convertirán en pautas más que en enemigos. Aprenderás que el cambio es la sustancia de la vida y que lo desconocido está presente para todos. Que aquello que te solía discapacitar se convertirá en una extraordinaria fuente de sabiduría. Los problemas no cesarán, pero tu efectividad se multiplicará. Además, tendrás problemas pero que no serán sexuales. Forjarás nuevos vínculos y serás respetado por la dirección que estás tomando. No importa lo grande que sea el temor o el reto, un núcleo de paz impregnará todo lo que haces.

Comienza completando el "Primer paso". Igual que aquellas personas en Ardmore Avenue.

Lectura recomendada

Carnes, Patrick. *Un camino suave a través de los Doce principios: La guía clásica para todas las personas en proceso de recuperación.* Center City, MN: Hazelden, 2012. (Versión en inglés)

Carnes, Patrick. *Un camino suave a través de los Doce principios: Vivir los valores detrás de los principios.* Center City, MN: Hazelden, 2012. (Versión en inglés)

Carnes, Patrick. *No lo llames amor: Recuperación de la adicción sexual.* New York: Bantam, 1992. (Versión en inglés)

Capítulo Cinco

¿Qué daño se ha hecho? Responder al cambio y a la crisis

Tú eliges tu conducta, pero el mundo elige tus consecuencias.
—Pat Mellody

PAT MELLODY ES UNO DE LAS PIONEROS en el tratamiento de adicciones en Estados Unidos. Su cita que abre este capítulo destaca la realidad de la mayoría de los adictos: la pérdida de control podría continuar bastante después de la recuperación. Dicho de manera simple, las conductas adictivas causan con frecuencia mucho daño. Y los adictos poseen poco control sobre algunas de esas consecuencias.

Pat utiliza esta máxima para recordar a los adictos que se muestran enfadados, cómo se desenmarañan las cosas que su conducta provocó creando todos estos problemas. Esto es difícil de aceptar, especialmente cuando ahora se han dado cuenta que tienen una adicción y están trabajando duro para recuperarse, y más aún cuando descubren que los problemas continúan. Para ellos, no parece justo.

Este capítulo se centra en ayudarte a enfrentarte a las consecuencias utilizando los principios de recuperación. Al inicio de esta, la vida frecuentemente parece estar acelerándose fuera de control. Arrestos, problemas de salud, de trabajo, dificultades financieras y complicaciones familiares se acumulaban. Entonces tienes el problema de solucionar qué decir y a quién: lo que le cuentes a tu terapeuta será diferente a lo que le cuentes a tu jefe o esposa(o). Todo esto es muy duro, especialmente si no estás trabajando o luchando contra el VIH, o si tu pareja ha iniciado el divorcio. Este tipo de problema en conjunto es muy habitual.

Cuando te enfrentas a tales problemas, es importante distinguir entre los que puedes controlar y los que no. Este capítulo está diseñado para ayudarte a determinar los que puedes gestionar por ti mismo(a) y guiarte en tratar las áreas que no puedes controlar. Lo primero que tienes que entender es qué ocurre con el cambio.

Entender el cambio

La recuperación es mucho más que un cambio de énfasis. Es una serie de movimientos internos que alteran la vida de un individuo. ¿Cómo ocurren los cambios radicales? Para responder a esta pregunta, es útil entender la naturaleza del cambio en sí.

Hace ya mucho tiempo que los científicos descubrieron que hay algunos cambios que transforman y otros que no. Al observar cómo funcionan los sistemas, incluyendo el sistema familiar, el político, el molecular, e incluso el informático, hemos concluido que existen dos tipos de cambio. Se denominan *cambio de primer orden* y *cambio de segundo orden*.

Cambio de primer orden

El cambio de primer orden se describe más exactamente con un aforismo francés: "Cuantas más cosas cambian, más permanecen igual." Este tipo de cambios conllevan acciones concretas para detener rápidamente un problema y tratar las consecuencias específicas. Y, además, fracasan a la hora de producir el resultado deseado.

Vamos a considerar a una mujer que se casó con tres alcohólicos abusivos sucesivamente. El último siempre era peor que el anterior. Sin embargo, antes de casarse, estaba decidida a hacerlo mejor que antes. Cuanto más lo intentaba, peor era el matrimonio y su vida. ¿Cambió? Sí, cambiaba de maridos, pero su situación era siempre la misma. Este es un cambio de primer orden.

Cambio de segundo orden

Los cambios de segundo orden son aquellos pasos que las personas llevan a cabo para realmente alterar la dinámica de sus vidas. La historia de la mujer anterior no termina con sus tres matrimonios. En su lugar, finalmente, comenzó a fijarse en su propia vida. Encontró un terapeuta y empezó a ir a AA.

Con el tiempo, aprendió que siempre se había sentido dependiente de los hombres y que tenía muy pocas amistades femeninas. Aprendió que los criterios que utilizaba para seleccionar a sus parejas estaban enraizados en creencias formadas durante una infancia abusiva y por intensos sentimientos de insuficiencia. Con esta información, hizo nuevos planes para sí misma, se tomó un respiro en las citas, aprendió a establecer los límites adecuados y a eliminar de su vida a las personas que abusaban de ella. Este es un cambio de segundo orden.

La adicción en el cambio de primer orden

La adicción es un fenómeno de primer orden. Cuanto más intentan los adictos detener sus conductas de adicción por sí mismos, peor se ponen las cosas. Aquellos que actúan de manera sexual inadecuada llevan vidas dobles. Se aíslan de los demás e intentan satisfacer sus necesidades a través de su adicción.

La peor parte es que la doble vida funciona durante algún tiempo. La conducta sexual se oculta y el adicto(a) tiene bastante éxito en otras áreas de la vida. Esto causa que los adictos se vuelvan grandiosos en sus pensamientos. Siguen creyendo que siempre pueden salir. Pero, con el tiempo, el caos comienza a cercarlos.

La recuperación como cambio de segundo orden

La cruda realidad de las consecuencias negativas enseña a las personas perspectivas que conllevan a "programarse" de nuevo. Primero, aprenden que realmente no hay secretos. Se dan cuenta que no son capaces (ineficaces) de cambiar su conducta por sí mismos(as); necesitan otros que les ayuden. Finalmente, comienzan a adoptar un punto de vista realista de ellos mismos(as) y descubren el daño que han hecho en cada área de sus vidas y de sus familias y amigos. En ese momento, llega la decisión de poner orden en sus vidas y limitar el daño. A partir de este punto, comienzan la terapia y se une al programa de recuperación de los "Doce pasos" o similar.

La persona en recuperación puede utilizar su fuerza de voluntad para intentar que su vida sea diferente y dejar la conducta anterior. O, esta misma persona puede verdaderamente reflexionar y enfrentarse a las realidades de la vida. En otras palabras, *los adictos en recuperación pueden elegir o bien, el cambio de primer orden o el de segundo orden.* La imagen 5.1 muestra la diferencia entre los dos tipos de cambios y los requisitos de cada uno.

Cambio de primer y segundo orden

Cambio de primer orden Los adictos creen:	Cambio de segundo orden Las personas en recuperación saben:
• Nadie lo sabe o sabrán.	• No hay secretos.
• Puedo cambiar mi conducta yo solo(a).	• Soy ineficaz para cambiar sin la ayuda de los demás.
• Siempre puedo encontrar o forzar el modo de gestionar mis problemas.	• En ocasiones hay acontecimientos que no puedo controlar.
• Trabajo mejor solo(a).	• Necesito el contacto y la ayuda de los demás.
• No he hecho daño a nadie por lo que hago.	• El daño ha impregnado las vidas de las personas que conozco.
• No me he dañado por lo que he hecho.	• Mi conducta me ha desconectado de mi mismo(a).

Requisitos de cada tipo de cambio	
• Debo operar en secreto.	• Debo divulgarlo en su totalidad.
• Debo aislarme de los demás.	• Debo crear redes de apoyo.
• No le puedo contar a nadie toda la historia.	• Las personas de confianza sabrán toda la historia.
• Una doble vida es el único modo de satisfacer mis necesidades.	• La integridad debe convertirse en la forma de satisfacer mis necesidades con menos molestias.
• Utilizo la grandilocuencia en el pensamiento y en mis acciones.	• Ejercito la humildad y acepto los errores y las necesidades.
• El caos es la norma.	• Tengo un plan de control de daños y busco la ayuda de los demás.

Figura 5.1

• • • Ejercicio 5.1 • • •

Tu experiencia con los dos tipos de cambio

Indicaciones: Enumera cinco ejemplos de cambios de primer orden que has hecho en tu vida en un esfuerzo por controlar tu conducta o hacer tu vida diferente. Incluye ejemplos como cambios de empleo, mudanzas, y dejar relaciones, y que finalmente no lograron la recuperación.

1. ______________________________

____

2. ______________________________

____

3. ______________________________

____

4. ______________________________

____

5. ______________________________

____

¿Cuáles fueron algunas de las creencias que te llevaron a intentar arreglar tu vida solo con cambios de primer orden?

____

____

____

Enumera cinco pasos que hayas realizado desde el inicio de este programa que hayan conllevado o conllevarán un verdadero cambio de segundo orden. No te olvides del esfuerzo que estás dedicando en este libro de trabajo.

1.

2.

3.

4.

5.

Creencias provisionales

En su libro, *Los siete hábitos de las personas altamente efectivas,(versión en español),* Stephen Covey habla sobre un cambio radical. Señala que, si tu foco exclusivo está en tu conducta, solo lograrás un cambio modesto. Los cambios significativos, por otro lado, requieren llevar a cabo un "cambio paradigmático" interno. En la recuperación, eso significa cambiar las creencias básicas que apoyan al sistema adictivo. Este sistema incluye todas las percepciones personales que han enraizado el pensamiento deteriorado del que ya hablamos en el capítulo 2. Como en un sistema informático, tienes que cambiar el software para conseguir un resultado diferente. Tienes que desarrollar e "instalar" un nuevo programa.

Incluso aunque puedas nombrar ejemplos de cambios de primer y segundo orden y fijarte claramente en la diferencia de ambos, tal vez todavía no te creas que es posible generar en ti un verdadero cambio, o sentir que tienes una idea de cómo hacerlo. Hasta que creas que ese cambio es posible, necesitarás adoptar creencias provisionales. Estas son un acto de confianza, mantenidas hasta que tu propio proceso de recuperación tome un poco más el mando.

Adoptar provisionalmente las siguientes verdades te ayudará en el reto que llega con el inicio del cambio. Te ayudarán a medida que empieces a reparar el daño causado por tus conductas adictivas:

- **Por el momento, no podrás confiar en tus propias percepciones.** Tendrás que confiar en las percepciones de los demás, por muy erróneas o desagradable que creas que son.
- **Por el momento, tendrás que escuchar y confiar en que estás mucho más dañado de lo que crees.** Además, recuerda que el tiempo y la recuperación pueden hacer maravillas para reparar este daño y en ayudarte a volver a ser la persona que deberías ser.
- **Por el momento, debes recordar que la adicción es un trastorno en el que te engañas sobre la realidad.** Necesitas creer que es crítico perseguir la verdad a toda costa. La única manera de salir de esa locura es contar a aquellos que te están ayudando todo lo que ocurre. Así pueden apoyarte a recuperar la realidad. Debes hacerlo sin minimizar u omitir detalles de todo tipo, ni tampoco hacer tratos privados contigo mismo(a) para ocultar cosas. Cualquier cosas que no sea la divulgación completa disminuirá la probabilidad de tu recuperación.
- **Por el momento, debes permitir a las personas que te cuiden.** Hazlo, aunque no creas que mereces el amor y el cuidado de nadie. Eres importante, tienes valor y eres querido en modos que son difíciles de aceptar en este

momento. Esto significa que debes cumplir con lo que se te pide, es decir, rendirte a controlar tu vida y dejársela a aquellos que pueden cuidar mejor de ti ahora mismo.

Al utilizar estas creencias provisionales, estás listo para crear un nuevo orden de cambio en tu vida. Comenzarás con un plan de control de daños. Los ejercicios en este capítulo te orientarán.

La mayoría de las personas en este punto se enfrentan a problemas y retos como resultado de su conducta adictiva: arrestos, vergüenza pública, pérdida de carrera profesional, complicaciones severas en la relación y enfermedades, por citar algunas. La lista parece interminable. La recuperación te enseñará que es importante obtener ayuda y mantener las cosas lo más simple posible. Desglosa todas las tareas en pequeños componentes y afróntalas de una en una y una vez al día.

• • • Ejercicio 5.2 • • •

Lista de los problemas actuales

Indicaciones: Este ejercicio te ayudará a prepararte para crear un plan de control del daño. Comienza haciendo una lista de los problemas a los que te estás enfrentando actualmente. Tal vez deberías consultar el ejercicio 1.1, "La lista de problemas" que escribiste en el capítulo 1. Esta nueva lista, sin embargo, debe centrarse en tus problemas actuales que están causados por la pérdida de control, como el divorcio, enfermedades, desempleo o arresto.

1. ______________________________

____

____

2. ______________________________

____

____

3. ______________________________

____

____

4. ______________________________

____

____

5. ______________________________

____

____

6. ______________________________

____

____

7. ______________________________

____

____

8. ______________________________

____

____

Preparación de las hojas de trabajo para el control del daño

Las siguientes hojas de trabajo para el control de daños te animan a pensar en cada uno de los problemas que hayas enumerado de una manera organizada y lógica. Descubrirás que esta manera de analizar los problemas es útil ahora en el inicio de tu recuperación cuando las cosas son caóticas y abrumadoras. Además, también puedes utilizar la misma herramienta de manera continua cuando surjan dificultades en tu vida normal.

Por cada problema que enumeres en la hoja de trabajo para el control de daños, se te pedirá que escribas lo siguiente:

- **El mejor resultado posible:** Imagina que puedes lograr el resultado que más deseas de todos. ¿Qué resultado sería?
- **Resultado mínimo aceptable:** De todos los resultados que pudieras llevar a cabo, ¿cuál es el menos deseable que todavía aceptarías?
- **Soluciones posibles:** Recoge todas las soluciones que tú y las personas de tu sistema de apoyo sugieren. Enumera cada solución, sin importar lo descabellada que parezca.
- **La mejor solución:** Desde tu lista de soluciones posibles, elige y combina ideas para llegar a la más deseada que realmente sea factible.
- **Pasos a seguir con fechas objetivo:** ¿Qué acciones concretas son necesarias para lograr la mejor solución? ¿En qué fechas realizarás cada paso?
- **Apoyo necesario:** ¿Qué necesitas con el fin de llevar a cabo los pasos a seguir? ¿Quién debería ayudarte?

Utiliza una hoja de trabajo del control de daños para cada problema. Si necesitas más espacio (y muchas personas lo necesitan), simplemente continúa el ejercicio en tu diario.

A medida que planeas minuciosamente tus pasos a seguir e incluyes el apoyo que necesitas, las tareas se verán más factibles. Además, cumplirás con los requisitos del cambio de segundo orden. Utilizar este proceso de control de daños te ayudará a crear sistemas de apoyo y tratar con problemas de maneras que te seguirán ayudando a lo largo de tu recuperación.

• • • Ejercicio 5.3 • • •

Hoja de trabajo para el control de daños 1

Indicaciones: consultar página 177.

Problema:

____

____

____

____

____

____

____

Mejor resultado posible:

____

____

____

____

____

____

____

Resultado mínimo aceptable:

Soluciones posibles:

1.

2.

3.

4. ______________________________

____

____

5. ______________________________

____

____

6. ______________________________

____

____

7. ______________________________

____

____

8. ______________________________

____

____

Solución mejor:

____

____

____

____

____

____

____

Pasos a seguir:

1. ____

____

Fecha de la acción:______________________________

2. ____

____

Fecha de la acción:______________________________

3. ____

____

Fecha de la acción:______________________________

4. ____

____

Fecha de la acción: ____

5. ____

____

Fecha de la acción: ____

Apoyo necesario: ____

____

____

____

____

____

____

____

____

____

____

____

____

• • • Ejercicio 5.4 • • •

Hoja de trabajo para el control de daños 2

Indicaciones: consultar página 177.

Problema:

Mejor resultado posible:

Resultado mínimo aceptable:

____

____

____

____

____

____

____

Soluciones posibles:

1. ____

____

____

2. ____

____

____

3. ____

____

____

4. ______________________________

____

____

5. ______________________________

____

____

6. ______________________________

____

____

7. ______________________________

____

____

8. ______________________________

____

____

Solución mejor:

____

____

____

____

____

____

____

Pasos a seguir:

1. ____

____

Fecha de la acción: _____________________________

2. ____

____

Fecha de la acción: _____________________________

3. ____

____

Fecha de la acción: _____________________________

4. ____

____

Fecha de la acción: ______________________________

5. ____

____

Fecha de la acción: ______________________________

Apoyo necesario: ______________________________

____

____

____

____

____

____

____

____

____

____

____

____

• • • Ejercicio 5.5 • • •

Hoja de trabajo para el control de daños 3

Indicaciones: consultar página 177.

Problema:

____

____

____

____

____

____

____

Mejor resultado posible:

____

____

____

____

____

____

____

Resultado mínimo aceptable:

Soluciones posibles:

1.

2.

3.

4. ______________________________

____

____

5. ______________________________

____

____

6. ______________________________

____

____

7. ______________________________

____

____

8. ______________________________

____

____

Solución mejor:

Pasos a seguir:

1. ______________________________

Fecha de la acción: ______________________________

2. ______________________________

Fecha de la acción: ______________________________

3. ______________________________

Fecha de la acción: ______________________________

4. ____

____

Fecha de la acción: ______________________________

5. ____

____

Fecha de la acción: ______________________________

Apoyo necesario: ________________________________

____

____

____

____

____

____

____

____

____

____

____

____

• • • Ejercicio 5.6 • • •

Hoja de trabajo para el control de daños 4

Indicaciones: consultar página 177.

Problema:

____

____

____

____

____

____

____

Mejor resultado posible:

____

____

____

____

____

____

____

Resultado mínimo aceptable:

Soluciones posibles:

1.

2.

3.

4. ____

____

____

5. ____

____

____

6. ____

____

____

7. ____

____

____

8. ____

____

____

Solución mejor:

____

____

____

____

____

____

____

Pasos a seguir:

1. ____

____

Fecha de la acción: ____

2. ____

____

Fecha de la acción: ____

3. ____

____

Fecha de la acción: ____

4. ____

____

Fecha de la acción: ______________________________

5. ____

____

Fecha de la acción: ______________________________

Apoyo necesario: ________________________________

____

____

____

____

____

____

____

____

____

____

____

____

• • • Ejercicio 5.7 • • •

Hoja de trabajo para el control de daños 5

Indicaciones: consultar página 177.

Problema:

____

____

____

____

____

____

____

Mejor resultado posible:

____

____

____

____

____

____

____

Resultado mínimo aceptable:

Soluciones posibles:

1.

2.

3.

4. ____

____

____

5. ____

____

____

6. ____

____

____

7. ____

____

____

8. ____

____

____

Solución mejor:

____

____

____

____

____

____

____

Pasos a seguir:

1. ____

____

Fecha de la acción: ______________________________

2. ____

____

Fecha de la acción: ______________________________

3. ____

____

Fecha de la acción: ______________________________

4. ____

____

Fecha de la acción:______________________________

5. ____

____

Fecha de la acción:______________________________

Apoyo necesario: ________________________________

____

____

____

____

____

____

____

____

____

____

____

____

• • • Ejercicio 5.8 • • •

Hoja de trabajo para el control de daños 6

Indicaciones: consultar página 177.

Problema:

Mejor resultado posible:

Resultado mínimo aceptable:

Soluciones posibles:

1.

2.

3.

4. ______________________________

____

____

5. ______________________________

____

____

6. ______________________________

____

____

7. ______________________________

____

____

8. ______________________________

____

____

Solución mejor:

____

____

____

____

____

____

____

Pasos a seguir:

1. ____

____

Fecha de la acción: ______________________________

2. ____

____

Fecha de la acción: ______________________________

3. ____

____

Fecha de la acción: ______________________________

4. ____

____

Fecha de la acción: ______________________________

5. ____

____

Fecha de la acción: ______________________________

Apoyo necesario: ________________________________

____

____

____

____

____

____

____

____

____

____

____

____

• • • Ejercicio 5.9 • • •

Hoja de trabajo para el control de daños 7

Indicaciones: consultar página 177.

Problema:

____

____

____

____

____

____

____

Mejor resultado posible:

____

____

____

____

____

____

____

Resultado mínimo aceptable:

Soluciones posibles:

1.

2.

3.

4. ______________________________

____

____

5. ______________________________

____

____

6. ______________________________

____

____

7. ______________________________

____

____

8. ______________________________

____

____

Solución mejor:

____

____

____

____

____

____

____

Pasos a seguir:

1. ____

____

Fecha de la acción: ______________________________

2. ____

____

Fecha de la acción: ______________________________

3. ____

____

Fecha de la acción: ______________________________

4. ____

____

Fecha de la acción: ______________________________

5. ____

____

Fecha de la acción: ______________________________

Apoyo necesario: ________________________________

____

____

____

____

____

____

____

____

____

____

____

____

• • • Ejercicio 5.10 • • •

Hoja de trabajo para el control de daños 8

Indicaciones: consultar página 177.

Problema:

____

____

____

____

____

____

____

Mejor resultado posible:

____

____

____

____

____

____

____

Resultado mínimo aceptable:

Soluciones posibles:

1.

2.

3.

4. ____

5. ____

6. ____

7. ____

8. ____

Solución mejor:

____

____

____

____

____

____

____

Pasos a seguir:

1. ____

____

Fecha de la acción: _______________________________

2. ____

____

Fecha de la acción: _______________________________

3. ____

____

Fecha de la acción: _______________________________

4. ____

____

Fecha de la acción: ______________________________

5. ____

____

Fecha de la acción: ______________________________

Apoyo necesario: ______________________________

____

____

____

____

____

____

____

____

____

____

____

____

Daños por la divulgación

Lo peor ocurre cuando se fuerza a un adicto(a) a que revele su adicción. La familia no está preparada. La esposa(o) está indignada(o). Los niños están asustados y los amigos y compañeros, frecuentemente, no comprenden la naturaleza de la adicción al sexo.

¿El resultado? Todo el mundo involucrado está decepcionado. Los propios adictos están avergonzados y desesperados. No encuentran apoyo por ninguna parte. Y si la revelación se vuelve pública, como la aparición en la portada de un periódico, todo lo que conlleva se vuelve traumático. Dado que los problemas revelados son sexuales, muchas personas tienen mucho interés, pero no siempre compasión o comprensión... Y aunque los adictos, con frecuencia, obtienen ayuda a través del descubrimiento de su conducta sexual adictiva por su esposa(o) o jefe, esto no hace que el descubrimiento aún menos difícil.

Problemas similares pueden ocurrir cuando lo adictos al inicio de su recuperación se sienten mucho mejor y quieren contarle a todo el mundo sus progresos. En esta euforia inicial, es muy común en los adictos revelar algo que después habrían deseado guardárselo para sí mismos(as).

También, en las fases de recuperación inicial, las parejas podrían pedir más información sobre lo que ha ocurrido, para simplemente enfurecerse al entrar en detalle. Es más, muchos adictos proceden de familias disfuncionales y abusivas que no respetan los límites, por lo que no han desarrollado el juicio necesario para tomar decisiones apropiadas.

La metáfora que los terapeutas utilizan para describir esta situación es la imagen de una cremallera. Cuando vives avergonzado, "tu cremallera" está ubicada fuera. Cualquiera puede abrirla y obtener información, o tener contacto sexual, o controlar tus decisiones para que hagas cosas que no quieres hacer. Es difícil decir que no. Los adictos sufren un fallo a la hora de marcar límites, especialmente al principio de la recuperación.

Las personas sanas poseen "su cremallera" en el interior. En otras palabras, ellos deciden quién tiene acceso. Saben dónde está la línea entre ellos mismos y otras personas. Tienen los límites marcados.

El problema no es *si* contar a los demás tu adicción al sexo, sino cuándo y cómo. Adopta las situaciones de una en una. A continuación, describimos algunas sugerencias sobre la divulgación de la adicción:

- **Ten cuidado.** Cuéntalo solo a personas en las que confías.
- **Espera.** Incluso después de haber decidido contárselo a alguien, tómate el tiempo necesario para pensar en tu decisión antes de llevarla a cabo. Además, recuerda que la divulgación funciona mejor con personas que poseen al menos un conocimiento básico de lo que es la adicción al sexo. Esto, frecuentemente, requiere una formación previa.

- **Conoce tus motivos.** ¿Qué beneficios buscas? ¿Estás buscando realmente aprobación o un apoyo? Sé claro sobre lo que deseas divulgar y por qué. Asegúrate de revisar todo esto con los demás para que tus expectativas sean realistas.
- **Recuerda que no es necesario decírselo a muchas personas.** No tienes que divulgar tu adicción al sexo, incluso cuando las personas pregunten o se entrometan.
- **Asegúrate siempre que te sientes sólido y apoyado.** No tienes que hacer todo esto solo. Conecta con alguien en tu grupo antes y después de la revelación.
- **Asegúrate de que la persona a la que se lo estás contando también tiene apoyo.** Las divulgaciones difíciles no funcionan bien para ninguna de las partes cuando se hacen en soledad.
- **Haz las revelaciones más difíciles a un terapeuta en el que confíes.** Un profesional puede ayudarte a contener y centrarte en el proceso para optimizar la curación.
- **Habla con otros(as) si puedes ayudarles con el mismo problema.** Compartirlo con personas que necesitan estar en el programa de los "Doce pasos", o que ya están en él, te ayuda a ti, a esas personas y al grupo.
- **Espera que las personas se sientan disgustadas.** Las reacciones y sentimientos fuertes son normales cuando los demás, especialmente la pareja, conoce tu adicción sexual. Prepárate para ello, y recuerda no comportarte de manera reactiva. Tu trabajo es suministrar información. Mantente en el plan.
- **Cuando dudes, habla con tu persona de apoyo y tu grupo.** Pueden proporcionarte el apoyo que necesitas para tomar decisiones seguras.
- **Recuerda que siempre pueden ocurrir errores.** La mayoría de los adictos se lo cuentan a alguien que más tarde hubieran deseado no hacerlo. Es normal cometer errores.

La revelación enseña muchas lecciones. Primero, aprendes que tienes el control sobre lo que divulgas y cuándo lo revelas. Es decir, estás colocando "tu cremallera" dentro. Establecer límites es diferente a tener una vida secreta. Los límites te permiten ser conocido totalmente por aquellos cercanos a ti mientras que todavía utilizas la discreción.

Segundo, la divulgación te enseña que puedes prepararte para el conflicto con el apoyo de aquellos que te entienden y saben lo que es la adicción al sexo. No tienes que sentirte desesperado(a). La revelación se convierte en un proceso, aunque doloroso, evolutivo desde el que aprenderás y te desarrollarás. Si revelas la información desde una posición sólida, también apreciarás el daño que has causado.

Finalmente, cuando te des cuenta de que las personas a las que se lo has revelado no te abandonan, empezarás a apreciar tu propia valía.

Ten en cuenta que se lo debes contar a tu terapeuta, persona de apoyo, familia y personas más cercanas. Sería injusto para ellos si ocultas algo tan significativo. Además, estas personas jugarán un papel vital en tu proceso de curación. Vamos a considerar cada uno de ellos con más detalle.

Tu terapeuta

Tu terapeuta debe conocer todo. Si manipulas, omites o filtras información, limitarás los efectiva que puede ser la terapia. Cuando los adictos necesitan a alguien, no obstante, tienden a utilizar la "gestión de las apariencias", intentando parecer que todo está bien o bajo control como modo de mantener al terapeuta "de su lado".

La clave del éxito tanto en la terapia como en la recuperación es compartir los peores secretos, mostrándote como un "desastre" y admitiendo lo fuera de control que has estado. Los terapeutas están formados para ayudar en tales situaciones. Muy pocas cosas son más contraproducentes en la terapia que revelar una información crítica cuando ya es demasiado tarde.

Tu terapeuta, de hecho, te preguntará de alguna manera, "¿Eso es todo?" Necesitas realizar una divulgación plena. Sabemos que los adictos al sexo que logran llevar a cabo la divulgación completa desarrollan una recuperación mejor.

Tus personas de apoyo

En el programa de los "Doce pasos", pedirás a personas clave que se conviertan en tus asesores continuos durante tu recuperación. Estas personas de apoyo pasarán horas interminables escuchándote y ayudándote cuando tengas momentos duros. Lo hacen porque ayuda también a su recuperación. Es parte de la transmisión de la historia. Ellos también necesitan conocer todo sobre tus problemas, tal vez incluso en mayor detalle que tu terapeuta. La gestión de las apariencias aquí no ayuda tampoco. Las personas de apoyo necesitan saber la historia completa.

Tu esposa(o) o pareja

Cargar con secretos es cargar con vergüenza. La adicción se nutre del secretismo y la vergüenza. Además, las relaciones comprometidas funcionan mejor si ambos "ponen sus cartas sobre la mesa".

Hablar a tu pareja de la adicción al sexo es más difícil que hablar sobre apuestas o problemas con el alcohol. Aun así, es importante hacerlo. Involucrar a tu esposa(o) en el inicio de la recuperación incrementa las posibilidades de lograr el éxito. Además, tu esposa(o) necesita saber con quién está viviendo. Cuando lo haga, tal vez decida participar en su propia recuperación, lo que incrementa todavía más el potencial de éxito.

Sí, tu esposa(o) o pareja se disgustará. Pero decir la verdad es un paso importante para restaurar la confianza y desarrollar una recuperación estable. También es mejor hacer la revelación completa de una vez. Mencionar la información poco a poco puede crear más daño y erosionar la confianza.

Recuerda que los esposos(as) solo necesitan la información general, no los detalles de tu historia, a menos que los datos les afecten directamente. Por ejemplo, si hubieran estado expuestos(as) a enfermedades o si la conducta sexual hubiera sido con uno de sus mejores amigos(as).

Hijos

El psiquiatra suizo Carl Jung, la misma persona que envió cartas a Bill W., hizo una importante afirmación sobre el cuidado parental. Decía que el regalo más esencial que un padre puede dar a sus hijos es contarles su lado más oscuro. Hablar a los niños por qué lo estás pasando mal les ayuda a desarrollarse mentalmente para tener una imagen realista de lo que significa ser humano. Necesitan que esta revelación provenga de ti.

El problema clave aquí es el momento. La divulgación es más positiva cuando los niños son lo suficientemente mayores como para entender los asuntos sexuales, y eso significa que deben encontrarse al menos en la mitad de la adolescencia. De nuevo, no son necesarios todo tipo de detalles, simplemente categorías generales de información.

Descubrirás en la mayoría de los casos que los hijos se preocupan por sus padres, y les apoyarán. En muchas ocasiones me he sentado en sesiones familiares donde los padres y su descendencia tienen mucho más en común de lo que jamás se hubieran imaginado. Una gran fuente de información a la hora de revelar el problema a los hijos se encuentra en *Mending a Shattered Heart ("Aliviar un corazón destrozado"*, versión en inglés(consulta la lista de lecturas recomendadas en la conclusión del capítulo).

Familia más lejana

Hermanos, padres, primos y otros miembros más lejanos de la familia pueden también formar parte del proceso de divulgación. En este caso, tu decisión se basará en tu sentido de la seguridad. Si crees que será útil que el resto de la familia lo sepa y te encuentras seguro hablando de tu recuperación, entonces, díselo. Una persona participando en la recuperación es capaz de transformar familias enteras. Al revelar tu adicción, tal vez descubras que tienes más en común con tus familiares de lo que pensabas.

Negocio

Aquí, el problema es más complicado. Tendrás que aplicar unos criterios muy cuidadosos sobre a quién es seguro revelarlo. Muchos profesionales psicológicos que ayudan a los empleados están bastante bien formados en adicción al sexo y pueden realmente ayudarte en el proceso. Un jefe rígido o moralista, sin embargo, tal vez no sea la mejor persona a la que revelarlo. Si las personas con las que trabajas deben saberlo, es esencial que primero se formen sobre la adicción al sexo.

• • • Ejercicio 5.11 • • •

Plan de divulgación

Indicaciones: Este ejercicio te ayudará a aclarar qué decir a quién. Enumera a diez personas a las que necesitas revelar los hechos sobre la adicción al sexo. Después de cada nombre, sé específico sobre lo que deseas decirles y cuál es tu objetivo al hacerlo (la recompensa). Revisa tu lista de secretos (ejercicio 1.2 del capítulo 1) y la información de tu "Primer paso" (capítulos 2-4) para ver si necesitas hacer algo más. Escribe cuándo llevarás a cabo tu revelación y dónde encontrarás apoyo para hacerlo.

Para algunas personas de tu lista, tal vez necesites espacio adicional para escribir lo que deseas compartir y tus objetivos. Utiliza tu diario para este propósito.

No es obligatorio completar la lista entera. Sino más bien utiliza el formato para aquellos que sean los más adecuados en tu situación.

Revisa tu plan de divulgación con tu terapeuta, persona de apoyo y grupo. Pide sugerencias. Recuerda que estás haciendo todo lo que puedes. El resto está más allá de tu control.

1. Persona: ______________________________

   Material a revelar: ______________________________

   ____

   ____

   Recompensa: ______________________________

   Momento: ______________________________

   Apoyo de: ______________________________

2. Persona: ______________________________

   Material a revelar: ______________________________

____

____

Recompensa: ______________________________________

Momento: ____

Apoyo de: ____

3. Persona: ____

   Material a revelar: ______________________________

   ____

   ____

   Recompensa: ______________________________________

   Momento: ____

   Apoyo de: ____

4. Persona: ____

   Material a revelar: ______________________________

   ____

   ____

   Recompensa: ______________________________________

   Momento: ____

5. Persona: ____

   Material a revelar: ______________________________

Recompensa: ______________________

Momento: ______________________

Apoyo de: ______________________

6. Persona: ______________________

Material a revelar: ______________________

____

____

Recompensa: ______________________

Momento: ______________________

Apoyo de: ______________________

7. Persona: ______________________

Material a revelar: ______________________

____

____

Recompensa: ______________________

Momento: ______________________

Apoyo de: ______________________

8. Persona: ______________________

Material a revelar: ______________________________

____

____

Recompensa: ______________________________

Momento: ______________________________

Apoyo de: ______________________________

9. Persona: ______________________________

   Material a revelar: ______________________________

   ____

   ____

   Recompensa: ______________________________

   Momento: ______________________________

   Apoyo de: ______________________________

10. Persona: ______________________________

    Material a revelar: ______________________________

    ____

    ____

    Recompensa: ______________________________

    Momento: ______________________________

    Apoyo de: ______________________________

Recuperación de la confianza

Con frecuencia, los adictos preguntan, "¿Cómo recupero la confianza?" Bien, primero vamos a ver lo que debes hacer. Declarar lo mucho que quieres a tu pareja no te llevará muy lejos en este momento. Tampoco hacer fervientes promesas de buena conducta. Ni mucho menos comprando o haciendo cosas que se te habían pedido hace mucho tiempo. Las promesas y los "te quiero" pueden, de hecho, parecer ridículos y vergonzosos.

Es adecuado reconocer lo mucho que lo sientes. Estar a la defensiva o culpar es como poner gasolina en el fuego. Funciona mejor entender lo profundamente que has hecho daño a las personas. El objetivo no es sentirte totalmente avergonzado, sino desarrollar la determinación para cambiar.

Lo que marca la diferencia para las personas es lo que te ven hacer. Si observan un profundo compromiso por cambiar, en su mayoría se unirán a ti y al final estarán orgullosos de lo que has logrado. Comienza cambiando tu comportamiento. Verán el cambio cuando vas a las reuniones, trabajas en tu terapia y haces sacrificios para asegurar que tu recuperación funciona. Ahí es donde empezarán a confiar y ahí es donde reside la tremenda ironía del proceso. Las personas empiezan a confiar en los adictos cuando ellos empiezan a confiar en sí mismos(as). Aquellos que se encuentran en tu vida intuitivamente saben que el proceso está funcionando.

La mayoría de las personas que preguntan sobre cómo recuperar la confianza están preocupados por el matrimonio o su relación principal. Dentro de estas relaciones, la confianza empieza a ganarse con el dolor de la revelación. Cuando las parejas se dan cuenta que están escuchando la verdad, el adicto(a) empieza a recuperar la credibilidad.

A continuación, explicamos algunas pautas más sobre la recuperación de confianza, basadas en las experiencias de muchos pacientes:

- **Dedícale mucho tiempo.** La mayoría de las personas en proceso de recuperación comentan que esta parte es la más difícil, y también la más importante de aprender. Palabras y frases como "paciencia", "despacio" y "paso a paso" son muy útiles. Estas reflejan el viejo dicho de AA: no hagas nada importante el primer año.
- **Estate dispuesto a perder para conseguir.** Ambos miembros de la pareja deben ceder parte de sí mismos(as) con el fin de evitar que el otro(a) se marche. Si puedes ser quién eres por completo y tu pareja no te deja, entonces tienes algo verdaderamente valioso. La fidelidad a uno mismo(a) es el mayor acto de lealtad al otro(a).
- **Primero, recupérate a ti mismo(a).** Si arreglas todo el trabajo que necesitas en ti mismo(a), tus percepciones de la relación cambiarán radicalmente. La infelicidad de la mayoría de las personas en sus relaciones es por sí mismas, no por sus parejas. Tienes que confiar en ti antes de confiar en el otro(a).

- **Acepta la enfermedad del otro(a).** Empieza por reconocer en el nivel más profundo de ti mismo(a) que ambos os sentís impotentes y estáis completamente involucrados en la enfermedad. Esto será muy difícil tanto para ti como para tu pareja.
- **Admite rápidamente los errores.** Evita culpar a nadie. Trabaja en ser honesto(a) y preciso(a). La soberbia inevitablemente termina con la intimidad.
- **Comparte la espiritualidad.** Explorad modos de espiritualidad juntos. Tú tienes que encontrar el significado en tu sufrimiento y hacerlo juntos puede cambiar radicalmente vuestra perspectiva como pareja.
- **Utiliza los "Pasos" de las disculpas.** Los pasos ocho y nueve de los "Doce pasos" nos enseñan a pedir disculpas expresando el arrepentimiento por lo que hemos hecho y el intento de resarcirlo. Utiliza este enfoque como modelo para tu vida diaria. Cambia la dinámica de culpar adoptando la responsabilidad por el dolor que has infligido al otro(a). Haz lo que puedas para compensarlo.
- **Recuerda, nunca va a ser perfecto.** Al igual que la pareja perfecta no existe, tampoco existe la relación absolutamente definitiva. Aceptar los límites humanos en nosotros mismos nos ayuda a ser generoso con nuestros seres queridos.
- **Pasa tiempo con otras parejas en proceso de recuperación.** Asistir juntos a reuniones. Participad en grupos de parejas como "Parejas anónimas en recuperación". Disfrutad de retiros para parejas y talleres. Apoyad a otras parejas y socializad con ellos.
- **Divertíos juntos.** Todo el trabajo en la recuperación crea una gran intensidad, pero no crea intimidad. El acercamiento llega al compartir experiencias, especialmente las más divertidas. Recuerda que estas acciones son, a su modo, un acto de confianza.

Los adictos experimentan ansiedad después de sus conductas sexuales inapropiadas. No merece la pena. Y, además, se prometen a sí mismos(as) que no volverá a ocurrir. Cuando vuelven a caer, ni siquiera han mantenido la promesa que se habían hecho a sí mismos(as), y mucho menos las realizadas a los demás. Esta decepción repetida menoscaba la confianza que los adictos tienen en sí mismos(as). Simplemente no están haciendo lo que se supone que desean hacer. Incluso no pueden convencerse a sí mismos(as) que esto va a acabar mal. Y así es. Entonces, afirman "Ojalá me hubiera escuchado internamente". Como normalmente miramos a los demás con las mismas percepciones que vemos en nosotros mismos(as), los adictos creerán que tampoco nadie más es fiable.

Las cosas empiezan a cambiar en la recuperación con el control de daños y la divulgación. Los adictos empiezan a asumir la responsabilidad por su conducta personal. Además, dejan la conducta sexual inapropiada y pasan por el dolor de la retirada. La línea ya está trazada. No más recaídas. Una vez que hayan alcanzado el éxito en todo esto, la vergüenza se disipa. Empiezan a confiar en sí mismos(as).

Robert Bly señaló en una ocasión que crecer es hacer que tu cuerpo haga lo que no desea hacer. La mayoría de los adictos no han podido desarrollarse normalmente por lo que el proceso normal de maduración comienza una vez que descubren la recuperación. Empiezan a hacer lo que dijeron que iban a hacer. Y se sienten bien consigo mismos(as). Hasta este punto, se sentían avergonzados(as) y tomaban decisiones basadas en los que los demás pensarían de ellos. Ahora, toman decisiones basadas en lo que es lo correcto para ellos(as).

Tres movimientos en la restauración de la confianza

Este es el punto de inflexión. Henri Nouwen, el famoso teólogo, describió este proceso como la "conversión del aislamiento en soledad voluntaria." Los adictos que pasan muchos años escapando de sí mismos, ahora empiezan a tener relación consigo mismos(as). Esto significa que tienen compasión por sí mismos lo que da como resultado el cuidado personal. Nouwen señala, además, que esta capacidad de ser fiel a uno mismo(a) crea una nueva confianza en los demás. Ahora permiten que otros les cuiden. Una vez que confían en los demás, también empiezan a confiar en un poder superior. Las personas que tienen problemas al confiar en un dios generalmente poseen problemas de confianza significativos.

En resumen, Nouwen indica que, esencialmente, existen tres movimientos en la vida espiritual. Comienza con la confianza en uno(a) mismo(a), seguido de la confianza en los demás, que se transforma después en confianza en Dios.

El programa de los "Doce pasos" refleja este proceso. Cuando los adictos inician el programa, admiten lo heridos que están. Esto ocurre en el "Primer paso". Al hacerlo, los adictos rompen con las viejas normas del paradigma adictivo: y . Como recordarás, esta es una parte de la norma que mantiene al adicto(a) en el nivel del cambio de primer orden. Y aunque las personas de apoyo y el grupo no pueden volver a ejercer de padres del adicto(a), su cuidado y constancia acelerará la curación de los déficits ausentes en la familia de origen.

Los pasos "Segundo y Tercero" pedirán a la persona en recuperación que confíe en que un poder superior le ayudará. Para muchos, especialmente al inicio, el grupo de los "Doce pasos" se convierte en ese poder superior. En un momento dado, los adictos empiezan a "confiar en el proceso" y reconocen que hay fuerzas mayores que trabajan en su recuperación. Así es como comienza el cambio de segundo orden, que radicalmente altera las normas en las que vive el adicto(a). Los pasos "Segundo y Tercero" ayudan al adicto(a) a pasar de las creencias provisionales con las que comenzamos este capítulo a una nueva vida basada en el paradigma de la recuperación.

Una nueva sexualidad

Esta transición a un nuevo paradigma también es la base de una nueva sexualidad. Aunque los adictos al sexo tienen una gran cantidad de experiencia sexual, es una experiencia que no es de las personas que realmente son. Era simplemente sexo. Como contraste, la pasión se extiende desde uno(a) mismo(a) y requiere un nivel de confianza y de dejarse llevar que coincide ampliamente con el espíritu de los pasos "Uno, Dos y Tres". El sexo es una experiencia enriquecedora solo cuando permites que las personas te conozcan y te cuiden.

Cultivar tu vida espiritual

Utiliza los pasos. Son la receta perfecta para una plenitud espiritual. Recuerda que el programa comenzaba al descubrir que, sin un componente espiritual, la recuperación no ocurriría. Decide que la vida espiritual es esencial, no una opción.

Aunque hay muchos recursos para llevar a cabo el paso "Segundo y Tercero" (algunos de ellos están enumerados en el listado de lectura recomendada de este capítulo), presentamos aquí algunas sugerencias para los adictos al sexo que desean cultivar una nueva vida espiritual:

- **Encuentra guías.** Escucha a otros compartir sus experiencias espirituales y pregúntales cómo ocurrió la curación en sus vidas. Rupturas, fracasos y tragedias han ayudado a muchas personas a descubrir partes de sí mismos(as) que no conocían. La mayoría comenzaron con ira o temor, escepticismo y desapego.
- **Separa religión de espiritualidad.** Muchos llegan con una "carga" sobre las instituciones religiosas que dañaron o limitaron su crecimiento. El resentimiento sobre estas experiencias puede arrojar sombras sobre un desarrollo espiritual genuino. Recuerda que las organizaciones e instituciones no son fines en sí mismas. Deberían diseñarse para ayudarte a adquirir una vida espiritual y crear una comunidad espiritual. Utiliza solo aquellas que te ayuden.
- **Conecta con la naturaleza.** La espiritualidad comienza con un sentido placentero con respecto a nuestra existencia y las maravillas de la creación, es decir, otros seres vivos, los océanos, montañas, bosques, desiertos y el clima. Ve a caminar. Observa las estrellas. Cuida una mascota. Nota tu cuerpo. Juega con niños. Después, conecta esos milagros con cualquier cosa que veas a tu alrededor.
- **Haz un esfuerzo diario.** La clave de la vida espiritual es la constancia. Los rituales diarios que afianzan tu sentido de estabilidad te ayudan a lograr un crecimiento espiritual que se va incrementando. Entonces cuando requieras actos de fe o el estrés te supere, te esperará una reserva de fortaleza acumulada.
- **Encuentra maneras de promover la reflexión.** La espiritualidad es todo aquello que es significativo para ti. ¿Qué te proporciona valor en la vida?

Busca estrategias que te ayuden a reflexionar sobre el significado y el valor. Escritura inspiradora, leer libros de meditación a diario, liturgia, orar, escribir un diario, ejercicios de yoga y escribir cartas son tipos de actividades que necesitan ser parte de tus rituales diarios. Esto además te ayudará a darle sentido a los acontecimientos espirituales especiales.

- **Rendirte.** Los trayectos internos comienzan con "vaciarse" uno(a) mismo(a), un hecho que se refleja en todas las tradiciones religiosas. Los adictos comienzan la recuperación con la admisión de su ineficacia y continúan viviendo sus vidas según el principio de "dejarlo ir". La serenidad, según los oradores, es hacer todo lo que puedas aceptando que eso es suficiente.
- **Cura la división sexual-espiritual.** En nombre de la religión se ha hecho mucho daño a la sexualidad. El resultado inhibe el progreso en ambos lados de la balanza. Para curarlo, empieza reconociendo que la sexualidad y la espiritualidad se basan en el sentido. Busca áreas comunes entre ambas. Sé delicado contigo mismo(a) sobre los viejos conflictos tortuosos. No se trata de ti. Nunca fue así.

Lectura recomendada

Bradshaw, John. *Sanar la vergüenza que nos domina.* Deerfield Beach, FL: Health Communications, 1985 (Versión en español).

Carnes, Patrick, and Joseph Moriarity. *Anorexia Sexual: Superar el odio sexual a uno mismo.* Center City, MN: Hazelden, 1997. (Versión en inglés).

Carnes, Patrick. *Fuera de las sombras: Entender la adicción sexual.* Center City, MN: Hazelden, 2001. (Versión en inglés).

Carnes, Stefanie, Mari Lee, and Anthony Rodríguez. *Enfrentarse al desengaño: Pasos para la recuperación de parejas de adictos al sexo.* Carefree, AZ. Gentle Path Press, 2012. (Versión en inglés).

Carnes, Stefanie. *Aliviar un corazón destrozado: Una guía para las parejas de los adictos.* Carefree, AZ: Gentle Path Press, 2011, páginas 149–64. (Versión en inglés)

Corley, M. Deborah, and Jennifer Schneider. *Revelar secretos: Un guía para los adictos sobre cuándo, cómo y cuánto contar.* North Charleston, SC: Create Space, 2012. (Versión en inglés).

Earle, Ralph y Gregory Crow. *Solo continuamente: Reconocer, entender y superar la adicción al sexo para adictos y seres queridos.* New York: Philip Lief, 1989. (Versión en inglés).

Nouwen, Henri J. M. *Reaching Out.* New York: Harper and Row, 1983. (Versión en español)

Zukav, Gary. *El asiento del alma.* New York: Simon and Schuster, 1990. (Versión en español)

Capítulo Sexto

¿Qué es la sobriedad? Gestionar la vida sin una conducta sexual disfuncional

Aceptaré el anillo, aunque no sé el camino.
— Frodo en El señor de los anillos de J. R. R. Tolkien

EN UNA DE LAS PRIMERAS ESCENAS de la obra maestra de J.R.R. Tolkien, *El señor de los anillos*, el mago Gandalf reta al hobbit, Frodo, a devolver la paz al reino retornando el anillo mágico a la tierra de Mordor. La vuelta del anillo es clave para la liberarse de la tiranía del malvado mago Sauron. Gandalf ha guardado el anillo a la espera de que Frodo acepte el desafío.

Frodo siente un escalofrió penetrante, que él sabe inmediatamente que ha sido enviado por Sauron para distraerle a la hora de aceptar el reto. Este mago malvado tiene como objetivo paralizar a Frodo y provocar que sea incapaz de responder a Gandalf.

En respuesta, Frodo reúne todo el coraje que puede y levanta lentamente su mano para aceptar el anillo. Escucha su propia voz, aunque parece como si estuviera lejos. Le dice a Gandalf: "Aceptaré el anillo, aunque no sé el camino". A partir de ahí comienza la gran aventura de Frodo que tantos buenos ratos ha proporcionado a muchos lectores.

Todas las grandes historias de coraje humano comienzan con un héroe que no sabe cómo hacerlo, pero que de todos modos empieza. Lo mismo ocurre en la recuperación. Las personas que triunfan en la recuperación son aquellos que comienzan incluso aunque no conocen el camino. Parte de los beneficios de su trayectoria es lo que aprenden a medida que la llevan a cabo. El punto es que comienzan tomando medidas. Tomar medidas, en este caso, es establecer la sobriedad.

Una frase famosa en el Gran Libro es "estar dispuesto a llegar donde sea necesario" para estar sobrio. Recuerdo a dos personas en los primeros momentos de la recuperación de la adicción al sexo. Vivían en la costa de Luisiana, donde no había grupos de los "Doce pasos" para la adicción al sexo. Decidieron comenzar un grupo en su propia ciudad. Una de las personas dejó el tratamiento porque estaba demasiado deprimido. La otra persona comenzó a expandir la teoría a través de las iglesias locales y los terapeutas.

Cada domingo por la tarde-noche, colocaba las sillas en la sala de reuniones y hacía café en una iglesia local. No iba nadie. Lo hizo durante cinco domingos. Y seguía sin aparecer nadie. En el sexto domingo, su compañero regresó del tratamiento y se unió a la reunión. Esa misma noche, llegó una tercera persona. Hoy en día, ese grupo ha crecido tanto que ya se ha dividido varias veces y han creado un retiro anual en una isla lejos de la costa.

Todo comenzó con un hombre que quería recuperarse tan desesperadamente que continuaba celebrando las reuniones incluso cuando nadie aparecía. La sobriedad descansa en una decisión interna basada en que harás todo lo posible para lograr la diferencia.

La sobriedad como el desarrollo de límites

Con el fin de que la decisión funcione, te ayudará entender que, la sobriedad es un problema de límites. Los adictos, en general, poseen límites muy pobres y un control de los impulsos aún peor. Aprendieron, de alguna manera en sus familias, a adoptar el camino más fácil y con menor esfuerzo. Cuando la adicción les domina, se convierte en algo habitual. La otra parte del problema de los límites es que terminan haciendo cosas que pretendían hacer o que ni siquiera deseaban hacer. La falta de límites hace que exploten fácilmente frente a los demás. En general, tu conducta sexual inadecuada es realmente un fracaso en los límites.

Para muchos, la sobriedad es la primera expresión concreta de los límites significativos. Tener una afirmación clara sobre tu abstinencia te permite empezar la trayectoria para volver a ser tú mismo(a).

En el capítulo anterior, aprendiste la importancia de tener límites como parte del control de daños. "Tener la cremallera en el interior", "seguir y permanecer en un plan" y "hacer lo que dijiste que ibas a hacer", son todos ellos, parte del desarrollo de límites positivos. Son además clave para el proceso de reivindicación de uno(a) mismo(a). La sobriedad es la siguiente fase del desarrollo de los límites y de reivindicarte a ti mismo(a).

Aprender a establecer límites se vuelve una revolución en la vida de la persona en recuperación. Una clara sensación de que lo que te importa más es lo que controla ahora tu vida. Vuelve la autoestima. Una nueva tenacidad emerge y se gana el respeto de los demás. E, irónicamente, esta tenacidad proporciona una sensación de paz que nunca había experimentado antes en tu vida.

Cómo ocurre el fracaso en los límites

Hay una serie de factores que conllevan el fracaso en los límites. Primero, el sistema adictivo posee poder e impulso por sí mismo. Las creencias y el engaño propulsan el ciclo adictivo. La falta de control resultante simplemente intensifica el círculo vicioso.

En el próximo capítulo, exploraremos cómo tu biología (y específicamente tu neuroquímica) se alteran por el proceso adictivo. Pero, por el momento, considera que existe un "impulso" biológico una vez que el ciclo de adicción comienza. Todas esas conductas sexuales, que te han mantenido tan motivado, tienen poder en sí mismas. Por lo tanto, todas las promesas que te hiciste a ti mismo(a) para establecer límites, han fracasado. Parte de la recuperación es aceptar que incluso las personas más disciplinadas no poseen suficiente eficacia cuando tienen una adicción.

Además, la mayoría de los adictos tienen otros problemas que complican aún más su situación. Principalmente, problemas de origen familiar que, con frecuencia, sirven para fortalecer el sistema adictivo. Todos afectan a la capacidad de la persona para establecer límites. Y, lo que es más, son problemas críticos para llegar a ser una persona saludable:

- logros
- autoestima
- responsabilidad
- cuidado personal
- consciencia
- realismo
- conciencia de sí mismo(a)
- relaciones
- afección

En la terapia, los profesionales observan de manera rutinaria los patrones establecidos de los adictos al sexo en estas áreas. Estos patrones negativos afectan la capacidad de establecer una sobriedad sin recaídas.

Antes de explorar los elementos básicos de la sobriedad, necesitas entender cómo estos problemas podrían menoscabar tus esfuerzos. Aunque no todos los patrones serán aplicables a tu caso, hay posibilidades de que algunos de ellos sí se ajusten.

Logros

En los adictos al sexo destacan dos patrones en sus logros.

Un patrón donde la persona ha cumplido sus logros trabajando de forma extremadamente dura y ha obtenido resultados satisfactorios. Estos adictos, generalmente, son profesionales como médicos, abogados, ejecutivos, clérigos y empresarios. Comparten un compromiso con la excelencia y el éxito tan fuerte que se convierten en personas motivadas. Como mínimo, están constantemente tan estresados, que viven en el caos y el agotamiento. Y en su mayoría, tienen un problema con el trabajo compulsivo. Nunca tienen tiempo para la familia o los amigos. Ni tampoco demasiado tiempo para reflexionar en por qué se esfuerzan tanto. Su sentido de la valía se mide solo por el dinero, el poder y el reconocimiento. A menudo, reaccionan ante padres que tuvieron éxito en la vida e intentan igualar sus logros. O intentan ser mejores que los demás, como por ejemplo sus padres, o buscan el estatus de "niño especial". Algunos incluso intentan establecer una puntuación. Su vida frenética, generalmente, está enraizada en un tipo de lealtad desmesurada que da como resultado una sobre extensión.

Para este tipo de individuos, el reto de la recuperación se encuentra en cómo enfocan la sobriedad. A menudo, lo ven como una lista de "cosas que hacer" a corto plazo, en oposición a un proceso con objetivos y resultados a largo plazo, es decir, un modo mejor de vivir. En un ocasión, traté a un médico que pasó los primeros tres días del tratamiento utilizando cada momento que tenía libre para completar los ejercicios de "Una trayectoria delicada a través de los Doce pasos". Incluso pasó un par de noches en vela para completar el trabajo. Por supuesto, así es cómo había estudiado en su carrera universitaria. Pensó que con rellenar los espacios en blanco completaría el trabajo de recuperación. Pronto nos entregó el libro de ejercicios y nos dijo que ya estaba listo para irse a casa. Le llevó semanas entender que tenía que desarrollar relaciones, tomar decisiones y expresar sentimientos. Al final del tratamiento, se reía de sí mismo y sobre cómo había planeado hacer de la terapia simplemente una cuestión de completar espacios en blanco. Para las personas orientadas a los objetivos, aprender todo esto es tan importante como comprobar se alcanzan los objetivos, lo que es uno de los logros principales.

Otro problema más es que los adictos al sexo suelen vivir vidas agotadoras, que llevan a un sentido de derecho y cuidado personal muy pobre. La adicción se alimenta de la privación. La sobre extensión, el caos y el estrés constante llevan a la destrucción. Por lo tanto, cuando se logra un éxito, el adicto(a) empieza a desear una recompensa desmesurada. Valores, consecuencias, realidad; todo eso se escapa por la ventana. La cantinela sería "He hecho esto, así que ahora me lo merezco", y cuando están constantemente consiguiendo cosas "Me lo merezco" es uno de los anclajes del sistema adictivo.

El segundo patrón es el de los mediocres o fracasados. Es la otra cara de la moneda del primer patrón. Con frecuencia, los fracasados proceden de familias con éxito, o rodeadas de éxito, y creen que el único modo para que se fijen en él, es fracasar. Estos adictos se convierten en el "problema" familiar. Los estudios, empleos, relaciones y responsabilidades van siempre mal.

El adicto(a) siente mucha vergüenza y una curiosa lealtad emerge entre los miembros de la familia. Siempre que el adicto(a) sea el problema, nadie notará el vacío o el abuso en la familia. Por lo tanto, ser el chivo expiatorio cumple su función.

En la recuperación, los adictos con este patrón se dan cuenta que la familia, en realidad, está invirtiendo para que él/ella signa teniendo problemas. Al fin y al cabo, ¿qué ocurriría si el adicto(a) tiene éxito y se convierte en alguien feliz? ¿Quién va a sufrir en la familia? En otras palabras, siempre que los dedos señalen al adicto(a), nadie más tendrá que mirarse al espejo y a sus conductas. Algunos, incluso, encontrarán que sus matrimonios o relaciones tienen elementos del adicto convirtiéndose en "un problema del niño".

Otro problema más en estos casos es que el patrón gira en torno al fracaso, problemas y decepciones. En todo el caos, dolor y desesperación, los adictos sienten que se merecen un poco de alivio. Se sienten traicionados y víctimas al mismo tiempo. Y, a menudo, esto es verdad porque no se han cuidado a sí mismos(as). Por lo tanto, son vulnerables a la explotación por parte de otros, tanto fuera como dentro de la familia. El resultado neto es, "Las cosas son tan malas que me lo merezco." O, "Me han sucedido tantas cosas, que me lo merezco." O, "Me siento tan mal, que me lo merezco." Pase lo que pase, te lo mereces.

Irónicamente, los extremadamente competentes y los mediocres obtienen el mismo resultado: De hecho, algunos adictos han señalado que han experimentado periodos en su vida donde han combinado ambos; cuando algo bueno ocurre, merecen salir y exteriorizar su conducta. Al final, llegan a un punto donde únicamente tiene que ocurrir para sentir que se lo merecen. La constante es convencerse a sí mismos(as) de que se lo merecen.

Sentir que te lo mereces es uno de los caminos más seguros para recaer. La sobriedad requerirá que observes cómo respondes a los logros y al éxito y dónde se ajusta todo ello en tu recuperación.

Autoestima

Los niños deben sentirse especiales. No obstante, en algunas familias, esa sensación se vuelve problemática. Un niño puede ser más favorecido que los otros, o ser protegido de las consecuencias o estar exento de algunas normas y tareas.

El niño puede incluso convertirse en lo que los terapeutas denominan "un(a) esposo(a) sustituto(a)", es decir un confidente o compañero del padre o de la madre en cosas que el esposo(a) deberían hacer. El otro padre o madre tal vez está ausente, es abusivo(a), adicto(a) o ha fallecido. El niño se convierte en "el hombre de la casa" o "en una pequeña gran mujer". El libro de Kenneth Adam, ha sido muy útil para recuperarse de esta forma de incesto emocional.

Debido a este carácter especial, los adictos podrían haber tenido cubiertas todas sus necesidades, y como resultado de ello, no son conscientes de los demás. Pueden muy egocéntricos a la hora de satisfacer sus propias necesidades. Poseen un sentido mínimo de su impacto en los demás. Se colocan consistentemente como el centro de las cosas. En sus formas más extremas, lo denominamos narcisismo o trastorno de personalidad narcisista. (Narciso fue un personaje de la mitología griega que se obsesionó profundamente con su propia imagen). Con respecto a las recaídas en la adicción al sexo, es difícil mantener la sobriedad si no eres consciente de tus propios límites o tu impacto en los otros.

Por otro lado, también es cierta la otra cara de la moneda. Algunos niños nunca se han sentido especiales. Esta autoestima podría incluso haber sido erosionada a través del abuso y la negligencia. Como sienten que no merecen la pena, saborean cosas que podrían haber ido bien. No creen que se merezcan atención o éxito. Están programados para el fracaso. Sus intentos de hacer las cosas bien se ven socavados por profecías autocumplidas sobre su fracaso. Nos convertimos en lo que nos imaginamos. Si no crees que puedes llegar a la sobriedad, harás lo posible por evitarla. Estar absorto o repleto de vergüenza causa el mismo resultado: una imagen distorsionada de tu lugar en el universo.

Para que ocurra la sobriedad, debes desarrollar la apreciación por ti mismo(a) que no esté infra o supra valorada. Si entras en alguna de las categorías anteriores, considera tomarte algún tiempo para revisar estos sentimientos:

- Comienza haciendo una lista de los acontecimientos en tu vida de los que genuinamente te sientes orgulloso.
- Compáralo con la lista de veces en las que te programaste o "convenciste" para fracasar, ocasiones en las que tus propios sentimientos de ineficacia te impidieron hacer lo que necesitabas.
- Después, elabora una lista de acontecimientos en los que la preocupación por ti mismo(a) haya perjudicado a tus seres queridos.
- Basado en estas listas, haz otra lista rápida con tus fortalezas y limitaciones.

En un momento dado, examinarás estos problemas minuciosamente cuando trabajes en el "Paso cuatro". Aquí, el objetivo es proporcionar perspectiva en qué factores podrían estar poniendo en peligro tu sobriedad.

Tal vez te gustaría aprender cómo utilizar las afirmaciones. Esencialmente, las afirmaciones te ayudan a reprogramarte y, así de este modo, puedas aceptar la persona encantadora que eres. El camino para salir de esto es encontrar la manera de reafirmarte a ti mismo(a) desde tu interior para que logres un sentido realista y seguro de ti. (Para obtener más información, consulta las lecturas recomendadas al final de este capítulo).

Responsabilidad

Los adictos, generalmente, se resisten a ser responsables debido a lo rígidas o controladoras que fueron sus familias. La mayoría creen que, si ceden a las demandas de los otros, perderán su identidad. Esta, probablemente, es una percepción precisa, porque en la mayoría de las familias han tenido dificultades para desarrollar un sentido independiente de sí mismos(as).

Los padres aceptables admiten que los niños no quieran hacer lo que los padres quieren que hagan y los quieren igualmente. Estos padres están dispuestos a mostrar a los niños los beneficios de hacer lo que tienen que hacer. Como resultado, estos niños aprenden el significado de "no" como algo que se pueden decir a sí mismos(as) y a los demás. Y, aun así, saben que sus padres todavía los quieren.

Los padres aceptables además son responsables con sus hijos. Por ejemplo, admiten sus errores a sus hijos. Los niños crecen sabiendo que es normal ser imperfecto, que es importante ser responsable y que decir "no" es el primer paso para aprender la autolimitación.

Muchos adictos se pierden estas lecciones tan esenciales. Primero, son aquellos que nunca son responsables. No hacen lo que dicen que van a hacer. No admiten sus errores. No dejan que nadie sepa que es lo que hacen realmente con su tiempo, dinero o actividades.

Otros adictos son responsables solo en apariencia. Muchos adictos son públicamente disciplinados con una gran reputación de duros trabajadores y una alta integridad para, después, tener una vida secreta. Podrían haber aprendido que este es el modo de escapar del control y la vergüenza de su familia. O tal vez, lo aprendieron observando a los adultos en sus familias. El resultado neto es que, desde fuera, sí son responsables. Si nadie sabe lo que hacen, están dispuestos incluso a hacer cosas que infringen sus propios valores. En el mundo de los negocios se llama "mantener un grupo de libros de registro separados", uno para mostrar y otro que se mantendrá en secreto

La sobriedad solo funciona si existe una responsabilidad total. Tu grupo, terapeuta y persona de apoyo se vuelven unos vínculos importantes en esta responsabilidad. Mantener un segundo grupo de libros simplemente no va a funcionar. Necesitas tener personas en tu vida que sepan todo y que te desafíen.

Cuidado personal

La negligencia infantil es muy común entre los adictos al sexo. Padres demasiado ocupados o despreocupados que dedican el tiempo suficiente para ayudar y orientar a sus hijos a lo largo de su vida, están realmente siendo negligentes con ellos. Los niños, a cambio, fracasan a la hora de interiorizar las habilidades para cuidar de sí mismos(as). No hacen cosas para protegerse del daño, por lo que están en riesgo de ser explotados por otros. Con frecuencia sí son capaces de ver las cosas que deberían hacer o evitar. Y cuando ocurre el desastre, se critican a sí mismos(as) diciendo: "¿Por qué no hice algo al respecto cuando ya lo sabía?" Son negligentes con sus propios cuerpos y bienestar. En pocas palabras, no se aman a sí mismos(as) lo suficiente como para cuidarse personalmente. Para estas personas, la sobriedad es difícil porque requiere una reorientación total. Tienen que cuidar de sí mismos(as) para evitar las recaídas.

Otros adictos han vivido con una familia en la que se hacía todo para ellos. Como consecuencia, no han aprendido a hacer las cosas por sí mismos(as), esperando que se hagan siempre para ellos. He visto esta situación en familias adineradas en las que los "niños de mamá" tienen todos los caprichos, y aun así no están convencidos del amor de sus padres. También he visto padres con medios más modestos proteger y proporcionar a sus hijos lo que necesiten que, irónicamente, también sienten que no son queridos. El fondo de la cuestión es un derecho grandioso. Todo es negociable. Las consecuencias nunca afectan al niño. No importa lo que el adicto(a) haga, siempre hay alguien que lo rescata. Incluso podrían mostrarse indignados si nadie les rescata.

También se disgustan cuando no se les hacen las cosas. Si no hacen lo que necesitan hacer por sí mismos(as) siempre dicen que lo están intentando. La recuperación aquí es un despertar duro y radical. Nadie puede crear la sobriedad por ti. Como Yoda dice a Luke Skywalker en la película "", "O lo haces o no, aquí no hay intentos."

La sobriedad requiere cuidado personal. Y, además, debes hacerlo por ti mismo (a). El cuidado personal significa que no te pondrás en peligro. Harás cosas regularmente para mantener tu salud. Te pasas el hilo dental cuando te lavas los dientes. Haces ejercicio consistentemente. Evitas el agotamiento. Permites que tus amigos hagan cosas agradables por ti. Descubres cosas agradables que puedes hacer tú solo(a). Te tomas tu recuperación en serio, dejas que la persona de apoyo te ayude y vas a las reuniones. En resumen, ni la negligencia, ni el privilegio funcionan con la sobriedad.

Consciencia

Algunos definen la consciencia como la capacidad de seguir las normas. Hasta cierto punto, es así. Algunos adictos no tienen remordimientos por sus conductas incluso aunque están haciendo daño claramente a otros(as). En los casos más extremos, utilizamos el término "sociópata" cuando no hay empatía por las víctimas. Generalmente, este término se utiliza con los autores de delitos sexuales, aunque algunos adictos al sexo poseen esta cualidad.

Con frecuencia, los adictos al sexo no quieren ver de nuevo a alguien después de haberlo seducido. O en la prostitución o sexo anónimo, parte de la atracción es no crear líos o enredos. En resumidas cuentas, todo ello significa no tener consideración al otro(a). Esto no es un comportamiento sociópata, pero sí conlleva no tener remordimientos por una conducta que contribuye a dañar a los demás. La recuperación significa asumir la responsabilidad de tu conducta.

Parte del dolor de la adicción al sexo para muchos de los adictos(as) es que han infringido su sistema de valores, y están dominados por la culpa. Una parte esencial del ciclo de adicción es la desesperación después de haber actuado. Se sienten mal por ello. Y, entonces actúan mal todavía más en un esfuerzo por ocultar la desesperación. Torturarte por tu comportamiento explotador o desconsiderado añade poder al proceso adictivo. Como contraste, los "Doce pasos" te ayudan a orientarte a través del proceso en el que harás todo lo posible por modificar y aprender cómo estar en paz contigo mismo(a).

La consciencia es, en realidad, bastante más que seguir las normas. A esto lo llamamos cumplimiento. La consciencia determina aquello por lo que lucharás. Si alguien ataca a una persona a la que quieres, pondrás inmediatamente todo en riesgo para proteger a tu ser querido. La consciencia te pregunta qué estás dispuesto a poner en riesgo por los demás, porque te importa mucho. Una persona en proceso de recuperación trazará una línea en la arena:

Realismo

Las personas describen a alguien que es realista y pragmático como alguien con "sentido común." En definitiva, las personas que tienen sentido común aprenden de sus errores.

En el capítulo 1, mencioné a M. Scott Peck con su libro : "La salud mental es un compromiso con la realidad a toda costa." Un aforismo citado con mucha frecuencia complementa esta afirmación: "La locura es llevar a cabo el mismo comportamiento autodestructivo una y otra vez, y esperar resultados diferentes." El sentido común es la capacidad de ver lo que funciona y lo que no. Aprender de tus errores es esencial para tu salud mental. No estoy hablando de rechazo o desilusión, aunque el pensamiento deteriorado ciertamente afecta a este problema. Me refiero, más bien, a una cuestión más profunda, es decir, la existencia de muchas personas que no desarrollan la capacidad para aprender de sus errores. Generalmente proceden de familias en las que los niños no sufrían las consecuencias de algo erróneo. Nunca tuvieron que fijarse en que muchos de sus problemas eran atraídos por ellos mismos. La recuperación, por lo tanto, se cimenta en el sentido común: nosotros creamos nuestra propia felicidad e infelicidad.

Otros(as) tienen sentido común, pero deciden ignorarlo. Ese es el problema de la terquedad. Junto con el derecho y la grandiosidad viene el "quiero lo que quiero cuando lo quiero" propio de los adictos. Parafraseando un viejo dicho de la Marina: "Al diablo las consecuencias, a toda máquina".

Los adictos son personas creativas, ingeniosas que astutamente averiguan cómo superar la realidad intrusiva. No obstante, tarde o temprano tienes que aprender de tus errores y no depender de tus habilidades para controlar los daños. La recuperación proporciona la realidad adicional a tu adicción, lo que significa ser totalmente realista y aceptar tus propios límites.

Conciencia de sí mismo(a)

Los adictos(as) típicos no se conocen a sí mismos(as). En parte se debe a su creencia sobre su falta de valía. Se sienten tan deficientes que están incómodos con su propia presencia. Por lo que se distraen con actividades compulsivas, llenando sus vidas con tanto que hacer que no poseen una vida interior real. Están incómodos cuando están solos, no suelen distraerse con la TV o con otro tipo de ocupación. Muchos adictos señalan que el miedo a estar solos es un factor significativo en su comportamiento.

Algunos adictos evitan o posponen cualquier actividad que implique profundizar en sus sentimientos, motivaciones y patrones. Afirman que se burlan de la terapia y la autoayuda. Es, simplemente, demasiado doloroso. Es más sencillo descartar cualquier tipo de auto reflexión como algo estúpido o inútil.

La sobriedad se produce solo con un desarrollo personal doloroso. La adicción es, fundamentalmente, un medio de escapar del caos interno. El punto central de la terapia y el trabajo de los "Doce pasos" es desarrollar una relación funcional contigo mismo(a). Es "la conversión de la soledad impuesta a la soledad elegida", a la que ya nos hemos referido en capítulos anteriores.

Con el fin de que esto ocurra, debes encontrar maneras de reflexionar sobre tu trabajo de recuperación. Lecturas, meditaciones, escribir en un diario. Trabajar en los pasos, cualesquiera que sean tus opciones, debes tener fuentes de reflexión personal integradas en tu vida. Es más, debes permitir periodos habituales de inactividad para reflexionar. Descansa. No hagas nada. Simplemente sé tú mismo(a). Este "espacio de tiempo" es increíblemente importante para tu capacidad de resolver cuestiones. El descanso y la reflexión son claves para una vida "analizada".

Los grupos de recuperación utilizan una frase que John Bradshaw popularizó sobre ser "seres" humanos frente a ser "quehaceres" humanos. Existe un ritmo esencial en la vida que debes considerar como parte de la aceptación de tus límites humanos. Stephen Covey se refiere a ello como uno de los puntos esenciales de las personas efectivas. Lo llama "afilar el serrucho". Uno de los mejores libros sobre esta parte de la vida lo ha escrito Wayne Muller y se llama . ("Sabbath: Restaurar el ritmo sagrado del descanso") (Versión solo en inglés).

Relaciones

Los adictos, en el mejor de los casos, viven relaciones incompletas. La mayoría de ellos luchan con el aislamiento. Gestionan las cosas ellos solos, por lo que nadie sabe realmente los apuros que pasan. Irónicamente, muchos adictos son personas sociables, pero ocultan las partes vulnerables de sus vidas. Nadie ve el panorama global.

Sin embargo, no habrá modo de salir de la vergüenza si el adicto(a) no deja a nadie entrar en su vida. Junto con la responsabilidad, uno debe experimentar la aceptación y la ayuda de otros para poderse curar. Es la experiencia con otras personas lo que hace que la aceptación de uno mismo(a) funcione. Un modo de asegurarse de que la sobriedad pasa de ser un cambio de segundo orden a uno de primer orden es estar en contacto con personas que conocen la historia completa.

Afección (Cariño)

Los terapeutas utilizan la palabra para describir nuestras vidas emocionales. Al igual que necesitamos habilidades intelectuales como la resolución de problemas, necesitamos las habilidades emocionales como manejar al ansiedad y expresar nuestros sentimientos.

Los adictos poseen un "afecto o afección alterada", lo que significa que no gestionan bien sus emociones. Los principiantes en la recuperación, con frecuencia me dicen que luchan a la hora de tener sentimientos. En muchos casos, durante el pasado fueron castigados por tener sentimientos. En algunas familias, simplemente no es aceptable tener una vida emocional. O, podría ser la norma familiar no expresar los sentimientos. Para sobrevivir en ambos casos, tu vida emocional se bloqueó.

Existen razones adicionales para sufrir una afección alterada. Por ejemplo, algunas personas inteligentes aprenden a depender solo de su capacidad para pensar y descuidan el desarrollo de sus sentimientos e intuiciones. Otras personas reaccionan excesivamente. Las cosas más simples escalan en un drama emocional intenso. Los adictos son propensos en particular a utilizar la ira para manipular e intimidar. Esta ira se convierte en una extensión egoísta de "Me lo merezco" o "¡Quiero lo que quiero cuando quiero!". Las relaciones volátiles, románticas e intensas se convierten en el guion de una montaña rusa de decepciones y excitación. El caos oculta la ansiedad y las emociones sustentan las escenas dramáticas.

Tal vez la mayor razón para el afecto alterado es que la vida ha sido tan dolorosa que simplemente fue más fácil insensibilizar todo. La insensibilización es uno de los beneficios de la adicción. Mantiene los sentimientos a raya. Tanto si es debido a altos niveles de drama o a la insensibilización, el resultado es el mismo: los sentimientos esenciales siguen siendo desconocidos.

Las personas en proceso de recuperación tienen que empezar, frecuentemente, etiquetando los sentimientos más básicos de alegría, dolor, tristeza, ira y temor. De esta manera, empiezan a aclararse sobre lo que sienten. Aprenden estrategias básicas sobre la ansiedad, como, por ejemplo, aprender a estar presentes en lugar de revolverse obsesionándose sobre el pasado y el futuro. Los principios de "dejarlo ir" resumidos en la Oración de la serenidad se convierten en la filosofía de vida para gestionar la ansiedad y el control.

Desafíos de la sobriedad y elementos esenciales de la recuperación

La tabla 6.1 en la página siguiente, resume los desafíos que conlleva la sobriedad. Las categorías más comunes de estos problemas se enumeran en la columna central del gráfico, mientras que las versiones extremas de estos elementos aparecen en las columnas de la derecha y la izquierda. Cada uno de esos problemas pueden afectar fundamentalmente la capacidad de la persona para establecer límites y barreras

Tal vez notes que te ajustas a más de una categoría y que en ocasiones perteneces a ambos extremos dentro de una categoría. Eso es muy normal en los adictos. Estos suelen proceder de familias disfuncionales. A medida que crecen, aprenden a lidiar con los extremos.

Al trabajar en estos problemas, los adictos notarán que el fundamento principal de sus vidas cambia. Comienzan a descubrir que el sexo no es el enemigo. El problema real es la dinámica subyacente que proporciona la energía al sistema adictivo. Parte de la recuperación será descubrir lo que es la sexualidad. A pesar de la interminable diversidad y experiencias sexuales que los adictos al sexo han vivido, en realidad, no saben demasiado sexualmente sobre sí mismos(as).

Además, recuerda que, si el sexo no se ha convertido en el centro del ciclo de adicción, entonces es muy probable que haya algo más que ha asumido su lugar. Como veremos en el capítulo 7, el problema esencial es generalmente una combinación de privaciones y adicciones.

Los desafíos de la sobriedad

Desesperación por ser mediocre	**Logros distorsionados**	Agotamiento por la superación y caos
Vergüenza autodestructiva	**Autoimagen comprometida**	Obsesión por el egocentrismo
No responsable	**Falta de responsabilidad**	Vida secreta
Negligencia propia profunda	**Cuidado personal problemático**	Derecho grandioso
Sin remordimientos	**Consciencia deteriorada**	Sentirse culpable
Sin sentido común	**Realismo defectuoso**	Sentido común ignorado
Evitación/Postergación	**Autoconciencia limitada**	Ajetreo compulsivo
Aislamiento	**Relaciones incompletas**	Partes ocultas de sí mismo(a)
Bloqueo de los sentimientos/ insensibilización	**Afección alterada**	Ira indulgente, drama, intensidad

Tabla 6.1

Con frecuencia me encuentro con personas que tienen dificultades para lograr la sobriedad. Me cuentan que tienen un plan de prevención de recaídas, que van a las reuniones y que trabajan el programa. Primero, verifico si todo eso es verdad, que *tienen* una persona de apoyo, que están trabajando en los "pasos" y que están llevando a cabo trabajos de ayuda y mostrando otros signos de participación activa. Generalmente me he encontrado que la incapacidad de parar está enraizada en uno de los desafíos anteriores para alcanzar la sobriedad.

Todos los planes de recuperación del mundo no podrán ayudarte si no descubres los desafíos subyacentes. Sin embargo, al clarificar estos problemas y cómo pueden limitar tu capacidad de establecer barreras en la sobriedad, estarás preparado para definir lo que es la sobriedad en sí. Esta es nuestra próxima tarea. Como preparación, completa el ejercicio 6.1 y habla de ello con tu terapeuta y persona de apoyo. Además, consulta las lecturas recomendadas en la conclusión de este capítulo.

• • • Ejercicio 6.1 • • •

Hoja de trabajo sobre los retos de la sobriedad

Indicaciones: A continuación, aparecen enumerados los retos principales para lograr el establecimiento de la sobriedad. Dentro de cada reto hay áreas extremas, enumeradas de 1 a 5, con 1 no marcando ningún problema y 5 indicando un problema severo. Califícate en cada categoría. En algunas de ellas tal vez te encuentres en las áreas altas de ambos extremos.

Después, debajo de cada escala, escribe ejemplos de tus conductas y especifica cómo este patrón de comportamiento podría sabotear tus esfuerzos para alcanzar la sobriedad.

Logros distorsionados

Desesperación por mediocridad	Agotamiento por la superación y caos
1 2 3 4 5	1 2 3 4 5
______________________________	______________________________
______________________________	______________________________
______________________________	______________________________

Autoimagen comprometida

Vergüenza autodestructiva	Obsesión por el egocentrismo
1 2 3 4 5	1 2 3 4 5
______________________________	______________________________
______________________________	______________________________
______________________________	______________________________

Falta de responsabilidad

Sin responsabilidad

1 2 3 4 5

Vida secreta

1 2 3 4 5

Cuidado personal problemático

Negligencia propia profunda

1 2 3 4 5

Derecho grandioso

1 2 3 4 5

Consciencia deteriorada

Sin remordimientos

1 2 3 4 5

Sentirse culpable

1 2 3 4 5

Realismo defectuoso

Sin sentido común

1 2 3 4 5

Sentido común ignorado

1 2 3 4 5

Autoconciencia limitada

Evitación/Postergación

1 2 3 4 5

Ajetreo compulsivo

1 2 3 4 5

Relaciones incompletas

Aislamiento

1 2 3 4 5

Partes ocultas de sí mismo(a)

1 2 3 4 5

Afección alterada

Bloqueo de sentimientos/ Insensibilización	Ira indulgente, drama, intensidad
1 2 3 4 5	1 2 3 4 5

• • • Ejercicio 6.2 • • •

Reflexiones sobre los fundamentos de la recuperación

Indicaciones: La receta ya demostrada para gestionar los retos de la sobriedad es bastante simple. Yo lo llamo *los fundamentos de la recuperación*:

- Haz solo lo que es importante.
- Recompénsate por haber hecho un buen trabajo.
- Reafírmate a ti mismo(a).
- Sé responsable.
- Cuídate.
- Sé consciente de lo que importa.
- Aprende de los errores.
- Descansa y reflexiona.
- Conecta con aquellos(as) que conocen tu historia.
- Permite sentir dolor, alegría, temor e ira.
- Mantente presente.
- Acepta que el sexo no es tu enemigo.
- Busca tu propia sexualidad.

Crea barreras contigo y con los demás. Reflexiona sobre las siguientes preguntas para entender más claramente lo que los fundamentos de la recuperación significan para ti. Después, responde a las preguntas en el espacio proporcionado.

Haz solo lo que es importante. ¿Qué aspectos importantes has descuidado en tu vida? ¿ Qué distracciones de las prioridades más importantes permites actualmente en tu vida?

____

____

____

Recompénsate por haber hecho un buen trabajo. ¿Qué has hecho bien últimamente que aún no te has recompensado? ¿Por qué has dejado que ocurra?

Reafírmate a ti mismo(a). Escribe algunas afirmaciones de tú a tú. Crea unas afirmaciones con halagos genuinos por las tareas que has hecho bien. ¿Cómo te sientes al hacerlo? ¿Por qué tienes esos sentimientos?

Sé responsable. ¿De qué manera has sido responsable recientemente? ¿De qué maneras has tenido recaídas en las responsabilidades?

Cuídate. ¿Qué ejemplos recientes puedes anotar en los que te hayas cuidado? ¿Qué oportunidades recientes para cuidarte te has perdido?

Sé consciente de lo que importa. ¿Te has desviado recientemente de tu camino o tomado una postura porque había algo que realmente te importaba? O, ¿ha habido veces en las que no has defendido algo importante para ti? Explícalo.

Aprende de los errores. ¿Hay ciertos errores del pasado que todavía cometes? ¿Por qué?

Descansa y reflexiona. ¿Tienes periodos regulares de descanso en tu vida con los que tú y otras personas pueden contar? Si no, ¿por qué no?

Conéctate con aquellos que conocen tu historia. ¿Quiénes son las personas en tu vida que verdaderamente conocen todo lo que ha ocurrido? ¿Cuándo ha sido la última vez que has tenido contacto con ellos?

Permite sentir dolor, alegría, temor e ira. ¿Has evitado últimamente los sentimientos? ¿Cuáles? ¿En qué ocasión? ¿Por qué los evitaste? ¿Qué puedes hacer ahora sobre esto?

Mantente presente. ¿Ha habido ocasiones recientes en las que te has perdido lo que estaba ocurriendo porque estabas absorto(a) en el pasado o en el futuro, o preocupado por el trabajo, estrés o una fantasía sexual? ¿Qué sentido tienen ahora estos momentos?

Acepta que el sexo no es tu enemigo. ¿Has tenido últimamente momentos de odio sexual hacia ti mismo(a)? ¿Desearías no tener sentimientos sexuales? ¿Qué crees que causa esos sentimientos?

Busca tu propia sexualidad. Escribe una cosa que has aprendido sobre tu sexualidad desde que comenzarte la recuperación. ¿Cuál crees que es tu "próxima frontera" desde el punto de vista sexual?

____

____

____

____

____

Crea barreras contigo mismo y los demás. ¿Se ha derrumbado recientemente una barrera en tu vida? Si es así, ¿qué has aprendido como resultado?

____

____

____

____

____

Establecer la sobriedad con un periodo de celibato

Curt comenzó con videos pornográficos. Cuando ya estaba de alguna manera excitado, se subía a su vehículo para darse una vuelta por el área de la ciudad repleta de clubes de striptease. Curt se deteníaa en una librería de adultos y compraba más videos, para después entrar en varios clubes. Mientras observaba a las bailarinas, llamó a un servicio de damas de compañía y organizó quedar con una mujer en un motel. Después de tener sexo con ella, empezó a pensar en el riesgo que corría como hombre casado y persona profesional (Curt era un cargo público elegido). Se prometía a sí mismo no volver a hacerlo de nuevo. Pero, en unos días, se convencía de que solo quería echar un vistazo a los videos durante unos minutos. Ver videos no era público o arriesgado, simplemente era entretenimiento. Y, a veces, los veía y se masturbaba. Aun así, con frecuencia, ver los videos le llevaba a desear subirse a su vehículo simplemente para ver que estaba ocurriendo en la calle.

Curt se advertía a sí mismo que no debía ir a los clubes de striptease. Sin embargo, siempre lo hacía. A veces, en el club de striptease, tardaba un rato antes de llamar por teléfono. De esta manera, mantenía el engaño de controlar la situación. En algunas ocasiones, incluso se convencía a sí mismo de que le daría el dinero a la prostituta y simplemente se iría a casa. Eso no ocurría nunca.

Al final llego el día en el que su mundo se reveló íntegramente. Primero, su médico de familia le diagnosticó hepatitis C, una enfermedad muy seria transmitida sexualmente. Por la tarde, recibió una llamada de su servicio de damas de compañía que usaba a menudo. Querían hablar de negocios y tenían su nombre, número de teléfono y dirección. Los negocios eran, en realidad, una amenaza de chantaje. Y lo peor: su mujer, Joan, estaba escuchando toda la conversación.

Este fue su peor día como adicto pero el mejor para comenzar la recuperación. Curt comenzó siendo parcialmente honesto con su mujer. Lo de la prostituta fue un error puntual, le dijo, que cometió porque su vida sexual había sido muy escasa. Además, le reveló el diagnóstico de la hepatitis C, diciéndole que lo había contraído durante esta única indiscreción.

Curt sabía que se había metido en un problema lo suficientemente grande como para buscar ayuda. Fue a ver a un terapeuta llamado Jack. Este escuchó toda la historia y fue reconstruyendo cuidadosamente cuántas veces había ocurrido. Curt se sorprendió cuando descubrió que había estado sexualmente con cuarenta y siete mujeres durante el año anterior, o cerca de una cada semana. Además, Jack señaló que la masturbación con los videos ocurría cada dos o tres días. Juntos, Jack y Curt calcularon que había gastado una media de cuatrocientos dólares en cada prostituta y alrededor de sesenta en los videos. El coste neto anual había sido cerca de veintisiete mil dólares.

Jack ayudó a Curt a desarrollar barreras a sí mismo. Le pidió que trajera todos sus videos y que no los usara nunca más. Que tampoco fuera a las áreas de la ciudad donde se encontraban los clubes de striptease y las librerías de adultos. Si tenía que estar en esa área por alguna razón, necesitaba que alguien fuera con él, En una de las sesiones, hicieron una ceremonia para destruir los videos.

Curt se descubrió a sí mismo en ciclos adictivos predecibles. Eliminar los videos y las salidas evitaron los desencadenantes de la conducta. Curt comenzó a establecer su sobriedad. Comenzó a aceptar que era un adicto al sexo, reveló todo a su mujer, fue a las reuniones y encontró una persona de apoyo

Jack le sorprendió un día en una sesión pidiéndole que considerara un periodo de celibato. Le explicó que le ayudaría a conocerse mejor tanto en su personalidad como en su sexualidad. Curt no lo encajó demasiado bien. Lo mismo ocurrió con Joan, que había sido acusada por las afirmaciones de Curt sobre su falta de sexo. Ella temía que, si dejaban de tener sexo, Curt utilizaría esa excusa para volver a su conducta sexual.

Así que, Curt y Joan fueron a hablar juntos con Jack. Este les explicó que tomarse unas vacaciones sin sexo mejoraría tanto su sexualidad como su terapia. Con el tiempo, tanto Curt como Joan descubrieron que el celibato despertaba el interés sexual entre ellos. Ahí es donde comenzaron a aprender lo que era realmente el sexo.

Razones para el celibato

Generalmente la sobriedad comienza con una persona de apoyo o terapeuta que pide al adicto(a) detener una conducta específica disfuncional, destructiva o peligrosa. Como en el caso de Curt, esto generalmente adquiere la forma de un contrato en el que el adicto se abstiene de actividades sexuales específicas.

Bastante pronto en la recuperación, los adictos también se comprometen a un periodo de celibato. Generalmente tiene una duración entre ocho a doce semanas e incluye todas las formas de actividad erótica, incluyendo el sexo consigo mismo(a). Algunas personas en recuperación extienden este periodo porque las lecciones son muy útiles.

Estas son las razones para realizar un periodo de celibato:

- Proporciona tiempo para airearse y controlar los daños provocados por las múltiples complicaciones debido a la falta de control del adicto(a).
- El adicto(a) que aprende a manejar las emociones sin ninguna ayuda sexual estará más disponible en la terapia.
- Los terapeutas han notado que los recuerdos reprimidos de la infancia empiezan a emerger durante el periodo de celibato.
- El periodo de celibato se ha utilizado desde hace tiempo por parte de los terapeutas como modo de estimular el interés sexual sano.
- El celibato proporciona un contexto importante para definir lo que es la sobriedad, las recaídas y lo que es el sexo sano.

El objetivo del celibato no es crear una anorexia sexual, sino más bien, proporcionar una importante perspectiva sobre la recuperación de la sexualidad que se ha perdido en medio de los ciclos de adicción y anorexia. Curt descubrió el impacto que su padre tuvo en su sexualidad al compartir su pornografía con él, comenzando cuando tan solo tenía once años. Curt aprendió a etiquetarlo como una forma de abuso infantil. Joan descubrió que había bloqueado su sexualidad cuando sufrió una serie de citas con sexo obligado cuando era una adolescente. Cuando Curt se volvió distante debido al trabajo y a la adicción, la experiencia de ella era paralela a la de él cuando fue asaltada por los hombres. Joan pensó que esto les ocurría a todas las mujeres. De hecho, ambos "normalizaron" estos acontecimientos de su pasado. Ahora, tenían que enfrentarse a los problemas más profundos de sus vidas, incluyendo lo que significa ser un hombre y una mujer.

Conseguir lo máximo del celibato

Cuando se comienza un periodo de celibato, es probable que las siguientes sugerencias ayuden:

- **Interprétalo como un tiempo de descanso, no como un final.** Un periodo de celibato te proporcionará espacio para centrarte en tus necesidades. No es una sentencia ni el final de tu sexualidad. Al contrario, el celibato logrará que seas totalmente consciente de tu propia sexualidad.
- **Trabaja los problemas de compromiso con tu pareja.** La decisión de aceptar el celibato afectará a tu pareja. Respetarla(lo) significa involucrarlo(la) en tus ideas para que pueda comprometerse contigo en este periodo de celibato.
- **Obtén apoyo de tu terapeuta, padrino o grupo.** Necesitarás su orientación y ayuda para sacar el máximo de la experiencia. Abrirte a aquellos que se encuentran en tu red de soporte te ayudará a implementar tu plan.
- **Espera que el celibato plantee problemas.** Para muchos, este cambio es muy drástico y pone de relieve los problemas reales de la vida. Haz de esto un objetivo y no una sorpresa.
- **Comprende que la resistencia es muy típica.** Al principio podrías experimentar ira y resentimiento. Esta no es ninguna sorpresa. Rara vez nos embarcamos con gusto en una prueba que implique un cambio y una percepción de ideas nuevas.
- **Prepárate a experimentar nuevos sentimientos.** Los nuevos sentimientos que surjan te guiarán hacia partes de ti mismo que necesitas recuperar. Por muy desagradables que sean estos sentimientos, servirán como aliados significativos para ayudarte a volver a ser tú por completo.

- **Planea tareas activas para mejorar la experiencia.** Selecciona un "Paso" específico en el que trabajar. Trabaja en tareas que te marque tu terapeuta con el fin de aceptar el cuidado y el desarrollo espiritual y la consciencia sexual. También continúa con el diario sobre tu periodo de celibato.

Planear la prevención de la recaída

Karen comenzó su conducta sexual en internet a principio de los 90. Utilizaba su correo electrónico para hablar con amigos de su marido y vecinos. Las relaciones a través de correo electrónico se convirtieron en romances.

A Karen le encantaba el flirteo y la intriga del comportamiento sexual online. Y, lo que es más, estaba resentida porque su marido, con una buena posición económica, estuviera siempre preocupado por sus negocios y actividades cívicas, lo que añadió aún más al impulso de desquitarse. Una manera de hacerlo era tener aventuras con los amigos de su marido. Expandió sus actividades intercambiando fotos desnuda. A partir de ahí, empezó a recopilar pornografía.

Todo esto se derrumbó cuando su marido descubrió una de sus aventuras. Karen comenzó la recuperación y llevó a cabo la mayoría de las cosas correctamente: reuniones, terapia, talleres y trabajar con una persona de apoyo. Pero, incluso en su trabajo de recuperación y en sus revelaciones, dejó partes fuera, como su masturbación compulsiva. No quería dejarlo, porque además consideraba que no estaba haciendo daño a nadie con ello. Además, seguía en contacto por correo electrónico con un amante, incluso aunque su marido le aclaró que, si la volvía a pillar de nuevo, su matrimonio se acabaría de manera fulminante. Karen racionalizó este contacto creyéndose que no era sexual. No se acostaban juntos, así que técnicamente, estaba "sobria".

Posteriormente Karen fue invitada a un evento donde se encontraría con su antiguo amante. Su grupo le sugirió que fuera acompañada de una amiga para no tener ningún riesgo, y así lo hizo. (El grupo no sabía que continuaba en contacto con esta persona por correo electrónico). Karen después señaló que, aunque su amiga estaba allí, cruzó miradas con su antiguo amante. A partir de ese momento, ya estaba pérdida. Al día siguiente se vieron y tuvieron sexo. Su marido lo descubrió. Desconfiado desde el principio sobre la "recuperación", interpretó esta última indiscreción como prueba de que no podría confiar nunca más en su mujer. Los correos electrónicos de Karen eran como los videos de Curt. Fueron el principio de su situación sexual compulsiva.

En la imagen 6.2, las situaciones de recaídas tanto de Curt como de Karen se han trazado como si fueran pasos descendentes. Grabado en cada paso hay una conducta, acontecimiento o acción que se dirige a un comportamiento sexualmente compulsivo. Debajo de cada paso hay un ejemplo del diálogo interno de Curt o Karen. Estas son frases que se dirán a sí mismos para justificar su conducta.

Prepararse para completar las hojas de trabajos de las situaciones de recaida

Es crítico poseer el panorama total de tu ciclo adictivo con el fin de definir lo que significa para ti estar sobrio. Decir simplemente, "No voy a tener sexo fuera de mi matrimonio" no es suficiente. Necesitarás trazar cuidadosamente los modos más probables en los que actuarás según tu conducta sexual y entonces eliminar los caminos que te llevan hasta allí. Este proceso se denomina . Se define al identificar las situaciones más probables de recaída y posteriormente detallar lo que significa tu sobriedad.

Las tres hojas de trabajo siguientes están diseñadas para ayudarte a hacerlo.

- Bajo: Probables condiciones previas presentes enumera los factores que podrían cambiar tu estado de ánimo general, tanto negativa como positivamente, como el agotamiento, enfado con la pareja, finalización del proyecto, o sentirte superado en el trabajo.
- Bajo: Desafios de sobriedad personal presentes incluye aquellos problemas que hayas identificado potencialmente dentro de tu ser y que podrían contribuir a una situación de recaída. Enumera factores como derecho, trabajo compulsivo, aislamiento o ignorar el sentido común. (Para obtener más ideas, revisa la sección sobre los retos de la sobriedad mencionado al comienzo de este capítulo)
- A continuacion completa la sección con la "escalera" en la hoja de trabajo. En la parte superior de cada "peldaño" (próximo a un número) enumera una conducta o acontecimiento que te podría llevar a un comportamiento sexualmente compulsivo. Debajo de cada paso, resume brevemente el diálogo interno relacionado con ello, es decir, qué te vas a decir a ti mismo para justificar la adopción de ese paso. Vamos a ver si puedes colocar los pasos en el orden en el que probablemente van a ocurrir (Consulta la figura 6.2 para obtener ejemplos.)
- ¿Qué es lo peor que podría pasar si recaes? Enuméralo en las Bajo: Peores consequencias posibles describe qué es que ocurra si recaes.
- Cuando hayas completado cada situación, pon título a la hoja de trabajo. Por ejemplo, la de Curt sería "Camino a la prostitución". La de Karen sería "Graves problemas con los correos electrónicos".

Si te quedas atascado mientras realizas las hojas de trabajo, revisa los ejercicios del capítulo 2 sobre tu ciclo de adicción. Busca las condiciones más probables que te podrían tender una trampa para actuar sexualmente.

Como con cualquier ejercicio de este libro, utiliza hojas extra si fuera necesario. También puedes escribir en tu diario privado.

Cuando hayas completado las hojas de trabajo en situaciones de recaída, compártelas con tu terapeuta, tu grupo y la persona de apoyo.

Situaciones de recaída

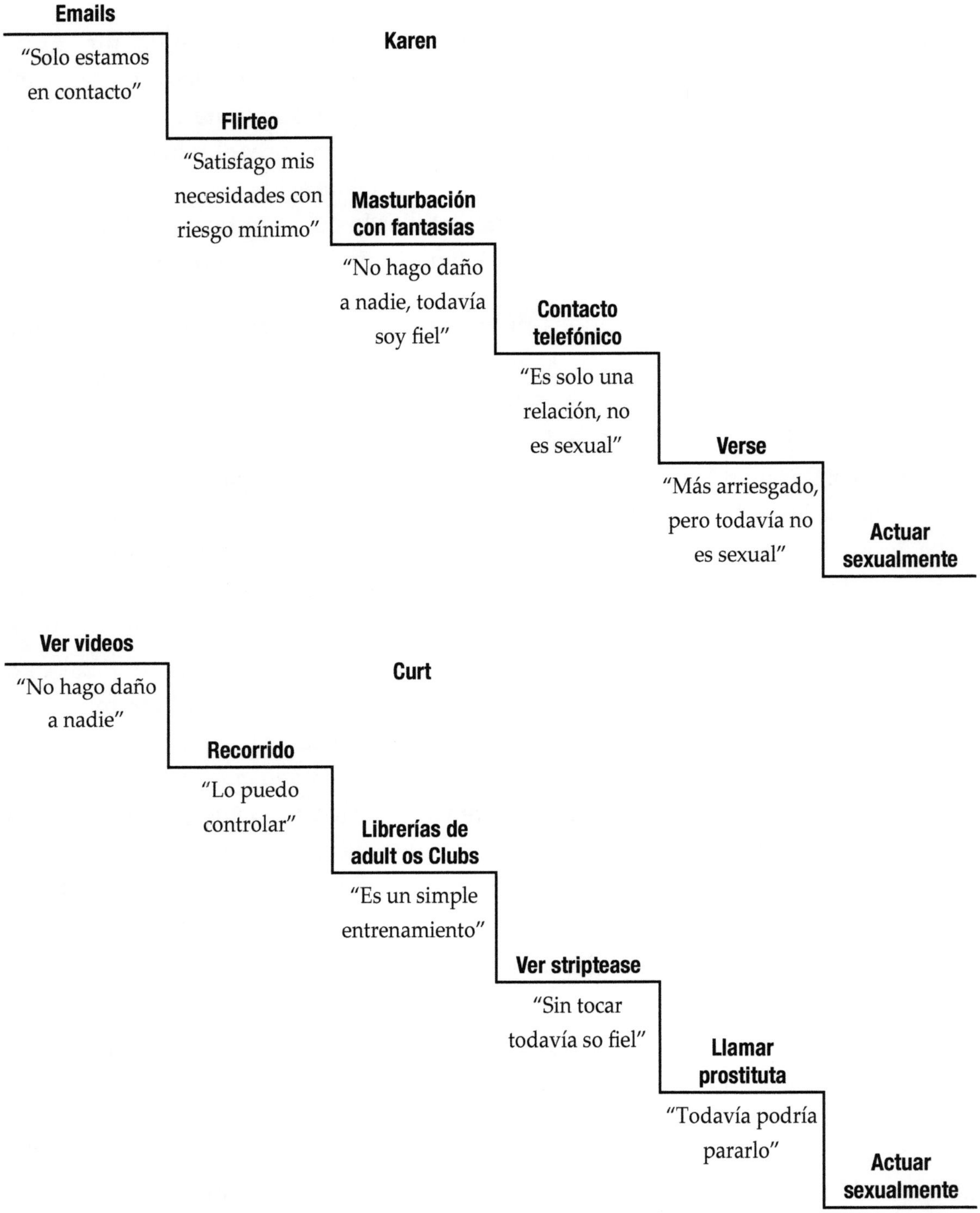

Figura 6.2

• • • Ejercicio 6.3 • • •

Situación de recaída – Hoja de trabajo 1

Situación 1: ______________________________

Probables condiciones previas presentes	Desafíos de sobriedad personales presentes
1. ____________________	1. ____________________
2. ____________________	2. ____________________
3. ____________________	3. ____________________
4. ____________________	4. ____________________

1. Diálogo interno
   ____
   ____

2. Diálogo interno
   ____
   ____

3. Diálogo interno
   ____
   ____

4. Diálogo interno
   ____
   ____

5. Diálogo interno
   ____
   ____

6.

Peores consecuencias posibles:

____

____

Consecuencias probables:

____

____

• • • Ejercicio 6.4 • • •

Situación de recaída – Hoja de trabajo 2

Situación 2: ____

Probables condiciones previas presentes

1. ______________________
2. ______________________
3. ______________________
4. ______________________

Desafíos de sobriedad personales presentes

1. ______________________
2. ______________________
3. ______________________
4. ______________________

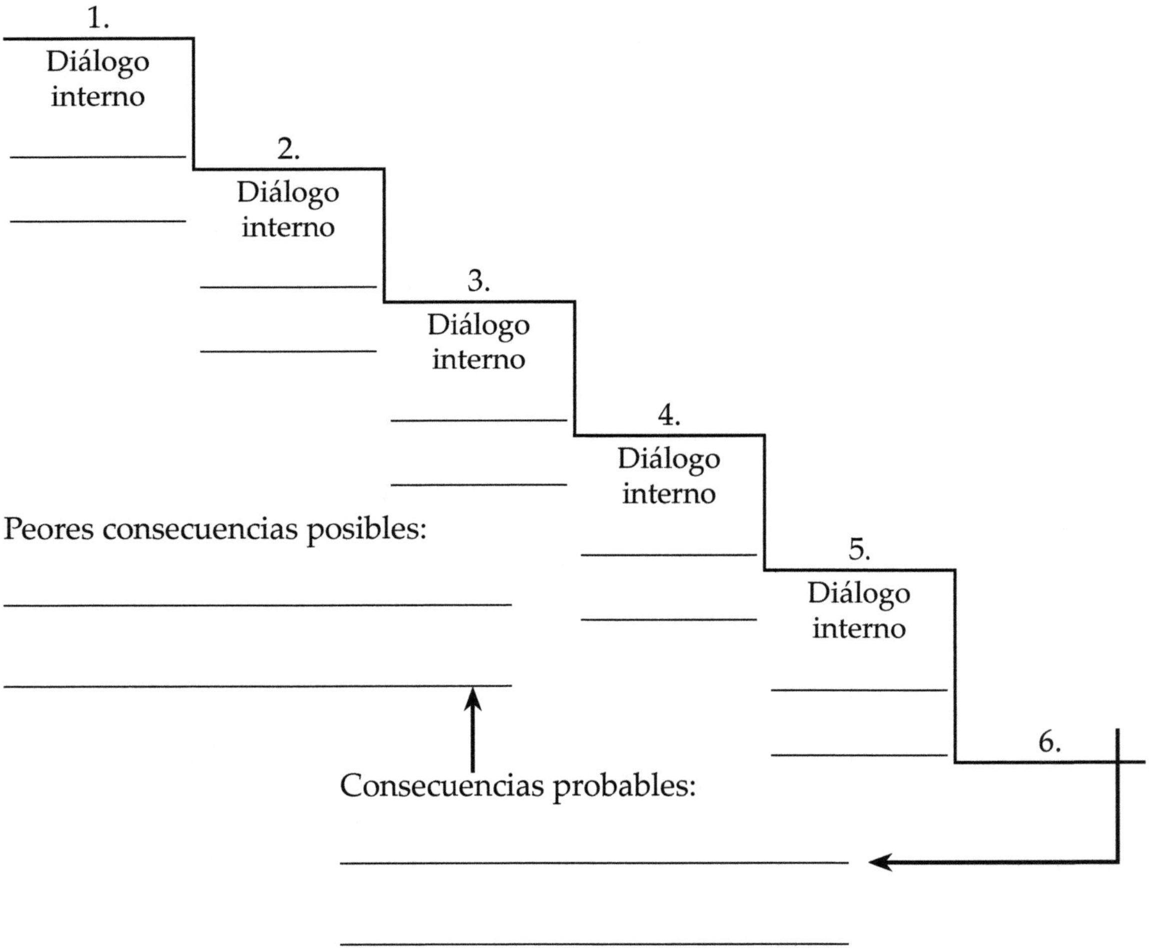

• • • Ejercicio 6.5 • • •

Situación de recaída – Hoja de trabajo 3

Situación 3: ______________________________

Probables condiciones previas presentes

1. ______________________
2. ______________________
3. ______________________
4. ______________________

Desafíos de sobriedad personales presentes

1. ______________________
2. ______________________
3. ______________________
4. ______________________

1. Diálogo interno

____

____

2. Diálogo interno

____

____

3. Diálogo interno

____

____

4. Diálogo interno

____

____

5. Diálogo interno

____

____

6.

Peores consecuencias posibles:

____

____

Consecuencias probables:

____

____

• • • Ejercicio 6.6 • • •

Planificación de simulacro

Indicaciones: Un simulacro de incendio es un ejercicio en el que se planifica qué hacer en caso de emergencia. Incluye una rutina de medidas que deben activarse inmediatamente si se detectan problemas. Este es un plan de protección automático que depende de tres elementos:

- una alarma clara (una señal directa de un problema)
- medidas (pasos) concretas para llevar a cabo
- un modo rutinario de practicar estas medidas concretas

En la prevención de las recaídas, planificar un simulacro significa saber qué tienes que hacer si estás a punto de recaer en la actividad sexual inapropiada: Al utilizar la metáfora del simulacro de incendio, verás y olerás el humo y sabrás que el fuego va a comenzar. Tu plan incluirá:

- síntomas o señales de problemas
- pasos con medidas inmediatas que puedes llevar a cabo
- pasos que puedes practicar (simulacro) para resistir frente a la recaída

Para empezar, revisa las hojas de trabajo en situación de recaída que ya has completado. Después, realiza este ejercicio. Primero, escribe las señales específicas que indican una recaída potencial. Después describe los pasos de las medidas que vas a llevar a cabo. Finalmente, indica cómo puedes practicar estos pasos. Recuerda que el éxito de tu plan depende de lo específico que lo hagas.

Cuando hayas terminado, muestra la hoja de trabajo a tu grupo, a tu persona de apoyo y al terapeuta. Pregúntales su opinión sobre los pasos que has enumerado. Anímales a que sean honestos, y debes estar dispuesto a escuchar. Puede marcar posteriormente una diferencia enorme. Este esfuerzo extra por tu parte, junto con las hojas de trabajo de las situaciones, te ayudarán a crear una definición más detallada de la sobriedad.

Síntomas o señales de problemas	Práctica o pasos de simulacro	Pasos para medidas inmediatas
Ejemplo: Merodear en un área de riesgo	Ejemplo: Llamar a mi persona de apoyo de manera habitual	Ejemplo: Llamar a mi persona de apoyo
1.	1.	1.
2.	2.	2.
3.	3.	3.
4.	4.	4.
5.	5.	5.
6.	6.	6.
7.	7.	7.
8.	8.	8.
9.	9.	9.
10.	10.	10.

Tu declaración de sobriedad

Una declaración de sobriedad tiene tres componentes:

- la lista de abstinencia
- la lista de límites
- un plan de sexualidad y relaciones sanas

Ten en cuenta que tu declaración de sobriedad no pretende ser restrictiva. Además de enumerar las actividades que evitarás, planifica la exploración de otras áreas de la relación y la sexualidad.

Tu lista de abstinencia

Esta lista incluirá las conductas que son parte de tu adicción. Curt, por ejemplo, enumeraría ver videos pornográficos, ir a clubes de striptease y llamar a prostitutas. Tu sobriedad incluye abstenerte de las conductas que están en tu lista.

Probablemente escucharas a muchas de las personas en recuperación bromear sobre alguna actividad diciendo, "Esa no estaba en mi plan." En su mayoría se refieren a una conducta en su lista de abstinencia.

Tu lista de límites

Aquí enumerarás las situaciones que podrían a una conducta en tu lista de abstinencia. Por ejemplo, Curt evita el área de la ciudad donde llevaba a cabo la conducta sexual, a menos que esté acompañado de alguien en quien confía. Si va a esa parte de la ciudad, no significa que haya recaído, pero ir allí, por otro lado, no apoya su recuperación.

En su lista de límites, Karen podría señalar que no utiliza el correo electrónico. Después podría revisarlo diciendo que solo envía correos electrónicos a mujeres.

Hacer las actividades o conductas que se encuentran en tu lista de límites crea un peligro en tu recuperación. Es mejor que todos ellos sean lo más específicos y concretos posibles.

Tu plan de relaciones y sexualidad saludable

Esta lista describe en qué estás trabajando con respecto a una sexualidad sana. Recuerda que sobriedad no significa anorexia. Significa explorar tu sexualidad de manera saludable.

Este es un gran proyecto que irá mucho más lejos que tu declaración de sobriedad inicial. De hecho, cuando escribí : dediqué más de la mitad del libro al proceso de desarrollar una sexualidad sana para los adictos y anoréxicos. Esto se convirtió en un proceso continuo. Primero tienes que empezar con una descripción inicial de lo que te gustaría tratar y trabajar. En las listas de abstinencia y de límites, tu trabajo necesita ser muy específico.

Completar tu declaración de sobriedad

Al unirlas, estas tres listas se convierten en tu declaración de sobriedad. Será revisada y debatida con tu terapeuta, tu grupo y tu persona de apoyo. Se volverá un acuerdo bajo contrato sobre cómo debes dirigir tu vida.

Tu declaración de sobriedad puede cambiar con el tiempo. Por ejemplo, tal vez descubras nuevas conductas que necesitas agregar a la lista de abstinencia o eliminar límites que ya no son necesarios a medida que te vas curando. Tu plan sexual definitivamente se expandirá a medida que tu recuperación madura. Con los años, tu declaración de sobriedad se convertirá en un documento muy desgastado porque te habrá servido de mucho.

En este libro de trabajo, hemos separado las tres partes de tu declaración de sobriedad, en algo que hemos denominado el "Método de los tres círculos".

Método de los tres círculos

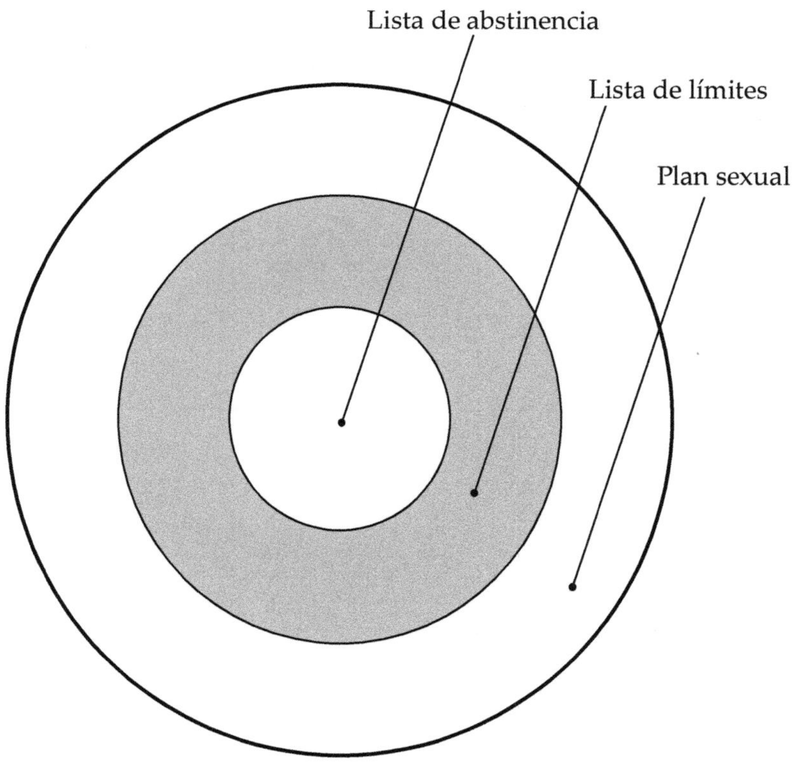

Figura 6.3

• • • Ejercicio 6.7 • • •

Lista de abstinencia

Indicaciones: En el proceso de recuperación, la abstinencia significa evitar las conductas ante las que eres impotente o ineficaz, y conlleva la falta de control en tu vida. Realizar una de esas conductas significa un resbalón; continuarlo durante un periodo de tiempo significa una recaída.

Identifica y después enumera las conductas de las que necesitas abstenerte en tu recuperación. Sé específico y concreto. Por ejemplo: No visitar *clubes de striptease, prostitución o servicios de damas de compañía, así como tiendas pornográficas o teatros de adultos*. Si necesitas más espacio para escribir, continúa en hojas adicionales o en tu diario. No olvides incluir la fecha de hoy en la hoja de trabajo.

Recuerda que puedes modificar, agregar o eliminar elementos de tu lista de abstinencia a medida que las circunstancias y la recuperación se van asentando. De todos modos, antes de hacer un cambio, consulta con tu grupo, persona de apoyo y terapeuta.

Tu abstinencia **Desde (fecha):** ____________

1. ______________________________
2. ______________________________
3. ______________________________
4. ______________________________
5. ______________________________
6. ______________________________
7. ______________________________
8. ______________________________
9. ______________________________
10. ______________________________

• • • Ejercicio 6.8 • • •

Lista de límites

Indicaciones: Los límites son barreras autoimpuestas que promueven la salud y la seguridad. Podrían formar parte de situaciones, circunstancias, personas y conductas que evitas porque son peligrosas al poner en peligro tu abstinencia o simplemente porque no añaden nada a tu recuperación o espiritualidad. Los límites son guías que te ayudan a aproximarte más a la salud. Cruzar un límite no significa una recaída, sino más bien, la necesidad de centrarse de nuevo en las prioridades.

A continuación, enumera los límites que te ayudarán con tu recuperación. De nuevo, sé lo más específico(a) posible.

Tus límites **Desde (fecha):** ___________

1. ______________________________

2. ______________________________

3. ______________________________

4. ______________________________

5. ______________________________

6. ______________________________

7. ______________________________

8. ______________________________

9. ______________________________

10. ______________________________

11. ______________________________

12. ____________________

13. ____________________

14. ____________________

15. ____________________

16. ____________________

17. ____________________

18. ____________________

19. ____________________

20. ____________________

21. ____________________

22. ____________________

23. ____________________

24. ____________________

25. ____________________

26. ____________________

27. ____________________

28. ____________________

29. ____________________

30. ____________________

• • • Ejercicio 6.9 • • •

Plan de relaciones y sexualidad saludable

Indicaciones: Comienza enumerando diez objetivos que tengas con respecto a tus relaciones y tu sexualidad. Todas las actividades poseen una versión relativa a una relación y una versión individual. Si esto te resulta difícil, y así es para la mayoría de los adictos, consulta con tu persona de apoyo, miembros del grupo o terapeuta. Recuerda, estás buscando áreas donde mejorar. Este es territorio desconocido para muchos adictos en los primeros pasos de la recuperación. Después de escribir tus objetivos, enumera los pasos específicos que puedes llevar a cabo y los recursos que puedes utilizar para lograrlos.

> **Objetivo:** Me gustaría estar presente emocionalmente con mi pareja cuando tenemos sexo.
>
> **Pasos a seguir:** Practicar el estar aquí y ahora en general. Hablar con mi pareja sobre ello. Hacer un esfuerzo en compartir sentimientos cada vez que tengamos sexo. Identificar los modos en los que desaparezco. Hacer una lista de razones por las que desaparezco. Hablarlo en la terapia.
>
> **Recursos:** Obtener ayuda de mi pareja. Pedir estrategias al terapeuta. Buscar libros que me puedan ayudar. Ir a talleres de recuperación sexual. Hablar con el grupo Parejas Anónimas en Recuperación para conocer qué es lo que hacen otras parejas.

Si actualmente no tienes pareja, todavía puedes trabajar en varias dimensiones de tu sexualidad. Para obtener , consulta *Sexual Anorexia: Overcoming Sexual Self-Hatred* (*"Anorexia sexual: Superar el autodesprecio sexual", solo versión en inglés*). Todas las actividades de este libro incluyen la versión en una relación y la versión individual.

1. Objetivo: ____

____

Pasos a seguir: ____

____

Recursos: ____

____

2. Objetivo: ____

____

Pasos a seguir: ____

____

Recursos: ____

____

3. Objetivo: ____

____

Pasos a seguir: ____

____

Recursos: ____

____

4. Objetivo: ____

____

Pasos a seguir: ____

____

Recursos: ____

____

5. Objetivo: ____

____

Pasos a seguir: ____

____

Recursos: ____

____

6. Objetivo: ____

____

Pasos a seguir: ____

____

Recursos: ____

____

7. Objetivo: ____

____

Pasos a seguir: ____

____

Recursos: ____

____

8. Objetivo: ____

____

Pasos a seguir: ____

____

Recursos: ____

____

9. Objetivo: ____

____

Pasos a seguir: ____

____

Recursos: ____

____

10. Objetivo: ____

____

Pasos a seguir: ____

____

Recursos: ____

____

Prevención de la recaída

Imagina una roca en la cima de una colina. La roca sirve como un estabilizador importante para todo lo que hay a su alrededor. Se te ha otorgado el trabajo de mantener esa roca en su sitio. Si acaba rodando por la colina, causará todo tipo de daños.

En la parte inferior de la colina hay un lago enorme. Si la roca llega al agua, será mucho más difícil de recuperar. Y si ésta cae en el lago, tu trabajo será llevarla de nuevo a la cima de la colina.

Como esta roca se asienta sólidamente en la cima de la colina, no supone apenas esfuerzo por tu parte mantener las cosas equilibradas. Pero imaginemos que el terreno se vuelve inestable y la roca empieza a rodar hacia la parte inferior de la colina. ¿Cuál es el mejor lugar en el que intervenir?

Hay varias respuestas posibles a esta pregunta. Cuando la roca todavía se encuentra cerca de la cima de la colina, tal vez lleve solo un 20% de tu fuerza detener su impulso. Cuando se encuentre en la mitad de la colina, te llevará el 100% de tu capacidad. Y para cuando haya alcanzado la parte inferior de la colina, llevará tanta velocidad y energía que no podrás pararla. La figura 6.4 ilustra el principio de la roca ganando más impulso.

Prevención de la recaída: Pérdida de control

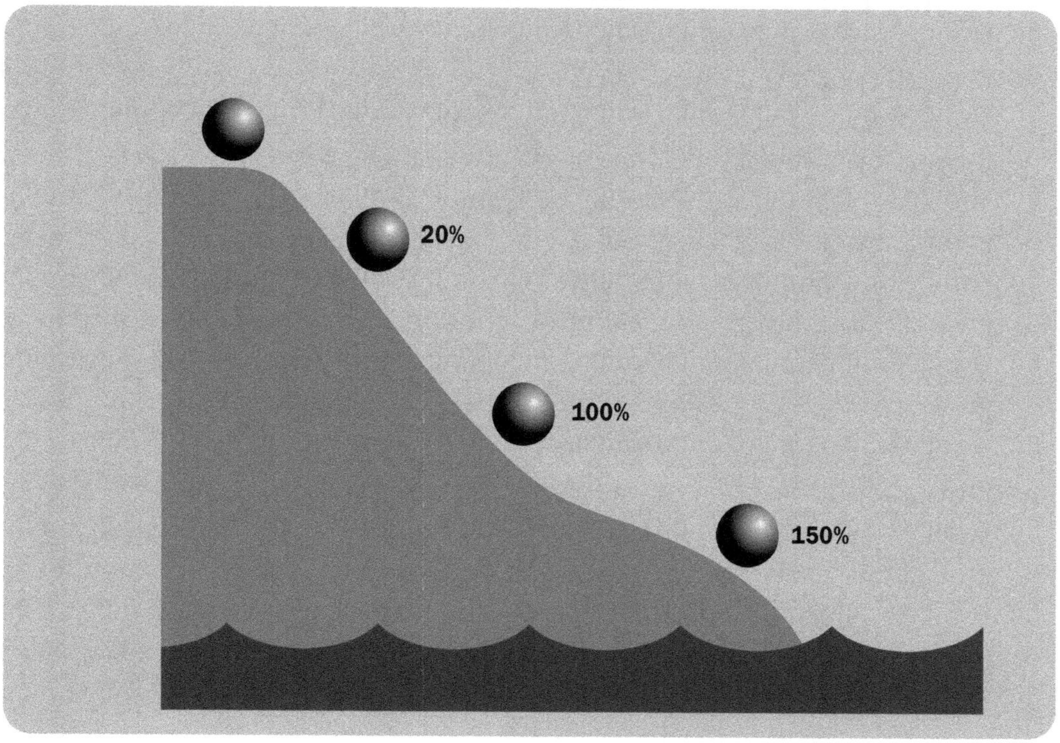

Figura 6.4

Obviamente, es mejor mantener la roca estable en la cima de la colina. Pero si tienes que detenerla, es mucho mejor hacerlo cuando todavía se encuentra cerca de la cima. Cuando la roca haya llegado a la parte inferior, tu último esfuerzo probablemente ya no será suficiente para salvarla.

Lo mismo ocurre con la recuperación: es mejor mantenerse estable en la recuperación o intervenir antes en caso de enfrentarse a una recaída potencial.

La anatomía de la recaída

Utilizar la analogía de la roca rodante, nos permite reconstruir como el ciclo de la adicción puede reafirmarse en tu vida. En la recaída ocurren una secuencia de acontecimientos predecibles. Estos acontecimientos siguen los componentes básicos que ya conoces: obsesión y preocupación, ritualización, sexualidad compulsiva y desesperación. Al seguir este ciclo, podemos crear una anatomía de la recaída:

- **Obsesión y preocupación.** Las recaídas, generalmente, comienzan con un desequilibrio en el estilo de vida. El estrés y el descuido pasan su peaje. Los retos de la sobriedad empiezan a aparecer. Frases muy familiares conllevan el deterioro del pensamiento. "Me lo merezco", "Deseo lo que quiero cuando quiero", "Malditas sean las consecuencias, adelante a toda velocidad." Se arrastran los impulsos y los antojos, alimentando la preocupación. El adicto(a) empieza a distorsionar la realidad. El rechazo y el engaño se vuelven compañeros de la obsesión.
- **Ritualización.** Los límites comienzan a derrumbarse cuando los adictos empiezan a probarse a sí mismos: Merodean por los vecindarios asociados con su actividad sexual inapropiada. Llaman a los proveedores de masajes eróticos o servicios de damas de compañía para preguntar por los precios simplemente "por curiosidad". Envían correos electrónicos o mensajes a antiguos amantes simplemente por saludar. Estas pruebas se llevan a cabo al borde los patrones de la antigua conducta. Recuerda que el propósito del ritual es alterar la consciencia e inducir al trance. Una vez que el adicto llega a este punto, la realidad se convierte en algo totalmente distorsionado y la pérdida de control es casi inevitable.
- **Sexualidad compulsiva y desesperación.** Una vez que ha ocurrido un desliz inicial, los adictos suelen señalar, "Ya que he llegado hasta aquí, es mejor que llegue hasta el final." Un famoso pionero en la prevención de recaídas, G. Alan Marlatt, lo definió como "The abstinence violation effect". En el pensamiento adictivo, la situación se ve ahora como desesperanzada, lo que conlleva a una pérdida continua de la sobriedad.

La figura 6.5 utiliza nuestra analogía de la roca y el ciclo de adicción para mostrar gráficamente la progresión de una recaída. Cuanto más te involucres en el ciclo de adicción, más duro será permanecer sobrio.

Prevención de la recaída: Ciclo de adicción

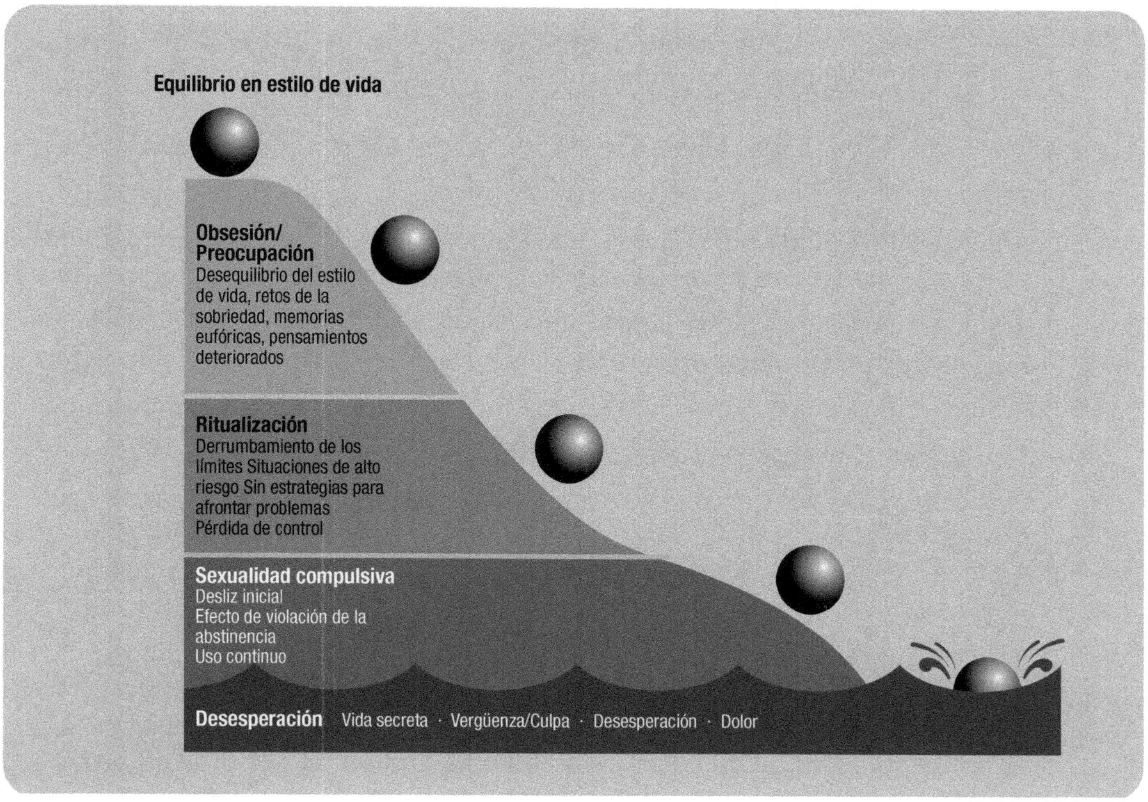

Figura 6.5

Resistir los antojos adictivos

El lugar obvio desde el que empezar es mantener la roca en su sitio para que no caiga. A continuación, describimos algunas sugerencias para crear una barrera en la pendiente resbaladiza de la recaída:

- **Desarrollar estrategias espirituales.** Meditación, yoga, oración, cualesquiera que sean las estrategias para ayudarte a conectar contigo mismo(a) y el ritmo del universo, necesitan ser profundizadas, fortalecidas y practicadas. El número uno en la lista de casi todos es una base espiritual. Es un centro de calma que te ayuda a resistir el caos de la periferia.
- **Decodificar sentimientos.** El sexo que se basa en la adicción y con sexualidad compulsiva generalmente va acompañado de sentimientos de vergüenza, soledad, temor, dolor e ira. Revisa siempre esos sentimientos. Si no puedes descodificarlos, consulta con tu persona de apoyo, terapeuta o miembros del grupo. Recuerda el viejo aforismo de los "Doce pasos", "la calentura implica soledad" .

- **Evita desencadenar situaciones.** Identifica situaciones, personas y circunstancias que pueden desencadenar tus respuestas adictivas. Respeta tu impotencia y evita esos desencadenantes. Recuerda, ante la duda, no lo hagas.
- **Perdónate por los deslices.** Si ocurre un desliz, interprétalo como una experiencia de aprendizaje. La vergüenza provocará que te maltrates a ti mismo(a), lo que te hará incluso más vulnerable.
- **Evita mantener los antojos en secreto.** Mantener tus antojos en secreto les proporcionarán más poder. Cuando desees comportarte de manera sexual inadecuada, busca a las personas que confías al 100% para que no estés solo. En general, los secretos se basan en la vergüenza, y esta te hace siempre más vulnerable. Los secretos te separarán de los demás durante la recuperación.
- **Trabaja en la gratificación a ti mismo(a).** Haz ejercicio. Camina. Come bien. Descansa. Disfruta de masajes terapéuticos, baños relajantes y lujos seguros. Respira en la naturaleza, disfruta de la música, arte, humor y de la compañía de buenos amigos. Encuentra tiempo para cuidarte. Haz de tu casa una burbuja para tu transformación. Te mereces este tratamiento
- **Encuentra pasiones alternativas.** Practica hobbies, deportes y actividades que disfrutes. Cultiva esta parte de tu vida para que los patrones compulsivos, la obsesión o las conductas sexuales inadecuadas compitan con las actividades y los intereses que te recompensan. Las pasiones alternativas se vuelven nuevos espacios para crecer.
- **Reconoce tus elecciones.** Evita la sensación de que eres una víctima. Es verdad que te sientes impotente sobre tu adicción, pero tienes el control de tu programa de recuperación y de tu estilo de vida. En la mayoría de las áreas, tienes elección, lo que pueden ayudarte a lograr el equilibrio que necesitas en tu vida. Sé proactivo en lugar de reactivo, al reconocerte a ti mismo(a) y a los demás cuáles son tus elecciones.

La estrategia más importante es crear una zona de recuperación. Esta zona de recuperación es un estilo de vida con ciertos parámetros. Si permaneces dentro de ellos, estarás seguro(a). El truco está en crear esos parámetros.

Afirmar tu zona de recuperación: El índice personal de locura

La mayoría de nosotros ha tenido la experiencia de estar realmente "activos". Todo se pone en marcha a la vez. Los problemas son, simplemente, problemas. Enfrentarse a retos complicados es simple. Y, además, después te sientes genial. Existe una zona óptima de salud física y psicológica para cada uno de nosotros. Una tarea esencial en la vida es descubrir cómo permanecer en esa zona. La recuperación, en muchos casos, es la afirmación de esa zona a medida que emerges de la enfermedad adictiva.

Algunas veces, la recuperación se percibe como un esfuerzo para evitar el estrés. De hecho, una buena recuperación conlleva resiliencia, porque siempre hay factores estresantes y retos. La recuperación es casi como el entrenamiento de los atletas. Los deportistas olímpicos o los atletas profesionales saben que, para triunfar, deben experimentar un gran estrés. Por lo tanto, se entrenan y preparan para ello. Trabajan cada día para enfrentarse a la situación estresante, ya sea un partido, una carrera, un torneo, etc. De manera similar, las personas en proceso de recuperación se preparan cada día para que un factor estresante no se convierta en algo abrumador. Se planifican, practican, desarrollan habilidades y estrategias. Desarrollan su resistencia y reservas para que puedan tener éxito constantemente. Las personas de apoyo y los terapeutas entrenan y orientan para que cuando llega el desafío el adicto (a) ya está preparado.

Hace unos años, mis investigadores y yo desarrollamos un proceso de autoevaluación llamado Índice de Locura Personal o PCI, por sus siglas en inglés (pronunciado *pick-key*). Durante años ha ayudado realmente a muchas personas a establecer los parámetros básicos de su zona de recuperación. Comienza con las prácticas básicas que nos ayudan a estar "activos". En otras palabras, mantiene la roca en su sitio.

El PCI se basa en dos hipótesis. Primero, la locura se manifiesta como una deficiencia de la rutina, conductas simples que apoyan la preservación de uno mismo(a). Segundo, las señales de locura ocurrirán en diferentes áreas de la vida. Así, podemos quedar atrapados en asuntos de importancia "cósmica" y no darnos cuenta de que nuestra cuenta corriente está en números rojos. Si nuestra cuenta está en ese estado, entonces probablemente tampoco tengamos calcetines porque también habremos descuidado hacer la colada. Y si este patrón es generalizado, nuestras vidas están en riesgo también de quebrarse emocionalmente.

Los adictos son particularmente vulnerables a esta "locura", es decir, a la pérdida de la realidad debido al descuido de las tareas diarias. "Hazlo simple", "Un día cada vez", y otras frases no son mensajes desgastados, sino pautas nacidas de la experiencia de muchos en el proceso de recuperación.

El PCI sirve como un recordatorio diario de lo que necesitamos hacer. Sin un proceso como estos recordatorios, volverán las conductas autodestructivas y las del uso de la astucia y el desconcierto.

Cuando los adictos observan y trabajan realmente en su proceso PCI, reducen radicalmente el potencial de recaídas. Hacerlo bien lleva su tiempo, y tal vea desees refinar el proceso a medida que estás en ello. Pero la autoevaluación diaria de tu PCI mantiene tu consciente en la zona de recuperación.

• • • Ejercicio 6.10 • • •

Crear tu propio índice de locura personal

Indicaciones: El proceso de creación de tu propio PCI (por sus siglas en inglés), está diseñado para ser lo más libre de valores posible. Cada persona utiliza el índice para establecer su propio criterio. En otras palabras, descubrir las señales de conducta que en tu experiencia indican que "te estás perdiendo", "se te está yendo de las manos" o "te sientes quemado(a)". Estas son advertencias sobre la roca que está a punto de rodar. Por lo tanto, bajo tus propios estándares deberás prepararte.

A continuación, mostramos doce dimensiones de tu vida donde podrás identificar señales de peligro que indican que tu vida empieza a ser caótica. Escribe tus respuestas de cada una de estas preguntas en el espacio proporcionado.

Las doce dimensiones son:

- Salud física
- Transporte
- Entorno
- Trabajo
- Intereses
- Vida social
- Familia y otras personas queridas
- Finanzas
- Vida espiritual y reflexiones personales
- Otras conductas compulsivas o sintomáticas
- Práctica de los "Doce pasos" y cuidado personal terapéutico
- Relaciones sanas

1. Salud física. La mayor locura, con mucho, es no cuidar nuestro cuerpo. Cuando nuestra salud física se deteriora, no tenemos nada; pero, al mismo tiempo parece que no tenemos demasiado tiempo para estar en forma. Ejemplos de "locura" en esta área de la vida incluye tener sobrepeso, no hacer ejercicio regularmente en dos días, fumar y sentirse agotado por la falta de sueño.

¿Cómo sabes que no estás cuidando tu cuerpo?

1. ______________________________

2. ______________________________

3. ______________________________

2. Transporte. El modo en el que las personas se trasladan de un lugar a otro, a menudo, es una muestra de su estilo de vida. Pongamos como ejemplo un propietario de un vehículo que rara vez se detiene por completo en un stop, que rutinariamente excede los límites de velocidad, se queda sin gasolina, se olvida de revisar el aceite del motor, descuida las reparaciones necesarias, no limpia el vehículo por dentro, y su media son tres multas por exceso de velocidad y diez por mal aparcamiento al año. Otro ejemplo es un pasajero de autobús que lo pierde rutinariamente, se le olvida llevar cambio o, con frecuencia, se deja el teléfono o el bolso en el autobús.

¿Cuáles son las conductas en el transporte que indican claramente que tu vida está fuera de control?

1. ______________________________

2. ______________________________

3. ______________________________

3. Entorno. No tener tiempo para realizar tus tareas personales es un claro aspecto de descontrol en el orden de tu vida. Piensa en la casa en la que las plantas generalmente no se riegan, los peces no tienen alimento, la despensa está cada vez más vacía, la colada no se ha hecho y se deja para más tarde, la limpieza se descuida y los platos están sin lavar.

¿De qué manera descuidas tu hogar o el lugar en el que vives?

1. ______________________________

2. ______________________________

3. ______________________________

4. Trabajo. El caos en el trabajo es arriesgado para la recuperación. Las señales de una conducta caótica, por ejemplo, son no devolver las llamadas dentro de las siguientes 24 horas, llegar tarde a las citas, retrasarse en la entrega de trabajos prometidos, crear una cantidad de trabajo inmanejable y abrir demasiados proyectos a la vez.

Cuando tu vida se vuelve inmanejable en el trabajo, ¿cuál es tu conducta?

1. ____________________

2. ____________________

3. ____________________

5. Intereses. ¿Qué intereses positivos, además del trabajo, te proporcionan perspectiva en el mundo? Música, lectura, fotografía, pesca, jardinería, etc. son algunos ejemplos.

¿Qué haces cuando no estás desbordado?

1. ____________________

2. ____________________

3. ____________________

6. Vida social. Piensa en tus amigos en tus redes sociales (más allá de tu pareja y miembros de la familia), que te proporcionan un soporte significativo.

¿Cuáles son las señales que indican que te estás aislando, alienando o desconectando de esta red?

1. ____________________

2. ____________________

3. ____________________

7. Familia y seres queridos. Ejemplos de locura en esta área de la vida es permanecer en silencio, volverse bastante hostil o participar en conductas pasivo-agresivas.

¿Qué conductas indican que no estás conectado con tus seres más queridos?

1. ______________________________

2. ______________________________

3. ______________________________

8. Finanzas. Gestionamos nuestros recursos financieros en gran parte como nuestros recursos personales. Las señales de un endeudamiento excesivo incluyen una cuenta bancaria desequilibrada, facturas impagadas, falta de efectivo y gastar más de lo que ganas. Esto podría reflejar aspectos paralelos en varias formas de la hiperextensión emocional.

¿Qué señales indican que te encuentras financieramente endeudado

1. ______________________________

2. ______________________________

3. ______________________________

9. Vida espiritual y reflexiones personales. La espiritualidad puede ser diversa e incluir actividades como la meditación, el yoga o rezar. La reflexión personal, por otro lado, incluye mantener un diario personal, completar lecturas diarias y realizar terapia.

¿Qué fuentes rutinarias de reflexión personal has descuidado cuando estabas desbordado?

1. ______________________________

2. ______________________________

3. ______________________________

10. Otras conductas compulsivas o sintomáticas. Las conductas compulsivas que conllevan consecuencias negativas indican algo sobre tu bienestar general y el estado de la recuperación. Cuando ves la TV durante muchas horas, comes más de la cuenta, te muerdes las uñas o desarrollas otra conducta compulsiva que erosiona tu autoestima, estas pueden ser señales de desgaste, o mecanismos de defensa poco saludables. Las conductas sintomáticas como la falta de memoria, los lapsus o los celos son pruebas, igualmente, de desbordamiento.

¿Qué conductas compulsivas o sintomáticas negativas están presentes cuando te sientes "al borde"?

1. ____

2. ____

3. ____

11. Práctica de los "Doce pasos" y cuidado personal terapéutico. Vivir conforme a los "Doce pasos" conlleva mucha práctica. La asistencia a los grupos, el trabajo en los pasos, la persona de apoyo, servicios y las llamadas con los "Doce pasos" para apoyar a otros miembros del grupo son la base de una buena recuperación. Para las parejas que asisten a la terapia, su método de cuidado personal podría ser su participación en un grupo de apoyo para facilitar el proceso de recuperación.

¿Qué actividades de recuperación han sido las primeras que has descuidado?

1. ____

2. ____

3. ____

12. Relaciones saludables. Participar en relaciones de explotación, abusivas, es decir, no saludables es una señal de que tu recuperación no está bien cimentada.

¿Cuáles son las señales que muestran que tu relación no es saludable o se está volviendo poco saludable? ¿Mientes a tu pareja o dejas fuera importantes fragmentos de la verdad? ¿Tienes miedo de decir lo piensas? ¿Son tus límites todavía firmes, o estás haciendo cosas que alguien quiere que hagas incluso aunque no sea correcto para ti?

1. ______________________________

2. ______________________________

3. ______________________________

• • • Ejercicio 6.11 • • •

Registra e interpreta los ejemplos diarios de tu índice personal de locura

Indicaciones: El PCI (por sus siglas en inglés) es solo efectivo cuando se mantiene un registro cuidadoso. Registrar tu progreso diario en conjunto con un diario habitual te ayudará a centrarte en las prioridades que logran que la vida sea algo manejable; trabaja en los esfuerzos del programa cada día; extiende tu conocimiento sobre tus patrones personales y proporciona una señal de atención en los ciclos autodestructivos durante los periodos de vulnerabilidad.

De las treinta y seis o más señales de locura personal que has registrado, elige las siete que son más críticas según tu criterio:

Mis incidentes críticos – siete señales clave de locura personal:

1. ______________________________

2. ______________________________

3. ______________________________

4. ______________________________

5. ______________________________

6. ______________________________

7. ______________________________

Al final de cada día, revisa esta lista y asigna un punto a cada conducta que haya ocurrido durante el día. Registra la totalidad de los puntos diarios en el espacio proporcionado en el gráfico de locura personal de la próxima página.

Si no registras el número de puntos cada día, ese día recibirás una puntuación automática de siete. Si ni tan siquiera registras tu puntuación diaria, obviamente estás fuera del equilibrio.

Al final de la semana, suma las puntuaciones de los siete días y marca una "X" en la casilla adecuada del gráfico PCI. Traza el gráfico de tu progresos durante un periodo de 12 semanas, y reflexiona sobre el punto en el que te encuentras en tu recuperación.

Gráfico de locura personal

Día/Semana	1	2	3	4	5	6	7	8	9	10	11	12
Domingo												
Lunes												
Martes												
Miércoles												
Jueves												
Viernes												
Sábado												
Total semanal												

Gráfico PCI

Semana	1	2	3	4	5	6	7	8	9	10	11	12
50 Riesgo muy alto												
40 Riesgo alto												
30 Riesgo medio												
20 Solidez estable												
10 Salud óptima												

Interpretación y uso del PCI

El PCI es útil al principio cuando los hábitos de recuperación se establecen. También se vuelve útil durante los periodos de estrés y vulnerabilidad. Muchos lo utilizan simplemente como un recordatorio diario de su progreso. Estos usuarios cambian sus elementos a medida que progresan en su recuperación.

RIESGO MUY ALTO 40–49	Generalmente, con una conducta autodestructiva, demasiado entusiasta sobre sus intereses especiales; culpa siempre a los demás por sus fracasos; rara vez cumple con sus compromisos; controvertido(a); prefiere el éxito en lugar de orientarse hacia los objetivos.
ALTO RIESGO 30-39	Vivir en los extremos (o hiperactivo o totalmente inactivo); relaciones abreviadas; se siente irresponsable y siempre tiene razones para no continuar; vive de una manera y habla de otra; trabaja duro para estar al día.
RIESGO MEDIO 20–29	Va, con frecuencia con prisa; no logra llegar a todo; no hay margen emocional para una crisis; es vulnerable a caer en patrones previos; generalmente vive como si tuviera una influencia desmesurada sobre los demás y/o se siente inadecuado(a).
SOLIDEZ ESTABLE 10–19	Resiliente. Reconoce los límites humanos; no pretende ser más de lo que es; mantiene la mayoría de los límites; bien organizado; generalmente se siente competente, apoyado y capaz de sobrellevar una crisis.
SALUD ÓPTIMA 0–9	Muy resiliente; conoce los límites; tiene prioridades claras; coherente con sus valores; enraizado en la diversidad; solidario; ha establecido un sistema personal; equilibrado, organizado, ordenado, resuelve rápidamente las crisis, capaz de mantener la espontaneidad; muestra disciplina creativa.

Herramientas para permanecer en tu zona de recuperación

En la historia de Ulises de la mitología griega, existían unas figuras llamadas sirenas. Cantaban de manera cautivadora y encantaban a los navegantes, distrayéndoles tanto que estrellaban sus barcos en las rocas. Los navegantes tendrían que taponarse los oídos o atarse entre ellos al palo mayor de sus navíos para no caer en la trampa de las sirenas. Estas historias que describen los cantos de las sirenas son intensamente sexuales, llenas de las promesas de un deseo saciado. Pero la lección de este mito nunca fue confiar en el canto de las sirenas, independientemente de los prometedora o creíble que fuera.

Como adicto(a), conoces bien el canto de la sirena con respecto a la adicción. Hay una promesa de satisfacción sexual en una experiencia que siempre acaba siendo decepcionante. Los especialistas en adicción utilizan el término *memoria eufórica* para describir esta situación. Por ejemplo, la memoria eufórica lleva al alcohólico a recordar la diversión de la fiesta, pero suprime los recuerdos de los vómitos, la resaca o el accidente de tráfico. De manera similar, el adicto(a) al sexo recuerda las partes placenteras de su conducta sexual y se olvida del riesgo, las enfermedades, las sensaciones de traición, el arresto y la desesperación. Como los navegantes siguiendo el canto de las sirenas, el adicto(a) naufragará en la roca siguiendo la ilusión de una promesa adictiva. Una de las lecciones más duras que los adictos aprenden es que no pueden confiar su juicio de valor sobre estas materias. Deben ignorar, silenciar o distanciarse a sí mismos(as) del canto que siempre les traicionará.

Por lo tanto, ¿cómo lo haces? Límites. Dos personas que nos han enseñado mucho sobre los límites son Pat y Pia Mellody. El libro *La codependencia: Qué es, de dónde procede, cómo sabotea nuestras vidas* (versión en español) surgió de su colaboración esencial en la importancia de los límites.

Pat Mellody cuenta la historia sobre cómo aprendió lo que son los límites. Estaba en una escuela elemental católica con monjas que se comportaban de manera abusiva. Tenía problemas con la manera que tenían de tratar a las personas y su abuso verbal. Su madre le dijo que se trataba de ellas, no de él. Simplemente tenía que fijarse en lo que hacían, pero sin dejar que le afectase.

La madre de Pat le dio este consejo esencial sobre cómo crear una barrera psicológica y no verse afectado por lo que los demás dicen o hacen. En otras palabras, *crear intencionalmente una distancia psicológica*. Lo mismo ocurre cuando nos encontramos con personas o situaciones que pretenden seducirte hacia el camino de la recaída. Notas su presencia, pero también conoces sus falsas promesas. Simplemente no respondes. Lo que sigue a continuación son una serie de herramientas que te ayudarán a mantener esa distancia.

• • • Ejercicio 6.12 • • •

Una carta a ti mismo(a)

Indicaciones: Imagina que eres tu propia persona de apoyo escribiéndote una carta a ti mismo(a) justo en el momento en el que estás a punto de recaer. ¿Qué te dirías? Al escribir la carta y llevarla contigo, tienes un recurso muy significativo al que recurrir en el último momento. El hecho simple de escribirla crea la distancia psicológica que necesitas.

Dirige esta carta a ti mismo(a). Incluyes respuestas sobre las siguientes preguntas:

1. ¿Cuáles son las circunstancias probables en las que se va a leer?
2. ¿Cuáles son las consecuencias si ignoras esta carta?
3. ¿Qué necesitarías realmente en el momento de una posible recaída?
4. ¿Qué criterios claros de conducta puedes aconsejarte?
5. ¿Cuál es la esperanza si no actúas sexualmente?
6. ¿Qué está en juego si actúas sexualmente? ¿ Cuál es el motivo que necesitas oír en este momento?

Lleva la carta a tu grupo. Deja que la persona de apoyo y los miembros del grupo escriban notas en la carta. Así cuando la leas, también tendrás su apoyo. Podría ayudarte a mantener su sobriedad.

Este es un ejemplo de una carta.

Estimado Pablo:

Cuando sientas la necesidad, saca esta carta. Las posibilidades son que, si la estás leyendo, estás experimentando una emoción placentera al pensar en hacer algo. Por favor, lee hasta el final, porque si tus pensamientos son sobre tu conducta sexual, lo más probable es que seas el único que lo tiene en mente. Por lo tanto, por favor, sigue leyendo.

Siempre es lo mismo. Aparece el pensamiento, es decir, el placer. También están la ira, la soledad y la sensación de tener derecho a ello. Pero recuerda, siempre es lo mismo; después te arrepentirás terriblemente de lo que ahora mismo deseas hacer.

- Tendrás que preocuparte de que no te pillen.
- Te preguntarás si te has contagiado una enfermedad.
- Perderás la esperanza al romper tus compromisos.
- Sentirás dolor por las personas que utilizas.
- Tendrás que mentir para encubrirlo, siempre hay mentiras.
- Tendrás sentimientos suicidas.
- Pondrás en peligro todo el éxito de tu carrera profesional.
- Nunca lo disfrutarás, siempre te decepcionará.
- Perderás horas interminables pensando en el castigo de Dios, incluso aunque sabes que no es verdad.

Ahora mismo, tu adicto(a) te está seduciendo con promesas que no funcionan. Por lo tanto, averigua qué necesitas:

- ¿Tienes hambre o estás cansado(a)?
- ¿Estás enfadado(a)?
- ¿Estás sobrepasado(a)?
- ¿Necesitas cuidados?

Averigua lo que necesitas y consíguelo. No hagas algo que provocará que todo lo anterior vaya a peor.

La cuestión es si todo el mundo pudiera ver lo que estás a punto de hacer ¿lo harías aun así? Eres una persona querida y que merece la pena. Te mereces conseguir tus necesidades de una manera que respete tus cualidades maravillosas como persona. Imagina una espiritualidad en calma, delicada, vibrante y que está creciendo, exactamente lo contrario de lo que estás a punto de hacer ahora.

Por favor, escúchate a ti mismo(a). Ya sabes que no va a ocurrir si decides actuar sexualmente. Piensa en todos los rostros del pasado. No te engañes. En su lugar, quiérete lo suficiente para dejarlo pasar, dejarlo ir. Llama a alguien.

Con cariño,
Pablo.

• • • Ejercicio 6.13 • • •

Botiquín de primeros auxilios

Indicaciones: Hazte un botiquín de primeros auxilios psicológico. Puede ser una bolsa, un "neceser de medicinas", un sobre, o incluso una caja. Pon en ellos cosas que proporcionen significado a tu vida. Estas son algunas sugerencias:

- símbolos de la recuperación, incluyendo medallones, fichas, regalos de la persona de apoyo y otros artículos que te recuerden momentos significativos durante tu recuperación
- fotos y recuerdos de tus seres queridos
- elementos espirituales
- copias de páginas de este libro
- cartas
- afirmaciones, meditaciones o citas favoritas
- números de teléfono de colegas y personas de apoyo
- cualquier elemento que represente un significado personal para ti
- música que sea especial para ti

Mantén este "botiquín" en un lugar donde sea fácil encontrarlo. Algunas personas lo llevan en su smartphone. Si crees que estás a punto de recaer o ya has tenido un desliz, saca el "botiquín" para conseguir apoyo y saber lo que necesitas hacer.

• • • Ejercicio 6.14 • • •

Contrato de recaída

Indicaciones: Utiliza el siguiente contrato como un modo de hablar a personas importantes (es decir, tu persona de apoyo, terapeuta o sacerdote) sobre que harás si recaes. Haz una copia de este contrato para esa persona, y guárdate otra para ti.

Yo, ________________________________ (tu nombre), acepto (contrato) por el que, si recaigo en mi sobriedad sexual, haré lo siguiente:

- Hacer el máximo esfuerzo para limitar lo que he hecho
- Llamarte y explicarte cuál es mi situación
- Hacer lo siguiente ():

____

____

____

____

La fecha de mi sobriedad es: ________________________________

Aceptado el día: ________________________________

Firmado: ________________________________

Permanecer en tu zona de recuperación

Volvamos a la experiencia de estar "en" o "dentro de la zona", un momento en el que todo lo que haces parece ser totalmente correcto. Intuitivamente sabes qué hacer sin pensarlo. Simplemente eres capaz de superarte. Esto puede ocurrir tanto en los negocios como en tus hobbies. Incluso haciendo ejercicio, hay momentos en los que el esfuerzo desaparece y tu rendimiento se dispara.

Las personas que desempeñan este tipo de actividades, cantantes, oradores, actores, atletas, etc., viven esa experiencia. Los atletas hablan de jugar "sobre sus cabezas", lo que significa bastante más lejos de sus capacidades. Los autores experimentan momentos en los que las palabras fluyen y las ideas llegan aparentemente de repente. Los artistas hablan de cómo las ideas toman forma fácilmente y los empresarios se refieren a que los acuerdos, simplemente "confluyen".

Existen días en los que vives de acuerdo con tus valores y son imbatibles. A esto lo llamamos la zona de recuperación. Los neurocientíficos nos han indicado en ocasiones que esto no ocurre de manera accidental. Generalmente, alcanzar la zona es el resultado de tres factores: visión, práctica y resiliencia.

Visión

Tanto si es un piloto de combate simulando situaciones de enfrentamiento o un atleta utilizando imágenes guiadas para lograr un mayor rendimiento, lograr el objetivo generalmente conlleva una visión guiada. Crear una imagen de un resultado específico y centrarse en esa imagen agrega un enorme estímulo para atraer esa visión a la realidad. Cada vez hay más pruebas de que seguir una visión puede influir en el éxito empresarial e, incluso, acelerar la curación de nuestro cuerpo. Necesitas tener una imagen de ello.

Lamentablemente, desde la perspectiva de la recuperación, lo reciproco funciona del mismo modo. Si no crees en la recuperación, y mucho menos te creas una imagen de cómo podría ser, las posibilidades de no recaer disminuyen. Entonces, las fantasías sexuales que ya son familiares y destructivas te proporcionarán la imagen, garantizando virtualmente el proceso de recaída. En el capítulo siguiente, exploraremos con mayor precisión cómo funciona todo ello cuando describamos la plantilla de excitación.

Práctica

Cuando los atletas se entrenan, se preparan a diario esencialmente para un acontecimiento estresante como un torneo, partido o maratón. Cada día desarrollan su fortaleza, se empujan a sí mismos(as) para mejorar sus habilidades y practican estrategias para ganar. Cuando se preparan para lidiar con el estrés, están en esencia, activando la visión.

Resiliencia

A medida que los atletas entrenan, sin embargo, tienen cuidado de no sobrepasarse. Entrenan de manera interdisciplinaria para que la demanda en un conjunto de músculos no sea demasiada. Desarrollan patrones de descanso. Se cuidan, asegurándose de que no solo organizan sus recursos, sino que les proporcionan recompensas reales. Es decir, cultivan su resiliencia. En otras palabras, tienen reservas. Cuando las personas que se encuentran dentro de la zona se encuentran con los factores estresantes inevitables, no empujan más allá de lo que pueden hacer. Más bien, ocurre lo contrario. Rinden más allá incluso de sus propias expectativas.

Los griegos tenían un término para este proceso. Describían a alguien que estaba "en" como alguien que tenía *aretê*, lo que significaba excelencia. Durante la Edad Media, la palabra se tradujo como *virtud* y asumió connotaciones morales. Originariamente, en realidad, se trataba de prepararte a ti mismo(a) intelectual, emocional y físicamente para ser lo mejor que puedes llegar a ser.

En este sentido, podemos observar la recuperación como el equivalente de crear la aretê—la cultivación de la excelencia. Con frecuencia, las personas que han logrado recuperaciones satisfactorias hablan sobre lo fácil que se ha vuelto la vida y cómo hacen cosas que nunca pensaron que serían capaces de hacer. La sobriedad les permite desarrollar una nueva visión de sus vidas. Al utilizar herramientas de recuperación y principios todos los días, han creado la práctica y resiliencia necesaria para encontrarse con los factores estresantes que ocurrirán inevitablemente.

De nuevo, denominamos a esto, vivir en la zona de recuperación. Piensa en la zona como un conjunto específico de parámetros o límites; al estar dentro de la zona, estás optimizando tu rendimiento. Después de identificar esa área de vida, incluyendo el trabajo. relaciones, cuerpo, sexo y espiritualidad, en los que estás prosperando, entonces trabajarás en permanecer dentro del área o zona.

De manera inevitable, tendrás estrés en algún momento de tu vida. Como ya hemos comentado anteriormente, un estilo de vida desequilibrado (o tener altos niveles de estrés) es el principio de una recaída. *La clave en la prevención de la recaída está en permanecer en tu zona de recuperación.* En parte, ya has comenzado a definirlo a través de tu Declaración de sobriedad y tu Índice de Locura Personal. El resto de este libro está dedicado a ayudarte a conseguir la claridad para vivir plenamente en tu zona de recuperación.

Cuatro barreras frente a la recaída

Los adictos pueden vivir en una zona de recuperación al ser "entrenados" y haciendo más de lo que creían que podían hacer, logrando ser todo lo que son capaces. Cuando experimentan retos, están preparados para lidiar con ellos. De esta manera, una barrera de resiliencia les evita incluso comenzar la pendiente de la recaída. Si ocurren acontecimientos que superan a los adictos y comienzan a caer por la pendiente, existen cuatro barreras para prevenir el desastre.

Primera barrera- Vivir los aspectos esenciales de la recuperación

Vivir los aspectos esenciales de la recuperación (consulta el ejercicio 6.2) puede empujarte directamente en la zona de recuperación. Tu Índice de locura personal proporciona medidas concretas que indican que estás en riesgo. El Plan de relaciones y sexualidad sana te marcará dónde estás trabajando. Si lo haces satisfactoriamente, no vives privado de nada. Tendrás la experiencia estable de saber lo que quieres sexualmente, y, a medida que tu recuperación madura, te sentirás realizado.

Por último, lo que fija todo esto es una decisión firme y duradera de comprometerse a la recuperación. Si utilizamos el lenguaje clásico del Gran Libro, *Alcohólicos Anónimos*, es la disposición de "hacer lo que sea necesario". La mayoría de las personas en proceso de recuperación recuerdan ese momento cuando se dijeron a sí mismos(as) que simplemente tenían que hacer lo que fuera para lograr que sus vidas fueran diferentes. Este compromiso es la piedra angular de la primera barrera.

Segunda barrera – Revisar la realidad y definir los límites

Si no logramos pasar la barrera inicial y el impulso hacia la recaída, entramos en la segunda barrera. Esta barrera comienza con la revisión de la realidad. Esto significa que las personas en proceso de recuperación revisan los pensamientos e ideas cuestionables con su red de apoyo. Si tus viejos retos de sobriedad como la grandiosidad o la creencia a tener derecho vuelven a aparecer, estas personas pueden recordarte que ya has pasado antes por ese camino. Pero, lo más importante, es que tu red de apoyo te ayude a recordar lo vital que es para todos que mantengas tu sobriedad. Lo que hagas importa y afecta a tu grupo, amigos y familiares.

Además, tus definiciones de los límites te sirven como una guía clara para permanecer fuera de los problemas. En este momento has aprendido a premiarte a ti mismo(a) adecuadamente y tienes otras pasiones importantes, por lo que no tienes la sensación de estar privado. En lugar de luchar con la vergüenza, tus habilidades en los pasos básicos (desarrollados en los capítulos 3-5) pueden ayudarte con tu sentido de ser alguien que merece la pena. No eres una mala persona o un(a) pecador(a) por tener que luchar contra esta adicción. Existe un camino fuera de la desesperación que proporcionaría un mayor impulso a la roca.

Tercera barrera – Revisar la vulneración de los límites

Al descender la pendiente, revisarás la vulneración de los límites. La Lista de abstinencia se volverá la guía para tu conducta. Te indica a lo que te has comprometido que no vas a hacer. Es más, tienes la carta que te escribiste a ti mismo(a) para ayudarte a volver a la realidad.

Si sufres un desliz, no significa que hayas recaído totalmente. Tu Plan de simulacro debería ponerse en marcha como si estuvieras en piloto automático. Tienes rituales de recuperación, como tus meditaciones diarias y las reuniones, que sirven como alternativa a tus rituales para actuar erróneamente. Has aprendido nuevas estrategias de afrontamiento para tratar el estrés. Todos los recursos existen, exactamente, para parar aquí el impulso.

Cuarta barrera – Responder a la recaída manteniendo tus acuerdos

Si ocurre la recaída, esto no significa una inmersión total en la adicción. Para empezar, tienes una Declaración de sobriedad que te marca dónde debes estar. Segundo, tienes tu "botiquín de primeros auxilios" y todos los recursos del proceso de los Doce Pasos para recuperarte. Tienes un contrato con personas a las que les importa tu conducta. Lo firmaste cuando estabas relativamente sobrio. Simplemente sigue los pasos que acordaste en el contrato. Y si nada de eso funciona, ahora hay personas en tu vida que conocen de verdad tu enfermedad. Pueden intervenir en tu nombre. Al haber llegado tan lejos en este proceso, en realidad no podrás estar en tu nivel de adicción de nuevo sin saber cómo volver. De hecho, ahora lo has echado a perder. Encontrarás que tus pensamientos engañosos ya no funcionan del mismo modo que solían hacerlo. Sabes que la adicción es la falsa sirena y que básicamente te estás evitando a ti mismo(a).

Te solías preguntar si todo esto era real. Ahora, ya conoces la irrealidad.

Para resumir lo lejos que has llegado, observa la figura 6.6 de la página siguiente. Muestra la actitud básica para resistir a las recaídas. Fíjate que la roca está ahora asentada en un hueco apoyado por el equilibrio en tu estilo de vida.

Lo que queda para volver a la recuperación es observar los problemas más profundas de la excitación sexual y lo que ocurre en tu cuerpo. Ese es el punto de atención del siguiente capítulo.

Prevención de la recaída: Herramientas de recuperación

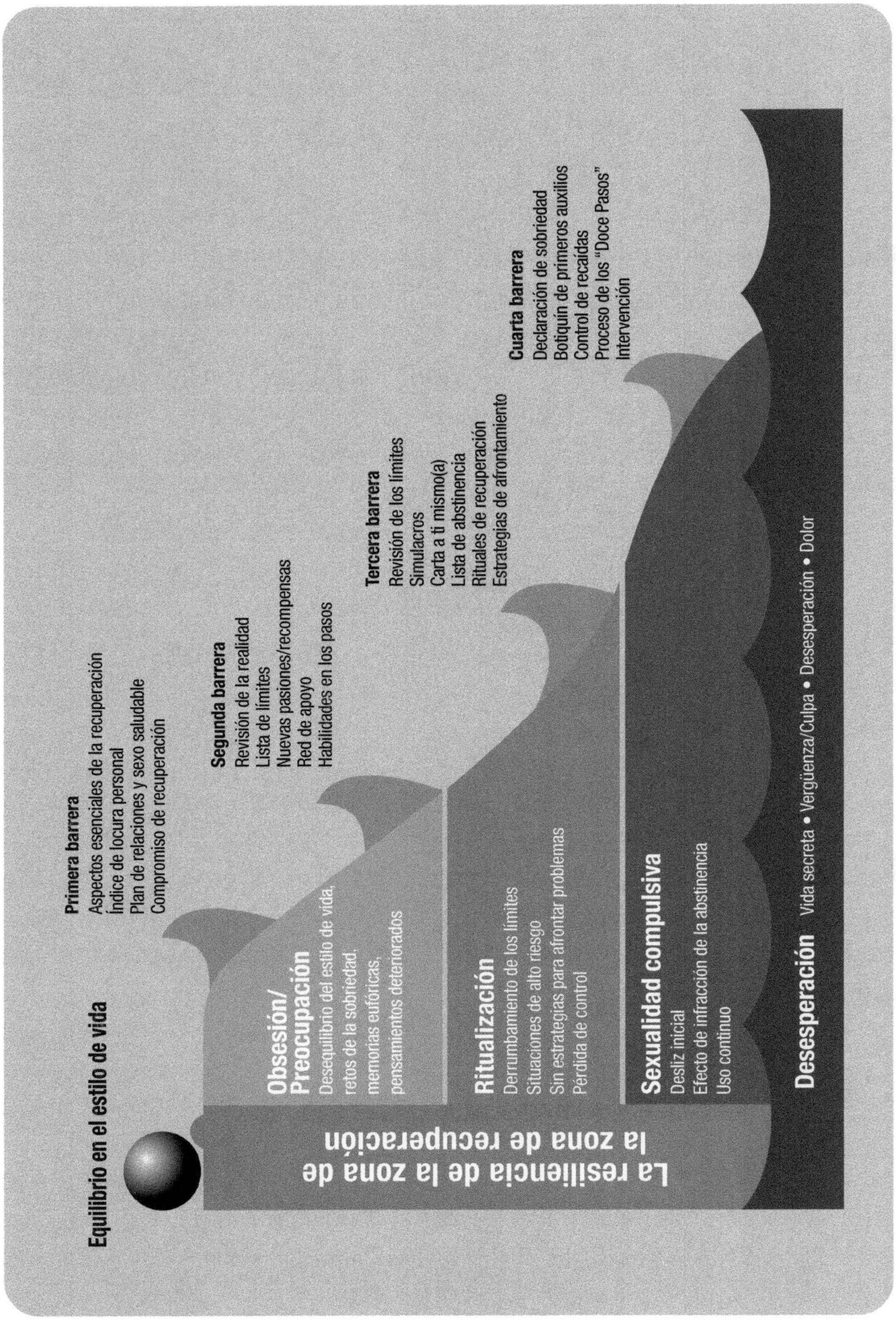

Figura 6.6

• • • Ejercicio 6.15 • • •

Reflexiona para resistir a las recaídas

Indicaciones: Como hemos mencionado antes, los elementos críticos para alcanzar tu zona de recuperación son la visión, la práctica y la resiliencia. En los espacios siguientes, escribe tus pensamientos sobre cada uno. Comienza imaginando la recuperación dentro de tres años y cómo será para ti. Después, enumera algunos modos que puedes practicar utilizando los conocimientos y estrategias que necesites. Y, finalmente, enumera maneras específicas con las que puedes desarrollar tu resiliencia.

Visión de la recuperación en tres años: ______________________________

____

____

____

Estrategias y habilidades para practicar ahora: ______________________

____

____

____

Modos de desarrollar la resiliencia en mi vida: ______________________

____

____

____

Lectura recomendada

Adams, Ken. *Silently Seduced: When Parents Make Their Children Partners—Understanding Covert Incest. (Seducido en silencio: Cuando los padres convierten a sus hijos en pareja. Entender el incesto encubierto), (Versión solo en inglés)* Deerfield Beach, FL: Health Communications, 1991.

Anónimo. *Answers in the Heart: Daily Meditations for Men and Women Recovering from Sex Addiction. (Respuestas en el corazón: Meditaciones diarias para hombres y mujeres en proceso de recuperación de la adicción al sexo), (Versión solo en inglés)* Center City, MN: Hazelden, 1990.

Beattie, Melody. El lenguaje del adiós.(Versión en español) Center City, MN: Hazelden, 1990. Black, Claudia. *A Hole in the Sidewalk: The Recovering Person's Guide to Relapse (Un agujero en la acera: La guía para la prevención de la recaída de las personas en recuperación), (Versión solo en inglés).* Bainbridge, WA: MAC Publishing, 2000.

Carnes, Patrick, and Joseph Moriarity. *Anorexia Sexual: Superar el odio sexual a uno mismo.* Center City, MN: Hazelden, 1997. (Versión en inglés).

Covey, Stephen. *The Seven Habits of Highly Effective People. (Los 7 hábitos de las personas altamente efectivas) (Versión solo en inglés).* New York: Simon and Schuster, 1990.

Mellody, Pia. *La codependencia: Qué es, de dónde procede, cómo sabotea nuestras vidas* (versión en español) New York: Harper San Francisco, 1989.

Muller, Wayne. *Sabbath: Restoring the Sacred Rhythm of Rest.* ("Sabbath: Restaurar el ritmo sagrado del descanso") (Versión solo en inglés).New York: Bantam, 1999.

Peck, M. Scott. *"El camino menos transitado: Una nueva psicología del amor, valores tradicionales y crecimiento espiritual" (Versión en español)* New York: Harper and Row Publishers, 1983.

Weiss, Robert, and Jennifer Schneider. *Always Turned On: Sex Addiction in the Digital Age. (Siempre excitado: Adicción al sexo en la era digital) (Versión solo en inglés)* Carefree, AZ: Gentle Path Press, 2015.

Capítulo Siete
¿Qué le ha ocurrido a tu cuerpo?
Gestión del impacto físico de tu adicción

En la parafilia, el amor y el vínculo amoroso se ven comprometidos porque los genitales siguen funcionando no al servicio de la lujuria, sino según las especificaciones de un mapa amoroso vandalizado y rediseñado, y, a menudo, con una frecuencia compulsiva
—John Money, Lovemaps

LA ADICCIÓN DAÑA EL CUERPO. La imagen estereotípica de un adicto es, generalmente la de un yonqui de heroína demacrado que ya no encuentra venas donde inyectarse. También hemos visto muchas veces, un alcohólico con el rostro enrojecido cuya esperanza de vida desciende gradualmente a medida que su cintura se expande, o un(a) anoréxico(a) pálido(a) cuyo cuerpo es tan solo un montón de huesos.

La adicción al sexo también puede dejar un legado físico, aunque lamentablemente, no se nota hasta que el daño es severo. El treinta y ocho por ciento de los adictos al sexo que mis colegas y yo hemos estudiado en *"No lo llames amor"*, terminaron en urgencias o en un médico debido a algún problema físico relacionado con su actividad sexual. Estos son otros factores que descubrimos:

- El 38 por ciento de los hombres y el 45 por ciento de las mujeres contrajeron una enfermedad de transmisión sexual a través de su conducta adictiva.
- El 64 por ciento de los adictos continuaron con su conducta sexual a pesar del riesgo de enfermedad o infección.
- El 16 por ciento de los hombres y el 60 por ciento de las mujeres fueron víctimas de abuso físico durante el sexo.
- El 19 por ciento de los hombres y el 21 por ciento de las mujeres se vieron involucrados en accidentes de tráfico mientras se comportaban de manera sexual.
- Casi la tercera parte de los participantes en el estudio tenían problemas de salud serios, como úlceras o alta presión arterial, que se atribuía al estrés de sus actividades sexuales.
- El 65 por ciento indicaron sufrir algún tipo de trastorno para dormir (problemas para quedarse dormidos, dormir toda la noche o despertarse muy pronto).

- El 70 por ciento de las mujeres se arriesgaron rutinariamente a embarazos no deseados, el 40 por ciento tuvieron uno y el 36 por ciento abortaron.

Embarazos, abortos, lesiones, accidentes, SIDA y otras enfermedades, otras adicciones, problemas de salud severos... nadie sabe el verdadero coste de la adicción sexual en nuestro sistema de cuidados sanitarios. Nos llevó décadas entender los costes extraordinarios del alcoholismo en el cuidado de la salud. Incluso ahora, los profesionales especializados en alcoholismo tienen dificultades para intentar convencer a los proveedores sanitarios que muchos problemas físicos pueden atribuirse a la bebida compulsiva. Lamentablemente, estamos en una fase aún más primitiva en el estudio de la adicción al sexo, aunque estamos empezando a documentar el coste para que sea conocido por todos.

En este capítulo estudiaremos los efectos físicos de la adicción al sexo, incluyendo las enfermedades de transmisión sexual, la depresión y la abstinencia.

Someterse a un examen médico

Como los adictos al sexo poseen, a menudo, complicaciones médicas, te instamos encarecidamente a que te sometas a un examen físico. Debes entender que, en esencia, *es un acto para cuidarte a ti mismo(a).* La realidad es que tal vez no sepas si algo va mal y necesita tratarse..

Recuerda que los adictos al sexo, en múltiples ocasiones tiene problemas físicos y enfermedades, pero por varias razones se resisten a buscar ayuda. Considera lo siguiente:

- Joanna tenía un escozor en la garganta desde hacía tanto tiempo que al final se acostumbró a él. Cuando comenzó la recuperación, su terapeuta la insistió que se hiciera un examen médico. Durante su examen, se sorprendió al saber que su escozor de garganta estaba causado por una enfermedad transmitida sexualmente llamada clamidia. Los síntomas se concentraron en su garganta en lugar de en la ubicación más común que es la vagina. Si no se hubiera tratado, la enfermedad hubiera causado con el tiempo problemas muy serios.
- Frank supo que tenía el VPH (virus del papiloma humano) cuando su mujer fue diagnosticada con esa enfermedad. Frank le había infectado. Lamentablemente, como resultado de ello, ella ya no pudo tener hijos y ahora tiene una enfermedad debilitante crónica. Una intervención en su momento oportuno hubiera evitado ambos problemas.
- Martin, un médico y adicto al sexo y a las drogas en recuperación, se contagió del SIDA (virus de inmunodeficiencia adquirida). A medida que iba aprendiendo cómo vivir con esta enfermedad, centro sus prácticas médicas

> en ayudar a otras personas con el mismo problema. Como se convirtió en un experto en esta enfermedad, Martin decidió pasar por alto a otros proveedores médicos y auto tratar su enfermedad, creyendo que podía hacer lo que ningún otro doctor podía hacer por él, o incluso más.

Recetarse a uno mismo es una actividad que los médicos tienen estrictamente prohibida, pero, aun así, Martin se recetó medicación a sí mismo para su depresión. No le fue muy bien y entró en una depresión mayor, recayendo en el uso de las drogas y teniendo sexo sin protección. Cuando descubrieron su automedicación fue apartado de la práctica de la medicina durante cinco años.

¿Te has fijado en la amenaza común en estos ejemplos? Ninguna de las personas en ellos buscó ayuda médica adecuada para sí mismos.

En parte, dicha resistencia para obtener ayuda yace en los propios desafíos de la sobriedad en los adictos, que procede de la negligencia experimentada en la infancia. Los adictos ni siquiera se ayudarán a sí mismos en los momentos de angustia más profunda, por lo tanto, mucho menos por algo tan mundano para ellos como su propio cuerpo.

Otro factor en tal resistencia es la testarudez, es decir, "puedo hacerlo yo solo", lo que se intensifica todavía más por la vergüenza. He escuchado muchas historias de personas que han lesionado sus genitales o su ano a través de su conducta sexual y simplemente estaba tan avergonzados que no eran capaces de hablar con su médico. En su lugar, intentaron curarse a sí mismos empeorando la situación. Otros intentan auto curarse y todavía siguen comportándose sexualmente. Es difícil encontrar un ejemplo mejor de rechazo

Lo que debes esperar es que tu terapeuta te indique que pidas una cita para un examen médico. Además, probablemente tendrás que volver para más visitas a la clínica porque algunas enfermedades no manifiestan los síntomas directamente.

La figura 7.1 de la página siguiente enumera algunas de las enfermedades de transmisión sexual más comunes, sus síntomas y los problemas que podrían generar si la enfermedad no se trata. Revísalas para al menos tener un conocimiento de los problemas potenciales que pueden causar. Como miembro de un grupo y persona de apoyo del programa de "Doce pasos", descubrirás que esto también ayuda a entender los problemas a los que se enfrentan otros adictos que están cerca de ti.

Resumen de enfermedades de transmisión sexual

Enfermedad de transmisión sexual	Causa	Síntomas	Problemas a largo plazo
Clamidia	Bacteria Clamidia Trachomatis	• Micción dolorosa • Secreción vaginal en mujeres • Secreción en la uretra en los hombres • Posibles infecciones en los ojos (la causa más común de ceguera en el mundo) • Las mujeres, con frecuencia, no tienen síntomas	• Mujeres: infecciones en la uretra, inflamación pélvica y cérvico uterina • Hombres: inflamación de la uretra y del epidídimo. • Recién nacidos: conjuntivitis, neumonía clamidial
Herpes genital	Herpes Virus Simplex. (VHS-2 genital) (VHS-1 oral)	• Dolor y escozor en las zonas genitales • Ampollas o heridas abiertas • Micción dolorosa • Ganglios linfáticos de la ingle hinchados • Síntomas parecidos a la gripe (fiebre, dolores de cabeza)	• Infección al recién nacido contagiada a través del cordón umbilical, posible daño cerebral, ceguera o muerte. • Infecciones visuales herpéticas • Encefalitis herpética
Gonorrea	Bacteria Neisseria Gonorrhoeae	• Secreción espesa parecida a la pus procedente de la uretra • Micción frecuente con sensación de quemazón • Las mujeres, con frecuencia, no muestran síntomas durante meses o semanas • Gonorrea faríngea con garganta inflamada después del sexo oral	• Epidimitis en hombres • Enfermedad inflamatoria pélvica (PIG) en mujeres que puede conllevar la fibrosis de la Trompa de Falopio e infertilidad • Fiebre, escozor y dolores en las articulaciones • Artritis, meningitis y endocarditis

Figura 7.1

Enfermedad de transmisión sexual	Causa	Síntomas	Problemas a largo plazo
VIH (SIDA)	Virus de inmunodeficiencia adquirida	• Fatiga persistente sin explicación • Sudores nocturnos notables • Escalofríos y fiebre, más de 37.7 grados durante semanas • Pérdida de peso inexplicable, el 10 por ciento del peso corporal en 1-2 meses • Inflamación inexplicable de los ganglios linfáticos durante tres meses • Tos seca persistente • Hematomas y enrojecimiento en la boca o debajo de la piel • Diarrea crónica • Dolores de cabeza persistentes • Puntos blancos en la lengua	• Infecciones oportunistas — neumocistosis causada por el pneu- mocystis carinii • Citomegalovirus • Enfermedad constitucional • Enfermedad neurológica (demencia) • Sarcoma Kaposi • Muerte
Sarna	Parásito Sarcoptes Scabiei (Ladillas)	• Picor severo (que empeora por la noche) • Líneas delgadas (nidos) en la piel	• Dermatitis de contacto • Infección secundaria de la piel • Urticaria
Sífilis	Treponema Pallidum Spirochete (Bacteria	Principales: • Heridas indoloras (llagas) en los genitales, recto, lengua o labios • Inflamación de los nódulos linfáticos (en las inglés) Secundarios: • Salpullido en el cuerpo, especialmente en las palmas de las manos y plantas de los pies • Dolor en las articulaciones	• Segunda fase - dolor en los huesos y articulaciones - Sífilis de tercer nivel - Parálisis general - Tabes dorsal (ataxia, etc.) - Degeneración de las articulaciones - Atrofia visual - Aortitis cardiovascular

Enfermedad de transmisión sexual	Causa	Síntomas	Problemas a largo plazo
Tricomoniasis	Trichomonas Vaginalis Protozoa	• Picor vaginal • Secreción vaginal (amarillenta-verdosa) • Acto sexual doloroso • Micción dolorosa	• Vaginitis persistente • Cervix inflamada y enrojecida • Con frecuencia, los hombres son asintomáticos, pero podrían sufrir uretritis periódicas sin especificar
Verrugas venéreas o genitales	Virus del papiloma humano (VPH)	• Crecimiento verrrugoso alrededor de la vulva, ano, vagina, cervix, pene, escroto, ingles o muslos • Pueden ser microscópicas (no detectarse a ojo) • Picor ocasional, dolor, sangrado	• Las mujeres con lesiones de VHP cervical corren más riesgo de cáncer cervical • Ocasionalmente generan problemas en el parto al bloquear el canal de nacimiento • Vergüenza • Pueden aparecer otras formas de VHP como la enfermedad inflamatoria de la pelvis (EPI) y esterilidad en las mujeres.

Hablar con tu médico

Como se les exige tanto, los médicos tal vez no están lo suficientemente familiarizados con los trastornos adictivos, particularmente, con la adicción al sexo. Las siguientes referencias podrían proporcionar una visión general muy útil para ayudarles a comprender el problema.

> *Para la familia, médicos de familia, internistas, urólogos, ginecólogos y médicos de urgencias:* Carnes, Patrick y Jennifer Schneider. "Recognition and Management of Addictive Sexual Disorders: Guide for the Primary Care Clinician." ("Reconocimiento y gestión de los trastornos adictivos sexuales: Guía para el médico de atención primaria") (Versión solo en inglés) *Primary Care Practice* 4, no. 3 (May/June, 2000): 302–18.
>
> *Para psiquiatras:* Carnes, Patrick. "Sexual Addiction and Compulsion: Recognition, Treatment, and Recovery." ("Adicción sexual y actitud compulsiva: Reconocimiento, tratamiento y recuperación") (Versión solo en inglés) CNS Spectrums: *The International Journal of Neuropsychiatric Medicine* 5, no. 10 (October, 2000): 63–72.

Enfrentarse al reto de la abstinencia

En el taller de trabajo de Boston sobre la adicción sexual, un profesional en recuperación afirmó en términos muy claros: "He experimentado ya la abstinencia de cuatro adicciones, incluida la cocaína. Con mucho, la peor de todas fue la adicción al sexo." Esta es una opinión muy común entre los adictos al sexo cuando se refieren a otras adicciones. El periodo de abstinencia suele ser difícil para todos los adictos al sexo

El Gran Libro de los Adictos Anónimos de Sexo y Amor (SLAA, por sus siglas en inglés) lo describe de esta manera:

> *Esta etapa fue realmente desgarradora. Era necesario que pasáramos por la abstinencia día tras día en secciones de 24 horas, hora tras hora. Nos despertábamos por la mañana, en ocasiones muy temprano, exclamando en nuestro interior, "¡Dios mío, otro día más con ESTO!"*

La misma fuente también proporciona algunos de los mejores consejos disponibles sobre la abstinencia:

> *No podemos pasar la abstinencia por ti, ni tampoco lo haríamos si pudiéramos. ¿Quién pasaría voluntariamente de nuevo por ello? ¡Ciertamente, ninguno de*

nosotros! El dolor de cada abstinencia es único y especial, pero también valioso (aunque probablemente tú no pienses lo mismo). En un sentido, la experiencia es tuya, una parte de ti que ha intentado emerger desde hace mucho tiempo. Has estado evitando o posponiendo este dolor que además no has sido capaz de superar de forma duradera.

Necesitas pasar la abstinencia para convertirte en una persona completa. Necesitas encontrarte a ti mismo(a). Detrás del terror y el miedo, la abstinencia contiene las semillas para tu propia plenitud personal. Tienes que experimentarlo tú mismo(a) para darte cuenta, o hacerlo real, porque tu potencial y el de tu vida lleva guardado allí mucho tiempo

En un estudio hospitalario, descubrimos que existen quince síntomas que los adictos identifican inmediatamente como característica de las primeras semanas de recuperación: Enumerados según la frecuencia de su mención, estos son los síntomas:

- fatiga
- tensión, nerviosismo
- insomnio
- dolores de cabeza
- temblores
- alta excitación sexual
- baja excitación sexual
- dolor corporal
- aumento del apetito por comer
- sensibilidad genital
- picor en la piel
- escalofríos, sudores
- náuseas
- taquicardias
- falta de aire

En general, las reacciones físicas duran entre catorce y quince días. En algunas personas, podrían llegar a durar entre ocho y diez semanas. Muchos que han pasado la abstinencia de la cocaína indican paralelismos similares en la misma experiencia. Estos paralelismos son interesantes. Según nuestra experiencia, la cocaína parece ser una de las drogas más usadas por los adictos al sexo. También hemos notado una alta incidencia de adicción sexual en los adictos a la cocaína.

Existen varias especulaciones sobre si la medicación puede aliviar algunos de los síntomas de la abstinencia. Estos medicamentos oscilan desde el litio al Prozac, así como la naltrexona que han sido utilizados para la abstinencia de la adicción sexual. Los doctores que trabajan con pacientes que se enfrentan a una abstinencia severa, deberán también tener en cuenta el impacto simultáneo de los problemas en la salud mental, como, por ejemplo, la depresión. Algunos líderes en el campo de la neuroquímica en los trastornos adictivos recomiendan el uso de componentes aminoácidos para aliviar el periodo de transición en la recuperación. Como no existe un consenso en este campo, actualmente las decisiones se toman dependiendo de cada caso.

Sufrir insomnio

Para muchos adictos uno de los síntomas de abstinencia más duro es el insomnio. Dado que muchos de los adictos al sexo tienen trastornos del sueño, no sorprende que este problema se intensifique en las primeras semanas de la recuperación..

No obstante, existen algunos ajustes simples en el estilo de vida y estrategias concretas que son útiles para lidiar con la falta de sueño. Muchos de ellos se describen en el libro *Natural Sleep: How to Get Your Share,* ("Dormir de manera natural: cómo conseguirlo") (Versión solo en inglés), escrito por Philip Goldberg y Daniel Kaufman y publicado por Rodale Press. Los adictos necesitan revisar sus patrones de sueño, determinar el ritmo de su cuerpo, vigilar la ingesta de comida, desarrollar estrategias de relajación y hacer ejercicio. Aquellos con trastornos del sueño más severos, quizás necesiten ayuda profesional.

Cambios en el apetito

Otros problemas que debemos esperar es el cambio en el apetito. En un estudio, el 38 por ciento de los adictos al sexo que pasaron el tratamiento tuvieron trastornos alimenticios. Una mitad de estas personas descubrió que sus ansias por lo atracones se incrementaron, mientras que los otros notaron que, en realidad, sus ansias descendieron en las primeras fases de la recuperación. No hay manera de predecir quién estará en cada grupo, aunque si podemos predecir, sin embargo, que la recuperación de la adicción sexual tendrá un impacto, ya sea positivo o negativo en otras conductas compulsivas.

Lidiar con adicciones múltiples

¿Cómo lleva uno a cabo la abstinencia cuando tienes que lidiar con adicciones múltiples? Las investigaciones han revelado varias directrices.

Para empezar, las adicciones que presentan una mayor amenaza vital deben tratarse primero. Generalmente, esto significa que, si existe una dependencia química, el adicto(a) comenzará por desintoxicarse de esos productos químicos. Posteriormente, si la adicción sexual es la adicción siguiente más peligrosa, la recuperación de la conducta sexual se volverá una prioridad. Este proceso continuará hasta que cada área de conductas compulsivas se haya tratado.

Una vez que se haya establecido la recuperación, entrará en juego una jerarquía diferente: la adicción central se convierte en la principal prioridad del trabajo de recuperación. El trabajo de recuperación completo, sin embargo, se transfiere y convierte en un buen programa donde un área apoya el progreso de las otras.

La mayoría de los adictos, que formarán parte de cada grupo por el que están cualificados, no tendrán una vida fuera del grupo. Es importante no obsesionarse con la recuperación. La delicadeza y el progreso son vitales. Establece tus prioridades.

Cuando preguntamos a los adictos que les sostiene durante las primeras fases de la recuperación, las respuestas son simples y claras:

- Una vez en la recuperación, muchos tienen una tolerancia al dolor muy baja y simplemente no quieren volver a la adicción activa.
- Muchos sienten que el surgimiento de su espiritualidad fue clave.
- Algunos sabían que la vuelta a su adicción podría significar la muerte.
- Para la mayoría, el comienzo de una autoestima renovada les ayudó a resistir la ansiedad.
- Muchos creyeron que era importante mantener su compromiso con los esfuerzos del grupo de los "Doce pasos".

Neurotransmisores de la adicción

Todas las adicciones crean mapas básicos para activar el cerebro. Estos procesos físicos son el fundamento químico para los trastornos adictivos, y los científicos utilizan el término neurotransmisores para describirlos. Empezamos a saber sobre la existencia de los neurotransmisores a mediados de los 70 cuando una serie de estudios innovadores nos ayudaron a entender que la adicción es, en realidad, un problema del cerebro.

Cuando un alcohólico ingiere alcohol, por ejemplo, esta droga desencadena en un momento dado la liberación de un producto químico en el cerebro llamado dopamina. Otra ruta, a veces más rápida, para activar la dopamina del cerebro es a través de la actividad sexual. Aunque los medios de activar la dopamina varían, el resultado es el mismo: te sientes mejor. Cómo te sientes exactamente variará dependiendo del neurotransmisor que utilices para activar la producción de dopamina.

Es importante entender el concepto básico sobre cómo funcionan los neurotransmisores por dos razones: Primera, te ayudará a entender cómo funciona un componente físico de tu adicción. Segunda, los neurotransmisores son críticos para entender tus propios patrones de excitación sexual, lo que llamaremos "plantilla de excitación".

En la adicción participan tres neurotransmisores principales. El cuarto, que se basa en la privación, generalmente se combina con los tres primeros. A continuación, mostramos un resumen de ellos:

Excitación

El neurotransmisor de excitación tiene que ver con el placer y la intensidad. Los métodos más comunes de estimular estas neuronas son:

- Relaciones y sexo de alto riesgo
- Robos compulsivos y en tiendas
- Ocupaciones profesionales "al límite" como las operaciones bursátiles de día o la "manía por las fusiones"
- Cualquier cosa que tenga que ver con la violencia

Ciertas sustancias químicas, incluyendo las anfetaminas, cocaína y éxtasis, también amplifican los neurotransmisores de la excitación. Estas sustancias mejoran o combinan, con frecuencia, la conducta de alto riesgo. Por ejemplo, hemos tratado a adictos al sexo que solo tenían una conducta sexual cuando se encontraban bajo los efectos de la cocaína y viceversa.

Cuando la química y una conducta de alto riesgo se combinan, lo denominamos *fusión*. Lo que significa que se convierte en una experiencia de "paquete". Muchas personas dependientes de las sustancias químicas asumen que su conducta de alto riesgo ocurre *porque* están consumiendo. En realidad, su conducta de alto riesgo es parte neuroquímica de su "paquete".

Los especialistas en adicción también mencionan el "proceso oponente de la adicción." Significa que una excitación alta se vuelve el modo de lidiar con el dolor. Por ejemplo, un adicto de heroína pasa por el placer para terminar con dolor, al igual que un corredor de maratón pasa por el dolor y termina con placer. El cerebro siempre compensa. Los adictos exageran esta compensación porque su dolor es demasiado agobiante.

De hecho, algunas personas incorporan el dolor en su placer. Por ejemplo, las víctimas de traumas pueden participar en el sadomasoquismo y después escalar radicalmente. Con frecuencia reproducen repetidamente "actuaciones" de abuso sexual que era peligroso.

El miedo también podría formar parte de la excitación. Por ejemplo, algunas mujeres adictas al sexo logran el orgasmo solo cuando el hombre les hace daño. Y hay hombres que encuentran a alguien excitante si esa persona les pone de alguna manera en riesgo. Por lo tanto, placer y peligro se fusionan. Si a esto le añades varias sustancias químicas, tendrás la manera perfecta de amplificar y aumentar la experiencia.

Insensibilidad

Este neurotransmisor produce un proceso calmante, relajante, reconfortante o sedante. Crea una experiencia analgésica en el cerebro. Mientras que las drogas y el alcohol son los líderes obvios de esta sedación, las conductas como la masturbación, apostar, comprar o comer compulsivamente pueden también formar parte de este adormecimiento.

Las sustancias químicas utilizadas generalmente para la insensibilización son el alcohol, medicamentos sedantes y la heroína. De nuevo, pueden combinarse con ciertas conductas como "paquetes", por lo que el comedor compulsivo alcohólico puede darse un atracón hasta quedarse inconsciente.

Tanto si se utiliza como "comida de confort" o calmar la mente con la repetición de la máquina tragaperras, estos neurotransmisores intentan satisfacer al insaciable. Los investigadores Harvey Milkman y Stanley Sunderwirth se refieren a estas prácticas como las "adicciones de saciedad" cuyo objetivo es mantener bajo control la ansiedad. El orificio a llenar, sin embargo, no tiene fondo.

Las adicciones utilizadas como analgésicos pueden actuar solas o interactuar con otros neurotransmisores. Por ejemplo, las apuestas de cualquier tipo pueden insensibilizar a la mente. Pero, por otro lado, las grandes apuestas o las operaciones bursátiles online pueden producir un estado alto de excitación. Un alcohólico podría utilizar el alcohol para ignorar sus problemas, o lo utiliza para desinhibirse con el fin de participar en sexo de alto riesgo. Existen adictos al sexo que utilizan el sexo anónimo por su alto riesgo y excitación y en otras ocasiones utilizan la misma conducta para relajarse.

Los adictos están constantemente entrando y saliendo de los neurotransmisores, dependiendo de lo que necesiten. En términos de recuperación, tal vez sea más importante saber que neurotransmisores participan en ella que la adicción que se ha utilizado para acceder. Esto se debe a que conocer el neurotransmisor revela el problema interno.

Una situación habitual que vemos en la adicción al sexo es el adicto(a) que pasa la tarde merodeando y participando en sexo de alto riesgo. Después vuelve a casa y está demasiado excitado para dormir. Así que, utiliza el alcohol, comida, TV o la masturbación compulsiva para calmarse. Este patrón de excitación seguido de la insensibilización es una combinación muy habitual en los trastornos adictivos. De hecho, este patrón es extremadamente común para todos los supervivientes de traumas, desde los supervivientes del Holocausto hasta los que han vivido desastres naturales como tornados o terremotos. Altas dosis de adrenalina y excitación seguidas por el esfuerzo de calmarse se encuentran entre las subcategorías más comunes de conducta. El papel obvio de insensibilización para bloquear los recuerdos de malas experiencias es, en realidad , solo parte de la situación.

Otra opción es utilizar la insensibilización irracional como modo de pasar por el trance. Esto nos lleva al siguiente neurotransmisor.

Fantasía

Escapar es el objetivo de este neurotransmisor. Las personas pueden alterar su percepción de la realidad utilizando sustancias químicas como la marihuana o drogas psicodélicas como el LSD. Las conductas como la preocupación y la obsesión, cuando se combinan con los rituales adecuados, pueden realmente crear un estado de trance. El adicto entra literalmente en una realidad alterada. Los adictos al sexo están familiarizados con este estado de trance cuando merodean con el vehículo o están en un bar, miran pornografía, participan en una conducta sexual online o se sientan en un bar de striptease.

Podemos encontrar muchos más ejemplos de este neurotransmisor. Un hombre visita un casino para olvidarse de sus responsabilidades y centrarse solo en su próxima ganancia. Un doctor revisa de manera obsesiva sus operaciones bursátiles entre casi cada paciente para ver si ha ganado o perdido dinero. Un alcohólico se convierte en un gran conocedor de vinos para legitimar su obsesión por beber. En cada caso, la búsqueda de la solución se vuelve el fin en sí mismo. Como punto central de estas obsesiones se encuentra una fantasía controladora:

- En las apuestas, esta fantasía es la "gran victoria" que hará que todo sea perfecto, pensando en qué harás con todo ese dinero, imaginándote situaciones dónde gastarás lo ganado y pensando qué le dirás a la gente.
- Para aquellos con obsesión por el dinero (la clave de todos los trastornos financieros), es la fantasía del "golpe de suerte" la que se ejecuta en la mente una y otra vez.
- Con las drogas, la fantasía es el subidón adecuado con el material correcto.
- En la adicción al sexo, la fantasía conlleva crear la situación adecuada y encontrar a la persona o la "relación cósmica" (aquella persona, hombre o mujer que hace todo perfecto y bien).

La preocupación y la obsesión tienen un denominador común que es la vergüenza y el deseo de no estar en tu cuerpo. Como resultado, los adictos crean, y habitan, en otra realidad. Todo eso lo vemos en los niños traumatizados o que proceden de familias disfuncionales (y, que, por tanto, también están traumatizados). Estos niños aprenden como disociarse de la realidad. Prefieren fantasías y soñar despiertos. En ocasiones, incluso actúan como si su mundo imaginario fuera real.

También descubren una técnica llamada *compartimentalización*, es decir, la capacidad de crear "compartimentos" separados en sus vida, en los que pueden colocar las realidades incómodas e ignorarlas. Muchos adictos nos indican que parece como si tuvieran más de una persona viviendo dentro de ellos(as). Estarían ellos mismos en realidad y otro ser que entra y se hace con el control. Como ya hemos mencionado anteriormente en este libro, este fenómeno de vida secreta es bien conocido por los adictos. Cuando Robert Louis Stevenson describió a Jekyll y Hyde, estaba describiendo una compartimentalización dentro del alcoholismo. Al final, el neurotransmisor de la fantasía es una solución a la que las personas recurren cuando reconocer y vivir con su persona "real" parece ser demasiado.

Privación

Con este neurotransmisor, el control es el objetivo. Varios tipos de anorexia, de gasto, sexual y de alimentos comparten esta percepción: no hacerlo es el modo más seguro de defenderse frente al terror.

Desde el punto de vista global de la privación, se genera un sentido de liberación eufórica. Es un alivio al intentar evitar el trato con los miedos más profundos de la insuficiencia. Por ejemplo, la privación va paralela a la creencia de que no hay suficiente dinero, comida o sexo. Muchos, de hecho, también temen no ser "suficientes" ellos mismos (as) y que fallan de alguna manera, como, por ejemplo, estando demasiado gordos, demasiado delgados, siendo muy poco atractivos. Parte del miedo que estas personas sienten tiene su origen en creer que algo terrible ocurrirá si sus necesidades se satisfacen. Miedo a la obesidad, miedo a la intimidad, miedo a la pérdida financiera, miedo al éxito sexual o a una posible explotación sexual, todos esos temores pueden ser interminables.

Cuando descubren que sus necesidades se pueden controlar, sin embargo, estas personas activan este neurotransmisor que en realidad los lleva a un sentido de superioridad y entusiasmo. Existen investigaciones extensas que muestran que el cuerpo se prepara para pasar hambre liberando endorfinas, un efecto físico que produce una sensación de entusiasmo. Los terapeutas han notado que estas personas muestran un sentido de rectitud que se manifiesta a través de actitudes rígidas y críticas hacia los demás. Dichas actitudes proporcionan pensamientos confortables cuando sientes que tienes el control.

La privación sirve como un tipo de conducta excesiva "doble", creando el fenómeno de atracón/purga. Piensa en las personas con una dieta de patrones extremos que son asumibles durante un tiempo hasta que vuelven a las andadas. Ellos lo interpretan como un fracaso y se sienten avergonzados al no estar a la altura de sus estándares inhumanos. Si llevamos esto al peor extremo, se convierte en bulimia nerviosa, con patrones de atracones y purgas excesivos.

También es posible crear atracones y purgas de otro modo. Para algunos ocurre con el dinero. Estas son personas que entran en un círculo interminable de comprar y devolver productos. En el campo sexual, tendremos al sacerdote que proclama públicamente confesar los pecados y cuidarse de los males de la promiscuidad mientras que privadamente sacia sus deseos con prostitutas.

Las personas con adicciones, con frecuencia, entran en privaciones severas. Este neurotransmisor se vuelve la balanza para las conductas extremas, ya sea, con conductas sexuales inadecuadas o privándose de las mismas. La privación, por muy desequilibrante que parezca, crea una alternativa extrema a la conducta fuera de control. También crea un ciclo predecible de atracón y purga neurópata.

El médico que trabaja cien horas a la semana (privación) y que es sexualmente compulsivo porque se siente con derecho (adicción) sirve de ejemplo de cómo pueden coexistir las conductas de privación y adicción.

En la página siguiente, la Figura 7.2 resume cómo funciona el ciclo de atracón/purga.

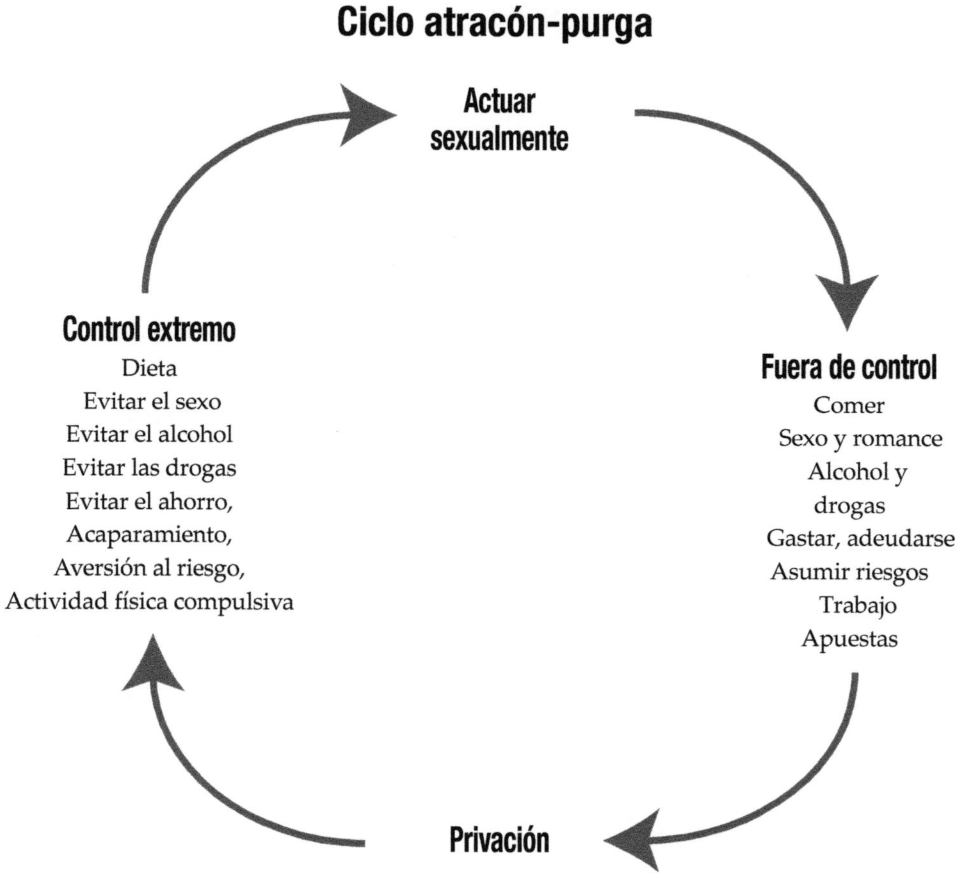

Figura 7.2

Para resumir, cada neurotransmisor explicado en esta sección proporciona una solución específica a las sensaciones incómodas. Para la excitación, se trata del dolor, las conductas de insensibilización tienen que ver con la ansiedad. Fantasía, preocupación y obsesión se refieren a la vergüenza, Y la privación procede del temor.

Para entender la adicción sexual, en particular, necesitamos examinar el tipo de dolor que conlleva e identificar la fantasía controladora. Hacerlo significa observar lo que ha ocurrido en el cerebro cuando los humanos se vuelven compulsivamente sexuales.

Neurotransmisores sexuales

Hace miles de años, cuando evolucionamos como especies desde la sabana africana, aprendimos a mantenernos sobre dos piernas. Algunos expertos creen que cuando esto ocurrió, también se dio un cambio significativo en las relaciones hombre-mujer. Las mujeres comenzaron a llevar a los niños en sus brazos al contrario de transportarlos en su espalda. Hasta ese punto, podíamos movernos y estar protegidos en una manada.

Cuando aprendimos, sin embargo, a ponernos de pie, fue más funcional para la mujer llevar a su hijo en sus brazos y que el hombre fuera su protector y proveedor de alimentos. Los que sobrevivieron fueron aquellos que desarrollaron una conexión entre los dos.

Esencialmente, los investigadores creen que, debido al cambio en el emparejamiento humano, evolucionaron también tres neurotransmisores sexuales: la excitación sexual, el romance y la relación.

Excitación sexual

El primer neurotransmisor en desarrollarse fue la libido o lujuria, con el objetivo de aparearse. Era funcional tanto para los hombres como para las mujeres extender sus genes para la supervivencia de la especie. Los hombres experimentarían deseo por muchas mujeres e intentarían tener descendencia con ellas para que sus genes sobrevivieran. Las mujeres serán receptivas porque la variación de genes garantizaría la supervivencia máxima para sus hijos.

Todavía experimentamos esas sensaciones en la actualidad cuando nos sentimos atraídos a personas con las que no tiene sentido interactuar emocional o intelectualmente. Vemos personas atractivas en centros comerciales, aeropuertos, en el vehículo parado a nuestro lado, en revistas y en televisión. Es normal para nosotros vernos sorprendidos por el deseo de otra persona.

Cuando notamos primero que alguien es atractivo, no sentimos necesariamente deseo. Sin embargo, nos sentimos atraídos por algunas personas, y esto crea una reacción física. Nuestros corazones palpitan más rápido, nos centramos en ellos, nuestros cuerpos se excitan, y pensamos sexualmente en ellos. El ansia de gratificación sexual está dirigida por hormonas químicas llamadas estrógenos y andrógenos. Utilizamos términos como *lujuria, calentón* y *libido* para describir esta reacción. Lo que significa es que el cuerpo se excita por una reacción que no tiene nada que ver con lo que esa persona es verdaderamente.

Romance

El segundo neurotransmisor que evolucionó fue la atracción o romance. En este transmisor, la atracción física se vuelve importante. Ansiamos estar con esa persona y estamos eufóricos con su presencia. Generalmente sonreímos cuando vemos a las parejas en esta "locura temporal" que llamamos amor romántico.

En términos de su química en el cerebro, estas parejas experimentan altas dosis de dopamina y norepinefrina, así como cantidades reducidas de serotonina. Esta falta de serotonina podría ser la causa física por la obsesión de la pareja durante una relación romántica (La deficiencia de serotonina es una de las fuentes de los pensamientos intrusivos y la preocupación en general).

En alrededor de seis a dieciocho meses después del establecimiento del amor romántico, los niveles de dopamina y norepinefrina caen y los niveles de serotonina vuelven a la normalidad; por lo que la locura temporal disminuye. Las parejas, entonces, pasan a las sustancias neuroquímicas que apoyan el apego y la vinculación que es el tercer neurotransmisor.

Relación

La neuroquímica de la compañía, el apego y la vinculación yace sobre un punto central: estar con un compañero(a). Las manifestaciones físicas de esta compañía son compartir tareas, ejercer como padres, cuidado mutuo, hacerse compañía y crear un hogar. Los sentimientos que incluyen todo esto son la intimidad y la confianza. Estar con esa persona significa sentirse mejor, más calmado, feliz y de acuerdo con evidencias recientes, más saludable físicamente. Las sensaciones de bienestar proceden de dos neuropéptidos: la oxitocina y la vasopresina.

Si esta compañía se interrumpe, la persona sufre lo que los psiquiatras denominan *ansiedad por separación*, lo que significa que se encuentran disgustados hasta que la pareja vuelve. Esta amenaza de pérdida es, en realidad, una "mini" abstinencia de la fuente de confort. Para nosotros es funcional tener esos sentimientos, ya que son esenciales para la capacidad de afiliarnos. De hecho, esta neuroquímica es parte de un proceso más grande de vinculación humana en general. Los vínculos parentales, de amistad, entre hermanos, todas las relaciones críticas recurren a la misma psicología.

Cómo interactúan los neurotransmisores

Estos tres neurotransmisores trabajan frecuentemente juntos. Primero, te sientes atraído(a) y excitado(a). Entonces te involucras de manera romántica. Y, finalmente, aparece el apego y el compromiso. En el contexto de esta relación más consolidada, volverás a experimentar excitación sexual y romance, aunque podría registrar fluctuaciones.

Si pensamos en esta idea en términos de cortejo, las dimensiones de este último extraen su energía literalmente de estos neurotransmisores. La Figura 7.3 en la página siguiente muestra gráficamente cómo cada neurotransmisor contribuye al proceso del cortejo.

En ocasiones, los neurotransmisores actúan independientemente el uno del otro. Por ejemplo, puedes actuar sexualmente sin ser romántico o sin involucrarte en una relación. Algunas relaciones no son particularmente sexuales o románticas. Otras, no son abiertamente sexuales y nunca alcanzan un nivel de compromiso.

No obstante, los problemas surgen cuando los neurotransmisores trabajan con propósitos cruzados. Aunque es más funcional ser parte de un vínculo par, por ejemplo, el deseo de sexo fuera de la relación puede mantenerse.

Helen Fisher, una de las pioneras en desarrollar un mejor entendimiento de la neurofisiología del sexo, escribió: "La vasta mayoría de los seres humanos en el mundo se casan con una persona al menos una vez." Los humanos tienen que darse cuenta de que las relaciones a largo plazo, monógamas parecen funcionar mejor para las familias y las sociedades. Fisher también indica que el divorcio es algo muy común en el planeta y se debe, en parte a la interacción de estos tres sistemas emocionales diferentes.

Dimensiones del cortejo y los neurotransmisores sexuales

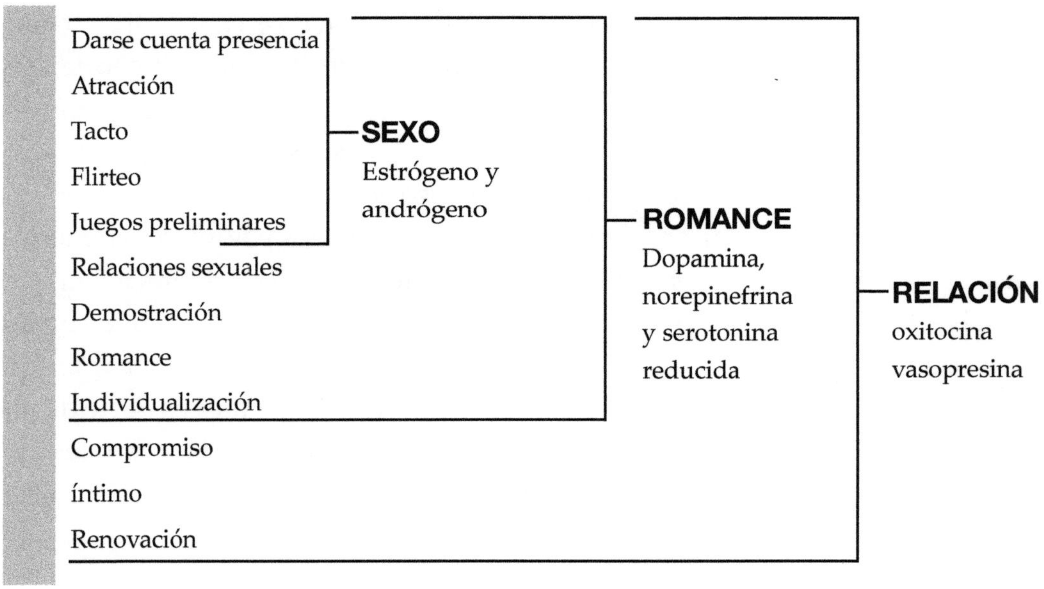

Figura 7.3

Neurotransmisores y adicción

No solo los adictos al sexo luchan contra el deseo por otros cuando se encuentran en una relación sólida. Todos estamos sujetos al sistema de circuitos del cerebro que hemos heredado. Muchos adictos al sexo se sienten más cómodos cuando saben que todo el mundo puede sufrir tensión causadas por varios deseos.

El problema para los adictos al sexo es que las sustancias químicas producidas por nuestro cerebro son las sustancias más poderosas que elaboramos. Un experimento clásico demuestra *lo poderosas* que son. Unas ratas que fueron primero habituadas a la heroína se les proporciona la opción entre un impulso eléctrico que estimula sus centros de placer en sus cerebros y otra con dosis de heroína. Consistentemente eligieron la estimulación sexual en lugar de la heroína. John Money, un famoso científico especializado en sexo en la Universidad John Hopkins, indica de manera sucinta en su libro "*Lovemaps*: "Estar perdidamente enamorado podría ser incluso el prototipo de todas la adicciones."

Piensa en ello en términos de lo que sabemos ahora sobre los neurotransmisores. Sentarse durante horas interminables delante del ordenador (computadora) estimulándote con las imágenes de mujeres que no conoces y nunca conocerás *no* es para lo que ha evolucionado el neurotransmisor sexual. En lugar de ayudar a garantizar la propagación de la especie, tal conducta lleva al aislamiento, apartándote de tus seres queridos, y siendo incapaz de desempeñar tu trabajo.

Consideremos, ahora, el romance. Son aquellos que se enamoran constantemente para experimentar prisa y embriaguez al haber encontrado su pareja "elegida por el cosmos". Digo "cósmica" porque esperan que cada nueva conquista traiga felicidad y significado a su vida. Como resultado, ponen todo su corazón y su alma en cada relación nueva. Encuentran a su pareja extremadamente atractiva, hasta que conocen a la siguiente. Sus relaciones nunca evolucionan hasta algo duradero porque no pueden vivir sin esa continua excitación que trae siempre una nueva relación.

Otras personas buscan una solución a través de múltiples romancen simultáneos. Estas relaciones aíslan y crean muchos problemas.

Algunas personas se vuelven tan obsesionadas sexualmente con sus parejas que se muestran celosos y sospechan hasta llegar incluso a acechar. Además, exigen sexo con frecuencia. Tal intensidad se opone abiertamente al confort y a la seguridad que se desarrolla en el vínculo de una relación saludable.

¿Cómo podemos darle sentido a todo esto? Debemos buscar maneras en las que los cuatro neurotransmisores de la adicción combinan con los tres neurotransmisores sexuales. A continuación, entramos en más detalle.

Excitación

Uno de los mayores impactos del sexo compulsivo se encuentra en los patrones de la excitación sexual. Este neurotransmisor se basa en la intensidad, el placer y la excitación, pero, no necesariamente en el cortejo.

Cuando la excitación es un problema, los adictos se impulsan tanto por el placer que no son capaces de rendir en sus vidas diarias,. El sexo se convierte en una prioridad autodestructiva. Todo se centra en la conducta erótica con muy poca atención hacia uno mismo(a) y los demás.

Además de tener una alta intensidad, esta conducta, con frecuencia, es de alto riesgo y peligrosa. Si el adicto(a) es un superviviente de un trauma, por ejemplo, la violencia podría incrementar la excitación sexual de esa persona. Para algunos, el dolor o incluso el trauma en sí se convierte en parte del patrón de excitación.

Cuando la excitación adictiva procede del romance, la emoción del nuevo amor se convierte en la dosis de intensidad. Los adictos al romance están buscando constantemente a esa persona "cósmica" que logrará que todo sea perfecto en la vida. Enamorarse repetida o simultáneamente se vuelve el antídoto de su dolor interno. Para estas personas, el romance es, a menudo, muy volátil e intensamente sexual. Normalmente se sienten atraídos hacia personas que son peligrosas, inalcanzables, que no están disponibles, a distancia o ilegibles, o incluso todo esto a la vez. Cuando emergen las relaciones, suelen ser volátiles, intensas y peligrosas.

Las películas como *"La guerra de las rosas", "Atracción Fatal"* y *"Acoso sexual"*, describen cómo se desarrollan y evolucionan las relaciones adictivas en los romances. El vínculo traumático (atracción hacia la persona que te hace daño), el acecho (obsesión con una pareja sexual), y codependencia (lealtad fuera de control hacia otra persona) prosperan en estas relaciones debido al temor. Con frecuencia, estas relaciones pasan por periodos de sexo intenso después de acontecimientos de riesgo o rupturas.

Insensibilización (Adormecimiento)

En cualquier relación, el sexo puede servir como manera de relajarse y sentirse mejor. Sin embargo, el problema ocurre cuando el sexo se utiliza compulsivamente para reducir la ansiedad.

Los adictos al sexo buscan una salida sexual como manera de enfrentarse al estrés de la vida diaria. Tienen una necesidad desesperada de alcanzar la euforia posterior al orgasmo y la calma para poder lidiar con su vida. A continuación, exponemos algunos ejemplos de sexo que ya no tiene nada que ver con el placer y la conexión con la otra persona:

- Sexo hasta el punto del agotamiento como rutina para poder dormir
- Sexo para insensibilizarse después de conductas de alto riesgo (muy habitual en los supervivientes de traumas)
- Sexo compulsivo hasta el punto de autolesionarse o causarse dolor

Con tales conductas, el sexo se convierte en un modo de gestionar la incomodidad interna. Además, puede estar altamente ritualizado, y si estos rituales se interrumpen, los adictos pueden sufrir una gran ansiedad.

El romance y el enamoramiento también se convierte en una "solución". Los adictos se vuelven ansiosos si no están con una pareja. Empiezan a creer que algo va mal, Si no ocurren los sentimientos románticos o estos desaparecen, la ansiedad se incrementa. Nutrir sus necesidades y el confort se vuelven más importantes que la persona que los proporciona. Estar enamorado es preferible a la angustia de la soledad

En las relaciones saludables, el apego proporciona confort. Sin embargo, los adictos al amor tolerarán una relación que no funciona o que incluso no les guste su pareja. Para ellos, estas situaciones son mejores que estar solos. Por lo tanto, la adicción al amor significa, con frecuencia, tolerar lo intolerable y aceptar lo miserable.

Y, aún peor, la adicción al amor significa aceptar lo improbable. Este tipo de adictos elaboran distorsiones de la realidad en lugar de enfrentarse al abandono. Pueden estar en una relación sea cual sea el coste, incluyendo palizas, adicción, abuso, privación, etc. Muchas personas con problemas de codependencia participan en relaciones compulsivas.

Fantasía

Para algunos adictos al sexo, la obsesión y preocupación con el sexo, por sí solo, se vuelve una solución a una realidad dolorosa. Utilizan la estimulación sexual para mantener sentimientos de placer. Esto crea largos periodos de tiempo durante los que tienen poca conexión o interacción con el mundo que les rodea. Estos adictos pueden retrasar tareas difíciles, ignorar la pena y escapar de los sentimientos insoportables dando vueltas durante horas interminables, entrar en el trance de la conducta sexual online, o continuamente planear cómo pueden lograr un atisbo de desnudez. Vivir en este mundo de fantasía permite el sexo separado de la realidad.

La preocupación romántica puede servir de la misma manera. Planear intrigas lleva su tiempo y proporciona una escapada. Las salas de chat y los correos electrónicos se vuelven, con frecuencia, más activos e importantes que las relaciones reales.

Algunos adictos al romance tienen fantasías románticas tan completas que la persona con la que tienen una aventura no tiene ni idea de los sentimientos del adicto; para ellos la falta de romance existe.

Las relaciones compulsivas pueden además basarse en una vida de fantasía. En tales casos, el centro de la relación se desarrolla aumentando las cualidades imaginarias de la pareja. El carisma de esta o un sentimiento excesivo de gratitud puede impulsar al adicto a permanecer en una relación que no es saludable y descartar la realidad. Las sectas, la mala conducta sexual y la traición, generalmente poseen una base mística desde una vida de fantasía. Y siempre parece haber una razón única por la que el "secreto" no puede revelarse. Todo esto es intensamente sexual. La fantasía compulsiva de cualquier tipo también puede conllevar un comportamiento de acecho en el que la obsesión se refuerza recogiendo información o descubriendo cosas de la pareja.

Privación

La privación significa evitar de manera compulsiva una necesidad como medio para gestionar los miedos. Cualquier cosa erótica o sugestivamente sexual se rechaza. El sexo se percibe como algo amenazante, no placentero, y, en el mejor de los casos, monótono y tolerable.

Las personas que tienen un historial de abuso sexual, a menudo, poseen una norma interna que indica que no pueden tener sexo con las personas que les importa. Como resultado, las relaciones importantes se convierten en asexuales de forma compulsiva.

También puede existir una falta de confianza extrema en los sentimientos o iniciativas románticas. Para algunos, el romance es, como mucho, la búsqueda de un arreglo. En su libro *Facing Love Addiction: Giving Yourself the Power to Change the Way You Love ("Enfrentarse a la adicción al amor: Conseguir el poder de cambiar el modo en el que amas") (Versión solo en inglés)*, Pia Mellody describe personas en esta situación como personar *evasivas.* Estas personas evitan las relaciones de manera compulsiva, y al hacerlo, se aíslan, están solas, emocionalmente restringidas y poseen habilidades de comunicación pobres o no existentes. Los anoréxicos sexuales y emocionales pueden tener apegos profundos, pero nunca lo admitirán.

La privación se convierte en algo así como una rueda de equilibrio. Algunos están sexualmente fuera de control, pero compulsivamente privados con sus parejas íntimas. Otros adictos al sexo viven una existencia alrededor del atracón/purga.

La matriz de la adicción sexual

La Figura 7.4, la matriz de la adicción sexual, en la página siguiente, resume las relaciones entre los cuatro neurotransmisores de la adicción y los tres neurotransmisores sexuales. Esta matriz sirve como guía de todos los modos en los que *podemos interpretar nuestras inclinaciones naturales y convertirlas en problemas.* Utilizar este gráfico puede ayudarte a identificar los ritmos fundamentales de tu adicción. Además, puede ayudarte a entender que las señales que tu cuerpo te está proporcionando, han sido distorsionadas. El conocimiento sobre esta distorsión ayuda a reducir la fortaleza de estas señales provocando que sean más fáciles de ignorar

La matriz de la adicción sexual

Neurotransmisor de la adicción	Neurotransmisor sexual: Erótico	Romance	Relaciones
Excitación	Toda la atención se centra en la conducta erótica, excitación y orgasmo. Una alta intensidad, riesgo y peligro están, con frecuencia, asociados. Los supervivientes de traumas podrían incorporar a la conducta dicho trauma y dolor.	Los adictos al romance convierten al nuevo amor en "la solución". Se enamoran repetidamente o de manera simultánea. Esta montaña rusa sentimental es altamente sexual, volátil y peligrosa. Las parejas son, a menudo, inalcanzables, inconcebibles o no están disponibles.	Relaciones volátiles, intensas y, a menudo, peligrosas. Vínculos traumáticos, sospechas y codependencia, acaban en abandono o colaboraciones peligrosas. Ciclos de sexo intenso y rupturas.
Insensibilización (Adormecimiento)	El sexo se utiliza para calmar la ansiedad y el estrés de la vida diaria. El sexo se utiliza para poder dormir, para calmar a personas de alto riesgo, o para gestionar la incomodidad interna. La ansiedad ocurre cuando una conducta altamente ritualizada se frustra o es alterada	El romance se convierte en el modo de gestionar la ansiedad. La persona genera una mayor ansiedad si no está enamorado de alguien. Como seas y cómo es el otro no tiene por qué coincidir. El único objetivo es estar con alguien.	Las relaciones compulsivas incluyen tolerar lo intolerable, como, por ejemplo, palizas, adicción, abuso y privación. La persona distorsionará la realidad en lugar de enfrentarse al abandono.
Fantasía	La obsesión y la preocupación se vuelven la solución para una realidad dolorosa. La fantasía es un escape que se utiliza para retrasar, evitar el duelo e ignorar el dolor.	La persona evita los problemas de la vida a través de su obsesión romántica. Planificación, intriga y búsquedas llenan el vacío. Correos electrónicos y chats, romances mágicos y la sospechas son más reales que la familia.	Las relaciones compulsivas se basan en la fantasía distorsionada. El rol carismático, la gratitud en los cultos, la mala conducta sexual y la traición son características habituales en estas relaciones. La mística se basa en el secretismo y en la creencia de la singularidad.
Privación	Cualquier cosa erótica o sugestiva se rechaza. El sexo es amenazante, no placentero. El sexo podría tolerarse si el otro es alguien que no nos importa.	Desconfianza extrema en los sentimientos o instintos románticos. En el mejor de los casos, la persona busca un "arreglo".	Evita relaciones, aislado, solo, emociones restringidas y habilidades comunicativas pobres o inexistentes

Figura 7.4

• • • Ejercicio 7.1 • • •

Tu matriz de adicción sexual

Indicaciones: Revisa la Figura 7.4, "La matriz de la adicción sexual", y después personalízala identificando esas áreas en tu vida donde la actividad sexual se ha vuelto adictiva. Completar esta tarea te preparará para descubrir tu plantilla de excitación.

Te proporcionamos una matriz vacía. En cada recuadro, marca el que creas que se ajusta a tu conducta, escribe ejemplos de ésta. Si algún recuadro no se ajusta a ti, déjalo vacío.

En aquellos donde hayas anotado tus conductas, clasifica su fuerza de 1 a 5, con uno siendo la más baja y cinco la más alta.

Cuando hayas terminado este ejercicio, compártelo con tu grupo y persona de apoyo o con tu terapeuta.

		Neurotransmisor sexual		
		Excitación sexual	**Romance**	**Relaciones**
Neurotransmisor de la adicción	**Ejemplo: Excitación**	Utilizar prostitutas durante viajes. Baja 1 2 3 4 5 Alta	Tener sexo con empleados y "relaciones" profesionales. Romances en la oficina. Aventura con un vecino. Baja 1 2 3 4 5 Alta	Alta involucración en una relación con Ana, a la que acechas. Sigues intentando dejarlo. Hacerte ver con ella en sitios públicos. Baja 1 2 3 4 5 Alta

		Neurotransmisor sexual		
		Excitación sexual	**Romance**	**Relaciones**
Neurotransmisor de la adicción	**Excitación**	Baja 1 2 3 4 5 Alta	Baja 1 2 3 4 5 Alta	Baja 1 2 3 4 5 Alta
	Insensibilización (Adormecimiento)	Baja 1 2 3 4 5 Alta	Baja 1 2 3 4 5 Alta	Baja 1 2 3 4 5 Alta
	Fantasía	Baja 1 2 3 4 5 Alta	Baja 1 2 3 4 5 Alta	Baja 1 2 3 4 5 Alta
	Privación	Baja 1 2 3 4 5 Alta	Baja 1 2 3 4 5 Alta	Baja 1 2 3 4 5 Alta

• • • Ejercicio 7.2 • • •

Tu matriz de salud sexual

Indicaciones: Los adictos en las primeras fases de la recuperación tienden a interpretar todo aquello que es sexual como nocivo o peligroso. Después de que finalices el ejercicio anterior, tal vez sea útil recordar nuestra explicación de los neurotransmisores y pensar en ellos desde la perspectiva de la salud sexual. Sí, ¡estos mismos neurotransmisores pueden mejorarte la vida! ¿Cuándo tendrán un efecto positivo en tu vida? Por ejemplo:

- En lugar de una excitación adictiva, ¿cuándo has sentido una pasión vibrante?
- En lugar de una mentalidad adormecida cuando has tenido sexo, o un romance o relación, ¿te han llevado a una calma reflexiva?
- En lugar de escapar obsesivamente a la fantasía, cuando has tenido sexo, un romance o relación ¿te han llevado a centrarte de manera productiva?
- ¿Ha habido momentos en tu vida donde comportarte de manera asexual ha tenido un efecto positivo en tu vida en lugar de detractor? (Llamamos a estos momentos, , abstenerse por un propósito más elevado.)

Desde estas cuatro preguntas, hemos creado una nueva matriz que se centra en tu salud sexual. En la página siguiente, pasa por cada recuadro y escribe ejemplos de las veces en las que el sexo, un romance o relación te han aportado algo en tu vida. De nuevo, deja los recuadros en blanco si no tienes ejemplos. Utiliza la escala del 1 al 5 en cada recuadro en el que hayas anotado una entrada en términos de mejora en tu vida. Pregúntate si este acontecimiento hizo que tu vida fuera un poco mejor (1 en la escala) o radicalmente mejor (5 en la escala).

Después de completar el ejercicio, continúa con el ejercicio 7.3 para reflexionar sobre ambas matrices.

	Excitación sexual	Romance	Relaciones
Pasión	Baja 1 2 3 4 5 Alta	Baja 1 2 3 4 5 Alta	Baja 1 2 3 4 5 Alta
Calma	Baja 1 2 3 4 5 Alta	Baja 1 2 3 4 5 Alta	Baja 1 2 3 4 5 Alta
Centrado(a)	Baja 1 2 3 4 5 Alta	Baja 1 2 3 4 5 Alta	Baja 1 2 3 4 5 Alta
Asceticismo	Baja 1 2 3 4 5 Alta	Baja 1 2 3 4 5 Alta	Baja 1 2 3 4 5 Alta

• • • Ejercicio 7.3 • • •

Preguntas de reflexión sobre la matriz

Indicaciones: Las preguntas siguientes te ayudarán a reflexionar sobre las dos matrices que acabas de crear.

¿Cuáles son las diferencias entre tu conducta adictiva y tu comportamiento sexual saludable?

____

____

____

____

¿Qué es lo más difícil de diferenciar entre los dos tipos de conducta? ¿Qué te han enseñado con respecto a la recuperación?

____

____

____

____

¿Hay paralelismos entre las dos matrices? ¿Qué has notado sobre lo que se ha quedado en blanco?

____

____

¿Qué matriz ha sido más dura de completar? ¿Cuál crees que es la razón para ello?

Contrasta las calificaciones más altas de la fuerza de la adicción con las más altas de la mejora en la vida. ¿Cuáles son las implicaciones de este resultado para tu recuperación?

La plantilla de excitación

Recuerda que la excitación es un fenómeno físico. Como tal, operará del mismo modo que lo hace tu cuerpo. Por ejemplo, tu sistema inmunitario busca los microorganismos amenazantes que se ajustan al patrón de ser una bacteria peligrosa, y cuando los descubren, organiza inmediatamente un ataque contra tales células. Del mismo modo, tu cerebro está buscando constantemente patrones que le son familiares con el fin de darles sentido. Se produce una búsqueda sexual para ver si encaja con un patrón. Ese patrón es *tu plantilla de excitación*.

La plantilla de excitación de cada persona puede ser única y bastante específica. Voy a exponer una serie de historias que pasaron por mis manos:

> La madre de Jake andaba, a menudo desnuda por la casa delante de él cuando era niño y luego adolescente. Como adulto, Jake desarrolló un problema de voyeurismo. De hecho, tuvo dos relaciones serias con strippers que cuidaron de él pero que después le dejaron por otra persona.
>
> El padre de Freddie poseía una gran colección de pornografía y permitía que su hijo la utilizara. Como adulto, Freddie trabajaba a media jornada como camarero en un club de striptease. Con frecuencia, tenía aventuras de una noche con las mujeres con las que trabajaba en el club. Poco tiempo después, descubrió internet y empezó a acceder a las páginas web pornográficas. Muy pronto comenzó a descargarse pornografía tres horas al día y gran parte del fin de semana.
>
> Desde que era pequeño, Sam se fascinaba sexualmente con los anuncios de lencería que se encontraba en los catálogos de los grandes almacenes. Recortaba las páginas de lencería y las apilaba debajo de su colchón. Cuando aprendió a masturbarse usaba estas páginas para estimularse. Ya, como adulto, Sam descubrió internet y pronto empezó a pasar cerca de dos horas cada día descargando imágenes de mujeres en lencería. Cuando se puso en tratamiento, tenía más de 100 CD llenos de imágenes digitales de mujeres en ropa interior. Había conocido a la que por entonces era su novia en la iglesia. ¿Su profesión? Representante de ventas para compañías de lencería.

Estos tres hombre tenían un problema con el voyeurismo o el sexo visual. ¿Te has fijado, sin embargo, que la ruta que cada uno siguió en su problema fue diferente? Cada uno buscaba y seguía un patrón sexual diferente que había comenzado en los primeros años de su vida: al comienzo de su vida:

- La obsesión de Jake con las mujeres que hacen striptease y con el abandono, que comenzó con la conducta de su madre
- Freddie aprendió desde pequeño a acumular pornografía.
- La fijación de Sam con la lencería comenzó realmente en una familia que nunca hablaba de sexo. Los catálogos eran su único acceso a la "información" sexual.

Cada una de estas personas formaron una plantilla de excitación que filtraba todas sus estimulaciones sexuales, permitiendo solo ciertos patrones, y, por lo tanto, limitando sus opciones sexuales. Después llegó la obsesión y la ritualización y así fue como nació el ciclo de adicción.

Cómo se forman las plantillas de excitación

Las plantillas de excitación pueden distinguirse ya en niños entre los cinco y ocho años. Se forma por una variedad de factores: mensajes familiares, experiencias sexuales precoces, influencias religiosas, abuso en la infancia e influencia de los medios de comunicación (historias e imágenes de revistas, televisión, películas e internet). Esto fluye todo junto para crear un proceso interno llamado excitación sexual. Parte de esta plantilla se forma intencionadamente (por la iglesia, la cultura y la familia) mientras que otras partes se forman de manera accidental en general. Además, la plantilla se fundamenta en las preferencias ya determinadas por nuestro código genético

Por lo tanto, ya sea que nos gustan altos(as) o bajos(as), rubios(as) o pelirrojos(as), estas y todas nuestras preferencias están determinadas por una mezcla de fisiología y aprendizaje basado en la cultura. A medida que llegamos a la adolescencia y a la edad adulta, la plantilla de excitación se convierte en nuestra guía de lo que creemos que es erótico. Y, gran parte de esa plantilla permanece en un nivel inconsciente.

Tu plantilla de excitación puede cambiar

Los eventos en los primeros años pueden tener un impacto profundo en el individuo sexual emergente. La conducta sexual online, sin embargo, nos ha enseñado que los adultos pueden experimentar un cambio significativo en su plantilla de excitación bajo la influencia hipnótica del sexo electrónico. De hecho, las personas pueden formarse rápidamente nuevas obsesiones que se vuelven tan fijas que tienen el poder de las experiencias precoces de la infancia.

Este hecho es importante, porque durante muchos años creíamos que las plantillas de excitación eran firmemente fijas e inalterables. Ahora, nos hemos dado cuenta de que pueden complementarse o, incluso, sustituirse. La parte negativa es que todavía puede llevar a la obsesión. La positiva, es que el cambio es posible. *El hecho fundamental es que tu plantilla de excitación podría haber sufrido cambios profundos como resultado de tu adicción al sexo*. Conocer cómo ocurre este cambio puede afectar significativamente tu capacidad para no recaer.

Interrumpir el ciclo de adicción comienza entendiendo los rasgos en la búsqueda de plantillas en tu cuerpo y cómo se formó tu plantilla de excitación. Al hacerlo, podrás comenzar a ampliar tus estímulos sexuales y a introducir nuevas opciones sexuales que son más funcionales y sanas.

La clave para la recuperación es aprender cómo separar las distorsiones en tus neurotransmisores de las expresiones verdaderas de tu sexualidad. Con el fin de comenzar este proceso, necesitarás explorar tu plantilla de excitación con más detalle.

Las plantillas incluyen una variedad de objetos y situaciones

Casi todo puede convertirse en parte de una plantilla de excitación. Por ejemplo, un niño creciendo en un área rural sin agua corriente, podría haberse escabullido detrás de un cobertizo para asomarse y observar a las mujeres de la familia orinar. La curiosidad y la excitación pueden, entonces, conectarse con la micción. Ya como adulto, esta persona podría interpretar la micción como una pista para su excitación. La pornografía de mujeres orinando o cámaras espía en baños o las prostitutas dispuestas a proporcionar "lluvia dorada" podrían haberse convertido en una extensión de esa situación o historia original.

De manera similar, cuando eran adolescentes, algunos hombres quedaban fascinados por las chicas que fumaban. Al convertirse en adultos, buscan restaurantes o parques cerca de institutos de secundaria donde pueden observar a las chicas fumando, o podrían conducir a áreas donde saben que hay chicas fumando. Incluso podrían entrar online para buscar páginas web dedicadas a chicas fumando (que no tienen que estar necesariamente desnudas).

Las plantillas incluyen una variedad de sentimientos

Al igual que los objetos, situaciones o escenarios se vuelven erotizantes, lo mismo ocurre con los sentimientos que los acompañan. Muchos experimentos psicológicos han mostrado consistentemente que las personas eran consideradas más atractivas cuando percibían temor o riesgo tanto para ellos mismos como para otras personas. El miedo y el riesgo son escaladores bien documentados de la experiencia sexual.

Lo mismo ocurre con el dolor. Muchas mujeres víctimas de abusos sexuales violentos en su infancia, señalan que, en su edad adulta, no son capaces de lograr un orgasmo a menos que su pareja les haga daño. Muchas pacientes traumatizadas femeninas me han comentado que no podían masturbarse si no se ponían materiales astringentes o abrasivos en sus vaginas. Simplemente no podían estimularse a sí mismas sin el dolor.

Consideremos a un científico de éxito que nos contó su infancia violenta. Recuerda cómo su padre daba tales palizas a su madre que oía como su cuerpo golpeaba las paredes en la habitación contigua. Se masturbaba para calmar la ansiedad que ese ambiente le provocaba. También tenía un problema de retención, porque mojaba la cama y defecaba en el pijama hasta que llegó a los seis años. Como adulto, descubrió que el miedo era erótico, cualquier tipo de miedo. Por lo que buscaba sexo de alto riesgo de manera compulsiva. Incluso sus propias heces y su orina le excitaban mucho. Usar el término clínico *coprofilia*, no capta, ni de lejos la totalidad de lo que le había pasado a este hombre. Detrás de lo que muchos denominarían una conducta perversa, existía un niño severamente traumatizado.

Ira erotizada

Del mismo modo, la ira puede volverse erótica. Primero, la ira ocurre en situaciones de alto riesgo o miedos. Ésta intensifica la experiencia sexual y se convierte en un elevador neuroquímico, igual que el miedo. Segundo, la ira, frecuentemente, yace como punto central de situaciones, historias y creencias integradas en la plantilla de la excitación. Por lo tanto, la actual conducta sexual puede arrastrar una energía enorme procedente de heridas y experiencias pasadas. Por último, la ira se convierte en un estímulo sexual para algunas personas. Con el fin de darle sentido al efecto de la ira, tenemos que desglosar las situaciones en tipos de componentes o perfiles.

Recuerda que muchas páginas web dedicadas al voyeurismo publican, a menudo, imágenes de esposas, exnovias y exesposas subidas por hombres que indicaron que estas mujeres desconocían que las fotos eran públicas. Publicar una imagen desnuda de alguien sin su conocimiento o permiso, y hacerlo para la gratificación sexual de otros, es un acto de ira y de venganza. Lo opuesto también ocurre: los ex enfadados publican imágenes desnudas de ellos(as) mismos(as) como represalia por ser rechazados. Estos son tan solo dos ejemplos de cómo la ira y la excitación sexual pueden llegar a fusionarse en una plantilla de excitación. A continuación, mostramos más ejemplos:

Un piloto de vuelo tiene problemas con sus aventuras compulsivas en un sector donde este problema es demasiado habitual. Sin embargo, este hombre procedía de una familia con tradición religiosa devota y restrictiva por lo que estaba atormentado por la culpa y la vergüenza. Es padre de tres hijos y diácono en su iglesia. Pero, al mismo tiempo, había tenido sexo con más de quinientas mujeres durante alrededor de quince años. En la terapia, se dio cuenta de que sentía ira hacia la iglesia y hacia su mujer. Su brecha llegó cuando tuvo una discusión con su mujer, e inmediatamente tuvo un deseo extremo de tener sexo fuera del matrimonio. Su terapeuta le ayudó a descubrir que su incapacidad para responder de manera apropiada a su mujer desencadenó su conducta sexual inadecuada: podía vengarse sin que ella lo supiera y restaurar su "igualdad" interna.

El piloto aprendió lo disfuncional que era su incapacidad para enfadarse con su mujer, cómo sus sentimientos sobre la iglesia y sus aprendizajes sexuales recargaban sus actos sexuales fuera del matrimonio, y cómo su conducta compulsiva estaba alimentada en parte por una ira sexualizada.

Una encantadora mujer afroamericana con un grado universitario trabajaba como una stripper.

Poseía un extenso historial de abusos físicos y sexuales por parte de los hombres de su familia.

Esta mujer describía a su terapeuta la gratificación que sentía cuando los hombres sacaban dinero de sus carteras para ponerlo en el escenario o en su liguero. Tenía un concepto de ellos como algo despreciable, y desde su punto de vista, los humillaba. Se sentía superior, poderosa y llena de rabia cuando se sentía sexual.

Y esta dinámica tampoco la restringía bailar. Tenía un largo historial de comportarse de manera sexual con profesores, en la universidad y con su médico. El sexo era el gran ecualizador con la gran mayoría de hombres con los que se había comportado de manera sexual. Lamentablemente, todo ello le provocó pensamientos suicidas, un vacío profundo, una adicción sexual y un pernicioso hábito a las drogas. Su terapeuta le señaló cómo esta situación meramente había reciclado las experiencias de abuso en su familia.

Un contador blanco que había vivido siempre bajo las normas descubrió que su mujer había tenido repetidamente aventuras con hombres afroamericanos. Se sintió traicionado y enfadado. Además, se obsesionó con ello y se excitaba por lo que ella había hecho. Señaló que el sexo más ardiente que habían tenido nunca fue cuando fue reuniendo más detalles de sus aventuras.

Más tarde, este hombre descubrió la pornografía online, incluyendo páginas web con hombres afroamericanos y mujeres blancas. Su situación cayó rápidamente en picado. Pasaba una media de treinta horas a la semana con su conducta sexual online y descuidaba su trabajo. Comenzó a recopilar pornografía de parejas afroamericanas y blancas y a visitar prostitutas de manera habitual. Las preguntas detalladas a su mujer se volvieron fastidiosas y acosadoras.

Cuando su terapeuta le preguntó si había estado acechando a su mujer, este hombre declaró que nunca haría semejante cosa. El terapeuta cambió la pregunta y le preguntó si *había seguido* a su mujer. "Por supuesto", respondió. En realidad, la tenía bajo vigilancia las veinticuatro horas.

El terapeuta ayudó a este hombre a entender el rol de la ira no solucionada en su patrón actual sexualmente compulsivo.

La mujer de un hombre de perfil alto fue a un terapeuta por su depresión e infelicidad extrema. Había estado comportándose sexualmente de muchos modos durante más de una década. Señaló que había tenido sexo oral con un stripper en público. Su marido no sabía nada sobre todo esto o sus otras actividades. Pero tan solo el hecho de que pudiera *saberlo* ya era erótico para ella.

El terapeuta de esta mujer observó que mientras que su comportamiento podría ser erótico, también lo era su ira. Todo ello lo hacía para humillar y avergonzar a su pareja. Era como si estuviera jugando con su humillación mientras que no llevaba nada a cabo. Además, empezó a obsesionarse con todo ello. Su terapeuta le explicó que la parte más retorcida de la perversión era, a menudo, la venganza y la ira desafiante.

En cada uno de estos casos, la ira y el erotismo se entremezclaban. El mecanismo de este proceso es fácil de entender.

Poder y restauración de uno(a) mismo(a)

En estos perfiles, el sexo se utiliza para restaurar, de alguna manera, el poder. En el caso del piloto, que no podía gestionar los conflictos con su esposa, restauraba su sentido de sí mismo con una conducta sexual inadecuada de una manera que ella no podía controlar. Creía que se merecía sexo porque nadie le entendía y su mujer se lo merecía por su terrible comportamiento. ¿Cómo podía ser una represalia si ella nunca descubría lo que hacía? La posibilidad misma de que ella se enterase es lo que le daba valor al comportamiento de su marido, casi tanto valor como si lo hubiera hecho delante de ella. (Es, además, importante destacar que su relación sufría un trastorno de intimidad, por su incapacidad de crear intimidad como parte del problema). El intento erróneo del marido de gestionar su frustración dio como resultado una conducta sexual compulsiva de un adicto al sexo. La adicción suele ser una "solución" a un déficit de intimidad.

Intentar alcanzar una paridad en la relación es uno de los perfiles más comunes en la rabia erótica. De manera coincidente, es también una de las causas más comunes de las aventuras. Vamos a estudiar la historia de Tammy.

La historia de Tammy

Mientras iba creciendo, con frecuencia, Tammy se avergonzaba por los comportamientos sexuales inapropiados de su padre en público. Su padre actuaba de manera similar en casa, paseándose, por ejemplo, desnudo. Tuvo muchas aventuras y abusó sexualmente de las tres hermanas de Tammy.

Ahí comenzó el problema de Tammy. Como muchos hermanos(as) de niños que han sufrido abusos. Tammy solía preguntarse por qué su padre no había buscado sexo con ella. Sin embargo, si lo hizo, como por ejemplo observar su cuerpo y comentar a menudo cómo se desarrollaba su cuerpo. Aunque tenía un baño para ella sola, Tammy elegía deliberadamente ducharse en el baño de su padre, para que tuviera la oportunidad de observarla.

Tammy se convirtió en una preciosa y escultural mujer. Cuando tenía diecisiete años, la pillaron robando ropa. El vigilante la llevó a una sala trasera y le dijo que podía quedarse con la ropa si le enseñaba sus pechos. Así lo hizo y él se masturbó mirándola.

Tammy se marchó con la ropa y con un sentimiento único. Pensó que el vigilante había traicionado su vulnerabilidad. El sexo había cambiado la situación: ya no era una adolescente desesperada que iba a ser denunciada a la policía por una figura autoritaria. Esa figura de poder se había vuelto, en su lugar, patética y asquerosa en sus ojos. Además, exhibir su cuerpo la excitó sexualmente y la satisfizo. Y, además, se pudo quedar con la ropa.

Esta situación se repitió una y otra vez de varios modos en los años siguientes. Como una ejecutiva de publicidad con mucho poder, Tammy mantuvo cuentas en varias ocasiones porque los clientes le pedían tener sexo. Tuvo relaciones, generalmente, con hombres más mayores que tenían poder y no eran atractivos. Así sentía que tenía el control debido a su desesperación sexual.

Durante un tiempo, Tammy se comprometió con un hombre que era mucho mayor que ella y pesaba 300 libras. Disfrutaba del sexo con él. Sus momentos de sexo más excitante, sin embargo, llegaron cuando rompieron y tenían sexo donde él pagaba. Ver a un hombre sacar dinero de su cartera era erótico para ella. Sabía que en este punto "había ganado".

A Tammy también le gustaba conducir por la autopista con el vestido levantado exponiendo sus genitales o su blusa abierta enseñando el pecho. Conducía cerca de los camiones y sentía un gran placer cuando los camioneros tocaban sus bocinas como aprobación. Cuando Tammy entró en recuperación por alcoholismo, se volvió extremadamente activa con varios hombres que conoció en las reuniones de AA.

Y la lista continua. Ni que decir tiene que la vida de Tammy estaba fuera de control y en un momento dado tuvo intenciones suicidas.

En el tratamiento por la adicción al sexo, Tammy admitió que tenía varios arreglos fijos con propietarios de prestigiosas tiendas de ropa de Rodeo Drive en Beverly Hills. Podía elegir la ropa que quisiera simplemente con desnudarse para estos vendedores. Se masturbaban y ella salía sintiéndose superior. Este comportamiento era simplemente una repetición de lo que le había ocurrido cuando era una adolescente.

Su terapeuta le ayudó a entender que desnudarse delante de estos vendedores repetía muy de cerca su comportamiento al ducharse en el baño de su padre para atraer su atención. Admitió que la tienda de ropa donde le encantaba hacer esto estaba a la vuelta de la esquina del apartamento de su padre. Algo sobre su proximidad hacía que su conducta sexual fuera incluso más convincente. Fue en ese momento cuando confesó que había tenido sexo con un hombre en la cama de su padre en la noche de una de sus bodas.

La historia de Tammy ilustra un fenómeno muy común entre los supervivientes de traumas. Es decir, su conducta imita el modo en el que fue tratada de niña. Los especialistas en traumas lo describen como "compulsión repetitiva" o "adicción al trauma". El comportamiento sexual compulsivo de Tammy le proporcionaba un subidón basado en una plantilla de excitación que desarrolló mientras intentaba dar sentido a su propia relación con su padre.

No obstante, Tammy siempre intentó "completarse" a sí misma. Es importante reconocer la naturaleza cíclica de sus sentimientos durante su conducta sexual. Tammy estaba desesperada por la aprobación de su padre siempre que lo lograba. Aunque estaba enfadada por el modo en el que la trataba y a pesar de cómo se comportaba, llamar su atención y luego sentir que ella era mejor persona que él, creó la dinámica interna y la recompensa que impulsó su comportamiento disfuncional.

Cuando Tammy finalmente entendió todo esto, fue capaz de disminuir sus ciclos compulsivos. Se dio cuenta de que desde fuera parecía una víctima que había sido utilizada por los hombres. Pero en un nivel más profundo, ella era la depredadora controlada por la ira y el odio a los hombres.

De nuevo, la ira sexualizada puede utilizarse en un intento de restaurar el sentido de uno(a) mismo(a). Cuando esto ocurre, generalmente conlleva una forma de abuso y poder. En varios estudios de mujeres y adicción al sexo, esta dinámica de poder y el intento de afianzarse a sí mismas está muy presente.

La literatura de los delitos sexuales generalmente describe conductas paralelas en hombres delincuentes que intentan compensar su imagen pobre repitiendo el abuso infantil y la rabia por las mujeres y que se muestra sexualmente. La ira sexualizada se vuelve un vehículo para que los adictos se sientan mejor creando una nueva paridad en la relación al utilizar el sexo.

Humillación, venganza y represalias

Tal vez te hayas fijado que todos los ejemplos de estas historias contienen alguna forma de humillación o venganza. El intento de restaurarse a ellos(as) mismos(as) a través de la rabia sexualizada puede extenderse hasta llegar a reducir a la otra persona. Esto puede ser un patrón sexual, como los vendedores con los que Tammy se sentía superior, o una stripper sintiendo asco por los hombres que le pagan. Podría ser incluso una pareja marital, como la mujer que llevó a cabo el sexo oral en público. La venganza también puede conllevar la humillación de un padre en persona o indirectamente, como Tammy espoliando la cama de su padre en el día de su boda

Podemos encontrar más ejemplos fácilmente. Como ya hemos mencionado anteriormente, el acto de publicar una foto desnuda de tu exmujer para que todos la vean sin su permiso tiene un componente sexual y vengativo.

Generalmente, cuando la ira sexualizada se vuelve vengativa, los problemas de raíz son profundos. Vamos a considerar el ejemplo de Louise.

Cuando tenía dieciséis años, Louise se quedó embarazada y dio su hijo en adopción. Éste, Sam, fue criado en un hogar abusivo físicamente. Se convirtió en un adicto a las drogas y paso por varios ciclos de rehabilitación. Louise no sabía nada de todo eso.

Cuando cumplió treinta años, Sam llevó a cabo una búsqueda con éxito de su madre legítima. Louise estaba entusiasmada de estar en contacto con su hijo. Se había casado por segunda vez hacía dieciséis años y tenía dos hijos. Ahora, asentada en una vida de clase media ordenada, Louise tenía, de alguna manera, una apariencia maternal. Todavía tenía muchos sentimientos sin resolver por haber entregado su hijo en adopción.

Louise fue a visitar a su hijo mientras se encontraba en un centro de rehabilitación. En la habitación de su hotel, le masajeó sus hombros porque decía que le dolían. El masaje terminó con la madre y el hijo teniendo sexo.

Cuando Sam dejó el centro de rehabilitación, le pidió a Louise si podía vivir con ella y su marido hasta que encontrara un trabajo y pudiera ser autosuficiente. Louise aceptó. En un mes la casa se había convertido en un completo caos, debido en gran parte a la continua relación sexual entre Louise y Sam. Esto terminó cuando el marido de Louise descubrió a la madre y al hijo juntos en la cama. Pidió a Sam que se marchara y Louise empezó a tener sentimientos suicidas. Comenzó a utilizar anfetaminas. Su rutina, su vida de clase media tranquila se había evaporado.

Durante el tratamiento, Louise se sorprendió cuando se dio cuenta de cómo había vulnerado su propio sistema de valores y el daño que había hecho a su marido, al que amaba profundamente. Al usar los detalles de la experiencia sexual con su hijo, que se mostraba más enfadado que apasionado mientas que ella se desnudaba y el seguía prácticamente vestido, por ejemplo, tanto el terapeuta de Louise como su grupo de apoyo le ayudaron a descubrir que su intención era degradarla y humillarla.

La ira de Sam por haber sido abandonado se unía al abuso físico al que se tuvo que enfrentar en su casa adoptiva. El sexo se convirtió en un vehículo para su rabia. Louise señaló que en realidad ella ya había entendido todo eso en aquel momento, lo que añadía aún más a su asombro por continuar la relación sexual con él.

Su terapeuta le dio a conocer el concepto del vínculo traumático, explicándole cómo la presencia de Sam inducía al temor y extraía energía de la culpa y la tristeza de una vieja herida. Este nuevo entendimiento permitió a Louise empezar a reconocer qué partes de esta extraña situación eran su responsabilidad y cuáles no.

Lo que le ocurrió a Sam y Louise, en realidad les ocurre a muchas personas. La ira y el dolor relacionados con viejas traiciones y abusos pueden acumularse sexualmente en la edad adulta. Sam culpaba a su madre por lo que le había sucedido, cuando, de hecho, Louise había tomado una actitud responsable dándole en adopción intentado ofrecerle una vida mejor.

La percepción de Sam, obviamente, era diferente. Y actuaba sexualmente en un intento de humillar a su madre. Tener sexo con tu propia madre nos muestra otra dimensión de la rabia sexualizada: la perversión.

Perversión

Uno de los grandes investigadores sobre la perversión, Robert Stoller, cuenta la historia de sus investigaciones iniciales en el mundo de la pornografía. Cada productor de pornografía que entrevistó señalaba que si la pornografía fuera legal y aceptada ampliamente (o incluso tolerada), nunca se habrían molestado en involucrarse en ella. Estos productores esencialmente indicaban que la emoción de hacer películas sexualmente explícitas llegaba al descubrir el placer en lo desautorizado. Al poner el sexo "en sus rostros", contraatacaban a nuestra cultura por su control y rigidez. Esta rebelión o desafío contra lo convencional también se desarrolla desde la ira.

La conducta sexual individual a veces es simplemente perversa. Que la mujer de un funcionario haga sexo oral públicamente con strippers masculinos es perverso. Intercambiar sexo por ropa en una tienda justo al lado de la casa de un padre controlador también es perverso. Tener sexo con tu propia madre es mucho más que un acto desafiante. Tener muchas aventuras a espaldas de tu mujer en una comunidad religiosa restrictiva y crítica rompe claramente las normas. Esta perversión, además, envía un claro mensaje sobre lo convencional, el control y las relaciones.

Debemos fijarnos, sin embargo, que tal perversión es, a menudo, una broma personal. Al actuar sexualmente, uno está jugando con la posibilidad de que la persona con la estás enfadado(a) descubra tus intenciones. En este sentido, posee elementos de obsesión como en las apuestas. Todo este comportamiento claramente suma al riesgo y a la intensidad del acto.

La perversión funciona mejor si ultraja a los demás. Las conductas pervertidas humillan solo cuando son muy "inusuales". En todo esto existe una ironía porque sabemos que estos comportamientos son, de hecho, bastante comunes.

Obsesión

La ira puede fomentar también la obsesión sexual. Esto ocurre especialmente en casos de traición y celos. Recordemos el caso que examinamos en páginas atrás en la que una mujer blanca tenía repetidamente aventuras con hombres afroamericanos. Su marido se torturaba con la preocupación por la conducta de su mujer. Su obsesión era intensamente sexual y abiertamente hostil.

Que la obsesión evolucione a una conducta de acecho tampoco es inusual. Cuando la ira obsesiva está presente, las normas convencionales de la sociedad se anulan. Los acechadores, por ejemplo, justifican su conducta porque están "construyendo su caso" frente a la persona que creen que les está traicionando.

Las parejas de los adictos al sexo también justifican el acecho. Pueden volverse sexualmente obsesionados con las conductas de los adictos y llegar al extremo de irrumpir en la privacidad del esposo(a). Pueden hacerlo, por ejemplo, contratando un detective privado para espiar a su pareja, revisar papeles y diarios personales y repasar las facturas y extractos de la tarjeta de crédito.

Hay incluso una página web dedicada a ayudar a personas con este tipo de vigilancia. Una mujer descubrió que su marido estaba usando su ordenador (computadora) para desarrollar su conducta sexual online. Cuando supo que estaba teniendo aventuras a través de correo electrónico y descargando pornografía, se sintió humillada. Encontró una página de vigilancia diseñada para hacer un seguimiento de los hombres que engañan en la red. Así, aprendió cómo usar su ordenador del trabajo para ocultar su identidad e iniciar, después, una tórrida sala de chat con su marido.

Además, instalo un sistema de vigilancia en el ordenador (computadora) de su casa que, automáticamente, anotaba y le enviaba por correo electrónico al ordenador de su trabajo una descripción de todo lo que su marido había hecho en el dispositivo. Sabía todo su comportamiento online mientras que él no tenía ni idea de que estaba siendo vigilado. También descubrió y visitaba frecuentemente una página web cuyos(as) participantes (aproximadamente tres mil personas por semana) hablaban sobre lo que sus parejas estaban tramando en ese momento. Ira, perversidad, encontrar venganza, desquitarse y obsesión, mostraban todos los componentes de la ira erotizada. Y completaba la farsa siguiendo su relación sexual habitual con su marido como si nada hubiera cambiado.

Los adictos y sus parejas frecuentemente se sorprenden al conocer que la ira juega un rol muy importante en su conducta sexual. Ignoran lo obvio por varias razones. Primero, son conscientes del sexo, pero no de la ira. Las personas afectadas en ciclos compulsivos o patrones repetitivos son más propensas a caer en esta trampa. Ningún sentimiento, es decir, ira, temor, tristeza o dolor, sobreviven a su obsesión. Segundo, estas personas han creado una red compleja de pensamientos distorsionados y racionalizaciones para evitar sentirse responsables de sus actos. Cuando una actividad no se considera como culpa tuya, todos los sentimientos de remordimiento o vergüenza se ocultan.

Los adictos necesitan ayuda de su grupo, su persona de apoyo y un terapeuta para descubrir las dinámicas de sus familias o el legado del abuso en sus vidas. Generalmente, los adictos al principio tienden a no reconocer estas realidades, Con el tiempo, logran verlas como acontecimientos de ruptura, es decir, lo que verdaderamente son.

Prepararse para los ejercicios de las hojas de trabajo sobre la fantasía

Para obtener una gran comprensión de tus propias plantillas de excitación, debes comenzar por hacerlas explícitas. Integrada en la mayoría de las plantillas de excitación existe una fantasía ideal que debe ser entendida. La serie siguiente de ejercicios te ayudarán a descubrirlo. Además, te pediremos que examines esas fantasías ideales y determines de dónde vienen. Es un trabajo difícil y es mejor que lo hagas en consulta con tu red de apoyo.

Recuerda que las fantasías son un modo de imaginar el futuro. Los pacientes en recuperación reconocen que varias fantasías específicas son componentes clave de su obsesión que terminan en una recaída. Al examinar esas fantasías descubren cómo empezaron y reconocer sus resultados probables les ayuda a disminuir su poder. Esto comienza describiendo la fantasía y especificando qué es lo que la hace ideal.

Vamos a utilizar el ejemplo de Art, un hombre que comenzó su tratamiento porque le pillaron en casa de su mejor amigo masturbándose con la lencería de la mujer de su amigo:

> **Fantasía:** Entrar a hurtadillas en la casa de una mujer y ver pornografía en su TV. Ir a su dormitorio, buscar su ropa interior y masturbarse.
>
> **Cuando se le preguntó qué era lo que hacía ideal su fantasía, señaló:** "La casa es de alguien a quien conozco y me atrae. Traeré mis propios videos, pero lo más ideal será si puedo encontrar videos pornográficos utilizados o vistos por esta persona. Y lo mejor ocurrirá cuando vea a esa persona y sepa que lleva la ropa interior con la que me he masturbado. La idea completa es ser muy sexual con esta persona sin que ella sepa que he estado usando sus cosas. Soy el ladrón sexual perfecto."
>
> **Cuando se le preguntó si dicha fantasía era fácil de alcanzar, Art escribió:** "Sí es posible y lo he hecho. Pero nunca fue perfecto. Las posibilidades de encontrar los videos caseros de otras personas son bastante remotas. Nunca me ha pasado. Lo cierto es que lleva una gran cantidad de trabajo por una compensación muy pequeña, incluso aunque no tenga en cuenta los riesgos legales
>
> **Cuando se le preguntó sobre los riesgos y el resultado más probable, Art escribió:** "Lo que ocurrió exactamente es que me pillaron y ahora todos mis amigos lo saben. Por un lado, me costó mi matrimonio y todas las amistades que tenía. Las posibilidades de hacerlo sin ningún problema son cero. Además, todavía tengo que afrontar los problemas legales."

Todas las fantasías sexuales están integradas en una historia o situación. Es crítico entender de dónde viene esa historia y lo que ha hecho a tu vida. La parte más difícil para algunos es lograr ver la historia.

Una vez que la historia está clara, debes preguntarte de dónde viene. ¿Familia?, ¿abuso en la infancia?, ¿descubrimiento accidental?, y ¿por qué crees que es tan convincente? Cuando se hicieron estas preguntas a Art, él escribió:

> **Sobre la historia:** "Básicamente, se trata de entrar a hurtadillas y tener una conducta sexual con una persona sin que ella lo sepa."
>
> **Acerca de dónde viene:** "Cuando era un niño, me dejaron solo en casa de un amigo donde descubrí la pornografía del padre y estuve horas observándola. Estaba tan excitado que me fui al armario de su madre, encontré su ropa interior y me masturbé. Más tarde, encontré muy estimulante notar que ella llevaba puesto algo que vi en el cajón. Mi fantasía ideal repite virtualmente el evento completo que ocurrió cuando tenía trece años."
>
> **Sobre el impacto en la vida:** "La mayor pérdida no es mi familia o amigos, aunque es un impacto enorme. Esta fantasía lo cambió todo. No me relaciono con mujeres a menos que sean dueñas de una casa. Para llegar a excitarme, tengo que robar el sexo."

Los siguientes ejercicios incluyen hojas de trabajo para ayudarte a analizar las fantasías que podrían ser parte de una recaída. Te pediremos que describas una fantasía, la ideal, la probabilidad de que ocurra, los riesgos que conlleva, la historia y el impacto. Completa una hoja de trabajo por cada fantasía que forma parte de tu adicción. Comienza con fantasías que fueron parte de tus situaciones de recaída que describiste en los Ejercicios 6.3, 6.4 y 6.5 del Capítulo 6. Incorpora cualquier otra fantasía que consideres apropiada. Utiliza hojas extra o tu diario privado si fuera necesario.

Además, consulta a tu terapeuta y grupo de apoyo para que revisen los resultados de tu trabajo. Recuerda, este puede ser un material desencadenante. No trabajes en ello tú solo. Asegúrate de prestar atención a los sentimientos dolorosos que te va a provocar este trabajo.

• • • Ejercicio 7.4 • • •

Hoja de trabajo sobre la fantasía 1

Indicaciones: Las preguntas siguientes te ayudarán a reflexionar sobre la situación de recaída que creaste en el Ejercicio 6.3.

Describe la fantasía.

____

____

____

____

____

¿Qué haría la fantasía ideal, es decir lo mejor que podría ocurrir?

____

____

____

____

____

¿Es posible en realidad la fantasía?

____

____

____

____

____

¿Cuáles son los riesgos que conlleva continuar con esta fantasía? ¿Cuál será el resultado más probable de hacerlo?

¿Hay una historia o situación en especial en la fantasía? Si es así, ¿cómo es con otras partes de tu vida?

¿De dónde viene la historia? (Comienza con tus primeros recuerdos de la fantasía si no puedes reconocer exactamente cómo empezó.)

¿Cómo ha afectado a tu vida esta fantasía?

• • • Ejercicio 7.5 • • •

Hoja de trabajo sobre la fantasía 2

Indicaciones: Las preguntas siguientes te ayudarán a reflexionar sobre la situación de recaída que creaste en el ejercicio 6.4.

Describe la fantasía.

____

____

____

____

____

¿Qué haría la fantasía ideal, es decir lo mejor que podría ocurrir?

____

____

____

____

____

¿Es posible en realidad la fantasía?

____

____

____

____

____

¿Cuáles son los riesgos que conlleva continuar con esta fantasía? ¿Cuál será el resultado más probable de hacerlo?

____

____

____

____

¿Hay una historia o situación en especial en la fantasía? Si es así, ¿cómo es con otras partes de tu vida?

____

____

____

____

¿De dónde viene la historia? (Comienza con tus primeros recuerdos de la fantasía si no puedes reconocer exactamente cómo empezó.)

____

____

____

____

¿Cómo ha afectado a tu vida esta fantasía?

____

____

____

____

• • • Ejercicio 7.6 • • •

Hoja de trabajo sobre la fantasía 3

Indicaciones: Las preguntas siguientes te ayudarán a reflexionar en la situación de recaída que creaste en el ejercicio 6.5.

Describe la fantasía.

____

____

____

____

____

¿Qué haría la fantasía ideal, es decir lo mejor que podría ocurrir?

____

____

____

____

____

¿Es posible en realidad la fantasía?

____

____

____

____

____

¿Cuáles son los riesgos que conlleva continuar con esta fantasía? ¿Cuál será el resultado más probable de hacerlo?

¿Hay una historia o situación en especial en la fantasía? Si es así, ¿cómo es con otras partes de tu vida?

¿De dónde viene la historia? (Comienza con tus primeros recuerdos de la fantasía si no puedes reconocer exactamente cómo empezó.)

¿Cómo ha afectado a tu vida esta fantasía?

• • • Ejercicio 7.7 • • •

Hoja de trabajo sobre la fantasía 4

Indicaciones: Las preguntas siguientes te ayudarán a analizar una fantasía que formará parte de tu recaída.

Describe la fantasía.

¿Qué haría la fantasía ideal, es decir lo mejor que podría ocurrir?

¿Es posible en realidad la fantasía?

¿Cuáles son los riesgos que conlleva continuar con esta fantasía? ¿Cuál será el resultado más probable de hacerlo?

¿Hay una historia o situación en especial en la fantasía? Si es así, ¿cómo es con otras partes de tu vida?

¿De dónde viene la historia? (Comienza con tus primeros recuerdos de la fantasía si no puedes reconocer exactamente cómo empezó.)

¿Cómo ha afectado a tu vida esta fantasía?

• • • Ejercicio 7.8 • • •

Hoja de trabajo sobre la fantasía 5

Indicaciones: Las preguntas siguientes te ayudarán a analizar una fantasía que habría formado parte de tu recaída

Describe la fantasía.

¿Qué haría la fantasía ideal, es decir lo mejor que podría ocurrir?

¿Es posible en realidad la fantasía?

¿Cuáles son los riesgos que conlleva continuar con esta fantasía? ¿Cuál será el resultado más probable de hacerlo?

___

___

___

___

¿Hay una historia o situación en especial en la fantasía? Si es así, ¿cómo es con otras partes de tu vida?

___

___

___

___

¿De dónde viene la historia? (Comienza con tus primeros recuerdos de la fantasía si no puedes reconocer exactamente cómo empezó.)

___

___

___

___

¿Cómo ha afectado a tu vida esta fantasía?

___

___

___

___

Preparar los ejercicios de la plantilla de excitación

Tu próxima tarea es detallar los componentes de la plantilla de excitación. Más allá de la fantasía, generalmente existen unos desencadenantes específicos en la excitación que se agrupan en categorías comunes:

- **Sentimientos erotizados,** tales como la ira, el miedo, vergüenza o dolor
- **Situaciones y lugares,** tales como habitaciones de hotel, centros comerciales, parques, ciertas partes de la ciudad, ciudades o países específicos, playas, etc.
- **Sensaciones,** tales como (tu propio ordenador (computadora)), olores (ciertos perfumes), efectos visuales (tipo de vestido), etc.
- **Objetos,** tales como automóviles, teclados, juguetes sexuales, uniformes escolares, lencería, etc.
- **Procesos,** como fumar, orinar, la violencia, degradación o humillación.
- **Tipos corporales, partes y características,** incluyendo formas, músculos, silueta, arrugas, marcas.
- **Características de la pareja,** tales como estado civil, personalidad, como por ejemplo una mujer dañada vulnerable, una mujer elegante inalcanzable, hombres no disponibles.
- **Cultural,** como escolares católicas, mujeres asiáticas, hombre afroamericanos, hombres homosexuales hispánicos.
- **Etapas del cortejo y creencias,** como la obsesión por las partes del cortejo, creencias disfuncionales del cortejo (las bromas en las mujeres, o que los hombres solo quieren sexo).

Los ejercicios siguientes te ayudarán a explorar cada una de las categorías anteriores, Presta atención a cómo te sientes y que piensas cuando evalúas de manera realista lo que te excita.

• • • Ejercicio 7.9 • • •

Tu plantilla de excitación – Sentimientos erotizados

Indicaciones: Cuando actúas sexualmente de manera inapropiada, tal vez ni siquiera te has dado cuenta de lo que sientes. Ahora que estás en recuperación, es importante que identifiques esos sentimientos. Estos son una fuente muy importante de información sobre tu conducta sexual.

Enumera los sentimientos específicos (como la ira, temor, tristeza, vergüenza o soledad) que se han vuelto eróticos para ti, es decir, una fuente de excitación y parte de tu ciclo de adicción. Identifica cada sentimiento y cómo jugó un rol importante en tu comportamiento compulsivo.

Sentimiento: ______________________________

Rol en tu conducta: ______________________________

____

____

____

Sentimiento: ______________________________

Rol en tu conducta: ______________________________

____

____

____

Sentimiento: ______________________________

Rol en tu conducta: ______________________________

____

____

____

Sentimiento: ______________________________

Rol en tu conducta: ______________________________

____

____

____

Sentimiento: ______________________________

Rol en tu conducta: ______________________________

____

____

____

• • • Ejercicio 7.10 • • •

Tu plantilla de excitación – Situaciones y lugares

Indicaciones: Cuando llevaste a cabo tu conducta sexual, ciertas situaciones y lugares se volvieron eróticos para ti. Simplemente, el hecho de encontrarse con ellos desencadena la excitación y parte de tu ciclo de adicción. Los ejemplos de ello podrían incluir habitaciones de hotel, centros comerciales, parques, playas, ciertas partes de la ciudad e, incluso, ciudades y países específicos. En el espacio a continuación, haz una lista de las situaciones y lugares que te excitan.

____

____

____

____

____

____

____

____

____

____

Clasificación de las situaciones de riesgo

Repasa tu lista y decide qué situación sería la que probablemente te haría recaer. Coloca el número uno frente a esta situación. Coloca el número 2 en la siguiente situación más probable que pudiera desencadenar una recaída y continúa hasta clasificar todos los factores.

Por qué estás situaciones son tan poderosas

A continuación, en el espacio inferior, enumera las razones por las que crees que ciertas situaciones actúan de manera muy poderosa en ti.

• • • Ejercicio 7.11 • • •

Tu plantilla de excitación - Sensaciones

Indicaciones: Algunas sensaciones pueden estimular la obsesión e, incluso, ser incorporadas en tus reacciones. Algunos ejemplos incluyen:

- **Sonidos**—canciones específicas, el sonido de una respiración profunda o el crujido de una cama
- **Olores**—perfumes, olores corporales, incienso, aceites de masajes, comida
- **Estimulación visual**—tipos de vestidos, pantalla de ordenador (computadora), ventanas
- **Tacto**—la sensación de la lencería; espacios llenos de gente como los centros comerciales, metros, aviones, danzas del vientre en un bar de strippers, bailar en general
- **Sabor**—comida, lápiz de labios, chicles, caramelos de menta

Escribe las reacciones que reconoces ahora como parte de tus plantillas de excitación.

• • • Ejercicio 7.12 • • •

Tu plantilla de excitación - Objetos

Indicaciones: Los objetos también se pueden sexualizar. Por ejemplo, los automóviles se asocian con la recogida de prostitutas, exhibicionismo, voyeurismo y sexo anónimo. En ocasiones se utilizan como lugar para tener sexo. Los teclados de los ordenadores (computadoras) obtienen un rol sexual cuando son el medio con el accedes a la pornografía, salas de chat y correos electrónicos relacionados con el sexo. Objetos como los uniformes escolares, lencería, látigos y juguetes sexuales son, generalmente, una parte crítica de la fantasía. Prácticamente todas las criaturas del planeta parecen, incluidas las serpientes y los insectos, han sido sexualizadas por alguien. Los tipos específicos de ropa o, incluso, un artículo específico de ropa (por ejemplo, zapatos, calcetines, tacones altos y medias) se han vuelto altamente sexuales.

• • • Ejercicio 7.13 • • •

Tu plantilla de excitación - Procesos

Indicaciones: En ocasiones, la excitación procede de ciertas acciones y procesos. Observar a adolescentes fumar o mujeres orinando puede ser erótico para algunas personas. La violencia, humillación y degradación también pueden llegar a ser actos eróticos. Robar puede ser también un proceso erótico. Lavar el automóvil, ser animadora de un equipo e incluso la jardinería, que parecen ser actividades benignas, pueden volverse parte de un ritual compulsivo para muchas personas. ¿Qué procesos se ha vuelto una fuente de excitación y parte de tu ciclo de adicción?

• • • Ejercicio 7.14 • • •

Tu plantilla de excitación – Tipos de cuerpo, partes y características

Indicaciones: La excitación, con frecuencia, está condicionada por un cuerpo específico o características físicas: Silueta, músculos, color de pelo, etc., pueden determinar la calidad de la excitación. Rasgos individuales como arrugas, lunares o cicatrices pueden convertirse también en parte del deseo. El fetichismo puede organizarse alrededor de ciertas partes del cuerpo como los pies o las axilas. Tener una pareja con sobrepeso, embarazada o extremadamente delgada excita a algunas personas. En otras ocasiones, la pérdida de una pierna o algún tipo de discapacidad se vuelve fuente de excitación.

Enumera los atributos físicos que son parte de tus patrones de excitación.

• • • Ejercicio 7.15 • • •

Tu plantilla de excitación – Características de tu pareja

Indicaciones: La edad, el estado civil y la personalizan también dan forma a la plantilla de excitación. Por ejemplo, puede ser crítico a lo que se dedica una persona en su trabajo. Las personas fantasean con una amplia variedad de profesiones, incluyendo la enseñanza, culturistas y sacerdotes. Los atributos específicos como ser rico, pobre, con éxito o sin experiencia, virginal o promiscuo, pueden ser excitantes. Lo mismo ocurre con las personas de un tipo específico: mujeres vulnerables, dañadas; mujeres elegantes, inalcanzables; el hombre misterioso inalcanzable o el "chico malo" al que no entienden.

En el pasado, ¿cuáles han sido los tipos ideales de personas que te han excitado? Podría haber más de uno. ¿Por qué crees que esos individuos eran tan atractivos? Describe cada tipo ideal y resume porqué eran tan atractivos para ti.

Tipo ideal: ______________________________

____

____

____

¿Por qué te atrae este tipo de persona?: ______________________________

____

____

____

Tipo ideal: ______________________________

____

¿Por qué te atrae este tipo de persona?: ______

Tipo ideal: ______

¿Por qué te atrae este tipo de persona?: ______

• • • Ejercicio 7.16 • • •

Tu plantilla de excitación - Cultura

Indicaciones: Culturas y subculturas – las escolares católicas, mujeres asiáticas, hombres afroamericanos y los homosexuales hispánicos, pueden, por ejemplo, convertirse en algo erótico.

¿Juega algún papel la cultura, raza, religión o etnia en tu excitación sexual? Si es así, enumera estas culturas y describe los factores que encuentras excitantes.

• • • Ejercicio 7.17 • • •

Tu plantilla de excitación. Etapas del cortejo y creencias

Indicaciones: En el capítulo 3, te pedimos que reflexionaras sobre las fases del cortejo. Todo ello señalaba que la conducta sexualmente compulsiva estaba a menudo fijada en un acto específico de cortejo. Por ejemplo, el exhibicionismo es, en realidad, una distorsión del flirteo y de los aspectos de demostración propios del cortejo. Revisa ahora tu trabajo en este capítulo y escribe un resumen detallando cuáles de las etapas de tu cortejo se volvió distorsionada.

Resumen del cortejo: ____

____

____

____

____

¿Qué aspectos del cortejo están distorsionados? ______________________

____

____

____

____

En ocasiones, las creencias disfuncionales del cortejo existen en la plantilla de excitación. Se reflejan como prejuicios que afectan nuestras decisiones sexuales. A continuación, mostramos varios ejemplos:

- Las mujeres son caprichosas y no se puede confiar en ellas.

- Las mujeres toman el pelo.
- Todas las mujeres quieren dinero y regalos. El sexo hay que comprarlo.
- Los hombres solo quieren sexo.
- No se puede confiar en ningún hombre.
- "No", en realidad significa "sí" (un hombre o una mujer están pidiendo sexo en realidad incluso aunque estén diciendo "no").

¿Qué creencias mantienes que puedes identificar ahora como inciertas pero que todavía te provocan reaccionar emocionalmente?

Primera creencia: ______________________________

____

____

Segunda creencia: ______________________________

____

____

Tercera creencia: ______________________________

____

____

Cuarta creencia: ______________________________

____

____

Quinta creencia: ______________________________

____

____

Crear unos puntos de elección explícitos

La plantilla de excitación está enormemente individualizada. Después de hacer el trabajo, ¿te das cuenta de cuantos aspectos diferentes están involucrados en tu conducta sexual inadecuada? Lo que ahora es importante es entender tu plantilla.

Recuerda que la plantilla de excitación es el modo de describir cómo cada uno de nosotros toma decisiones. Si ocurre un estímulo específico, ¿cómo será tu próxima elección? Si hay dos opciones, ¿cómo decides cuál escoger? Y después, ¿qué ocurre? Estas preguntas han diseñado una serie de puntos de elección que forman parte de tu plantilla de excitación.

Por ejemplo, cuando una mujer se encuentra con un antiguo amante que es peligroso para ella, tiene varias opciones. Puede alejarse de él, ponerse en contacto con él y después alejarse, o pueden acordar verse otra vez.

Piensa en el hombre que conduce merodeando un club de striptease y lo considera estimulante. De todos modos, tiene una serie de opciones. Puede darse la vuelta y entrar. Puede seguir merodeando y pasar por delante de otros clubes. Puede ir directamente a una sala de masajes eróticos. Y en cualquier momento, también puede volver a casa y buscar sexo con su pareja. O, incluso, mientras está en casa, puede entrar en una página web donde puede ver a una mujer desnudándose para él. Si entra en la página web, hay un cierto tipo de mujer que está buscando. Si se acerca a su pareja, ¿dónde está la parte erótica? La Figura 7.5 de la página siguiente ilustra algunos de estos puntos de elección y las diferentes vías de conducta que pueden crear.

Independientemente de la situación, el paso importante es hacer explícitos los puntos de elección. En los negocios, deportes y ciencia, llamamos a esta estructura *sistema experto*. Las actividades físicas de los atletas de primera clase parecen fáciles y realizadas sin esfuerzo. Estas personas, sin embargo, han creado, en realidad, un sistema experto de toma de decisiones que se ha vuelto inconsciente. Al crear sus puntos de elección explícitos, pueden mejorar su rendimiento.

Muchas personas que destacan en algún tipo de actividad pasan apuros a la hora de explicar sus acciones que parecen casi milagrosas desde su perspectiva, entendimiento o logros. Un cirujano experto, por ejemplo, podría tener dificultades a la hora de enseñar sus conocimientos a otros médicos. Pensando minuciosamente y describiendo cada punto de elección, el facultativo puede descubrir las decisiones específicas que se llevaron a cabo. Como resultado, los demás pueden entender el sistema experto y cómo se ha completado la tarea.

Cada adicción, ya sean drogas, alcohol, juego o gastos compulsivos, conlleva puntos de elección y decisiones que intensifican continuamente su poder. Vergüenza, placer y riesgo han impedido entenderte a ti mismo(a) y te han limitado la capacidad de conseguir ayuda de los demás. Así y todo, eres un experto en tu adicción al sexo. Ahora que ya has completado todo el trabajo en este capítulo, la tarea que tienes delante es ser consciente de tu sistema experto, es decir, los puntos de elección a los que te enfrentas y las decisiones resultantes que tomes.

Puntos de elección

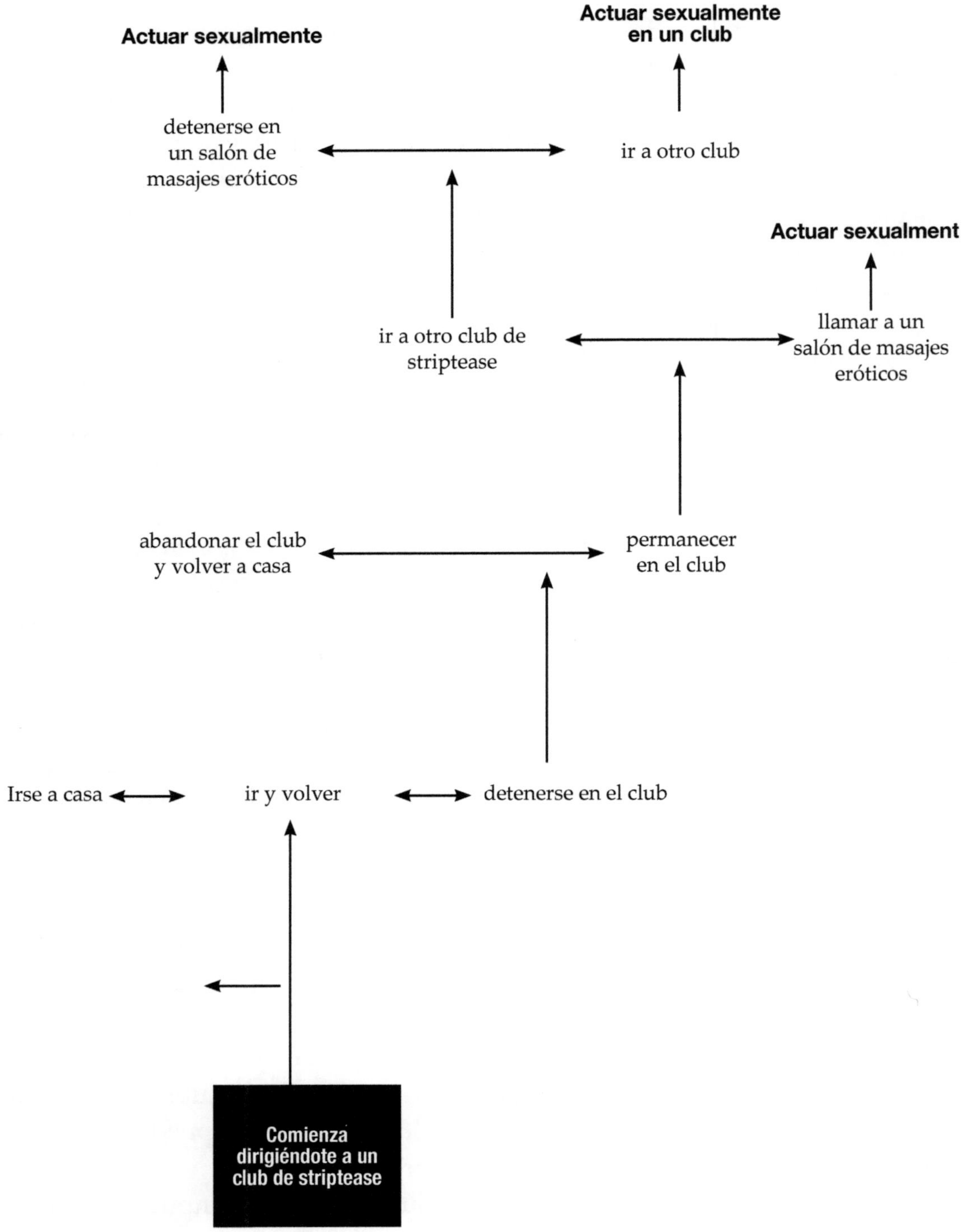

Figura 7.5

Hay varias razones importantes para que hagas este ejercicio. Primero, entender cómo has llevado a cabo estas decisiones porque te permitirá . Los adictos al sexo, generalmente, experimentan como si sus cuerpos fueran dirigidos por fuerzas más allá de su control. Al reconocer y ser consciente de tus puntos de elección, podrás crear la distancia psicológica que necesitas para ver que tienes diferentes opciones. Si reconoces los neurotransmisores que están involucrados, entenderás que la excitación adictiva se basa en conexiones y plantillas.

Segundo, al realizar esta tarea, crearás los cimientos para recuperar tu sexualidad a largo plazo. Recuerda que tus plantillas de excitación han sido destruidas, el cortejo ha sido distorsionado y los ciclos de adicción han ganado el control. La gran ironía para muchos de las personas en recuperación es que,

Recuperarse significa literalmente volver a conseguir lo que se había perdido. Al dar un paso atrás y observar cómo funciona el sistema experto de la adicción, puedes decidir con lo que te quieres quedar, lo que falta, y lo que necesitas desarrollar.

• • • Ejercicio 7.18 • • •

Trazar tu plantilla de excitación

Indicaciones: En una hoja de papel grande, esquematiza minuciosamente cómo se han llevado a cabo tus elecciones sexuales. (Revisa la Figura 7.5, por ejemplo). Describe cuándo y cómo has tomado decisiones determinadas en puntos específicos. ¿Qué acción es superior a la otra? ¿Cuál crea un punto sin retorno?

A continuación, mostramos algunas sugerencias útiles para completar este ejercicio:

- **Permanece centrado en el dolor.** Trabajar en tus plantillas de excitación puede volverse estimulante por sí mismas. En respuesta a ello, recuerda lo dura que ha sido la vida del adicto. Esto te ayudará a evitar distraerte con tus patrones antiguos.
- **No hagas este trabajo a solas.** Esta actividad debe compartirse con otras personas para maximizar tu perspectiva. También sentirás duelo y dolor por las pérdidas. Además, necesitarás apoyo de tu terapeuta, padrino y compañeros de grupo que te ayudarán a atravesar esta difícil experiencia.
- **Sé minucioso.** Estas actividades marcarán una diferencia enorme en tu éxito. Pero para que eso ocurra, tienes que darles tiempo y la energía necesaria para que funcionen según tu experiencia.
- **Sé honesto contigo mismo(a).** Algunas de las cosas que descubras podrían ser duras. Ser explícito(a) es parte de la ruptura de tus sentimientos de vergüenza y la necesidad del secretismo. Recuerda las diferencias entre los cambios de primer orden y segundo orden. Alterar tus conductas y tu sistema de creencias interno marcará una diferencia significativa en tu vida.

Encontrar los mensajes en la plantilla de excitación

En *Harry Potter y la piedra filosofal*, los padres de Harry mueren mientras le protegen del malvado mago Lord Voldemort. En un momento dado, Harry descubre el Espejo de Oesed. A medida que se fija en el espejo, ve a sus padres devolviéndole la mirada con amor y aprobación. Al ser capaz de continuar, esta misión se convierte en el deseo más ardiente de Harry. Continúa visitando el espejo varias veces y se lo muestra a su amigo Ron. Sin embargo, cuando Ron mira al espejo, se ve a sí mismo teniendo éxito y saliendo de la sombra de sus hermanos, es decir, *su* deseo más ardiente.

Albus Dumbeldore, decano de la escuela a la que asisten Harry y Ron, sabe que los chicos han encontrado el espejo e interviene. Les explica que el espejo refleja tus deseos más profundos (*Oesed* es *deseo* al revés). Les cuenta, además, que muchas personas han sido capturadas por el espejo y no han podido dejarlo.

Esta historia sobre el Espejo de Oesed ilustra cómo vivir en una fantasía dista mucho de vivir en la realidad. A medida que la historia se despliega, Ron fundamentalmente se beneficia más al crear sus logros. Sin embargo, en el caso de Harry, es imposible recuperarse de la herida causada por la muerte de sus padres. Al utilizar las palabras de Carl Jung, este es el "sufrimiento legítimo" de Harry. Su pérdida intensifica su entendimiento del mundo y fortalece su determinación de hacerlo bien.

Conocemos muchas historias sobre las ilusiones que participan en nuestros deseos más ardientes. La "holosección" descrita en la serie de películas y programas de televisión de *StarTrek* era un dispositivo que traía fantasías a la vida, creando un mundo de imágenes tridimensionales y desplegando eventos que parecían reales. Aquellos que buscaron el deseo de su corazón allí, podrían terminar con una "holo-adicción", es decir, con un ardiente deseo de vivir en su mundo de fantasía.

Más que cualquier otro vehículo de obsesión sexual, internet es el Espejo de Oesed. Casi todos los deseos más ardientes se pueden encontrar allí. Encontrar lo que siempre has buscado se convierte en una forma de disociarte de quién eres realmente y de lo que debes hacer. Acceder a lo no resuelto es el portal a través del cual puedes vivir sumido en la obsesión frente a la realidad.

El sexo virtual se ha vuelto algo más que tan solo mera información o confirmación de que no estás solo. Observar el deseo de tu corazón te lleva a otro lado donde el sexo es mejor (aunque la verdad es que nunca podrás realmente conseguir ese lugar mejor). Te unes a Harry Potter en el espejo y a los que se quedaron atrapados en la "holosección".

La adición se sostiene cuando la ilusión se convierte en realidad. La fantasía puede, no obstante, servir como vehículo para entender los problemas más importantes.

Los deseos ardientes como una ventana al alma

Nuestras fantasías, especialmente las sexuales, reflejan nuestros propios deseos más ardientes. De esta manera, las fantasías se vuelven, lo que el sexólogo Michael Bader ha denominado, "la ventana del alma."

Consideremos la historia de James, que creció en una familia alcohólica y con un padre físicamente abusivo. De niño era muy inteligente, pero también muy ignorado. Por lo que aprendió a depender exclusivamente de sí mismo.

James se volvió un inversor de bienes raíces de éxito y estaba orgulloso de que, en su negocio, todos sus acuerdos los creaba con independencia. Nunca tuvo que depender de otra persona, institución o mercado. Por ello, James estaba desesperado por que las personas notaran su excepcional talento. Su deseo más ardiente era compensar el déficit que había experimentado en su familia. Quería destacar y ser reconocido.

James configuró su negocio de un modo en el que nunca sentiría el rechazo de los demás. Al mismo tiempo, al ser tan solitario muy pocas personas podían descubrir su talento. Como, a menudo, era grandilocuente y recto, no había demasiada gente que quisiera conocerle más en detalle.

Los problemas de James llegaron por una serie de arrestos relacionados con exhibicionismo. Incluso así, le dijo a su terapeuta que estaba asqueado de las mujeres que se desnudaban para los hombres en los clubes de striptease. Su terapeuta le pidió que reflexionara en esta contradicción tan obvia. Cuando James pidió más información, el terapeuta le explico que aquellas mujeres que le asqueaban estaban haciendo simplemente lo mismo que él había hecho.

En ese momento, James sintió como si una descarga de un rayo le hubiera atravesado. Se dio cuenta de que odiaba lo que había hecho para también le gustaba. Esto se convirtió en la pasarela del dolor más profundo de James, es decir, la ventana de su alma. Su obsesión sexual por exhibirse a mujeres era la extensión de su profunda búsqueda a través de su vida del reconocimiento. Con esto en mente, James comenzó su búsqueda interior para conectar su excitación a sus deseos ardientes más profundos. Es ahí donde yace el centro de la recuperación. Esta es una tarea que lleva tiempo y esfuerzo al hacerla explícita. La historia de James demuestra, además, por qué un buen terapeuta es tan importante a la hora de lograr cambios significativos.

El ansia como comunicación

Como Harry Potter en el Espejo de Oesed, nos podemos perder en las fantasías y perder los problemas principales internos que deben ser tratados. Observar una fantasía es como derramar agua en un vaso sin fondo. Nunca se llena.

De esta manera, nuestra adicción es como una especie de aliado, que nos protege de la verdad a la que no deseamos enfrentarnos. Casi siempre, la presencia de la adicción significa que existe una verdad insoportable en ella. Por eso, además las adicciones se presentan frecuentemente en diferentes formas y combinaciones. Si resolvemos una adicción, otras emergerán para mantener esta verdad oculta.

Por tanto, las ansias son comunicaciones a través de las cuales el yo interior se encuentra en apuros en un nivel profundo. La abstinencia verdadera no se alcanzará hasta que las heridas no se hayan tratado. Ninguna cantidad de abstinencia alejará la obsesión fundamental hasta que el daño se haya entendido y resuelto.

El terapeuta de James le pidió que enumerara sus fantasías sexuales y no sexuales. Sus fantasías no sexuales incluían discutir con alguien y hacer una escena, generalmente frente a un grupo de personas. Con la ayuda de su grupo de apoyo y su terapeuta, logró ver los puntos en común entre las fantasías. En ambas, fantaseaba con una conducta de enfado forzando a los demás a que se dieran cuenta de su existencia. El problema subyacente para James fue la negligencia profunda que sufrió en su infancia, por la que necesita ser reconocido y lamentarse.

Si la conducta adictiva contiene ira, temor o vergüenza no reconocida, entonces los adictos al sexo sentirán sus genitales, pero no sus heridas. Si sufren culpabilidad o fuerzas que son insoportables, la adicción protege la verdad sobre estos aspectos del yo. Por lo tanto, buscar la degradación o la humillación podría ser, realmente, una conducta que hemos llevado a cabo a los demás (culpa) o las verdaderas capacidades y aspectos de uno mismo(a) en las que existe malestar. Como en la historia de James, si un adicto(a) busca desesperadamente el reconocimiento, seguramente emergerá en alguna forma sexual.

• • • Ejercicio 7.19 • • •

El espejo del deseo

Indicaciones: Imagina que tienes un espejo en el que puedes ver qué es lo que más deseas. Haz una lista de lo que verías en ese espejo. Sé honesto(a) contigo mismo(a).

Una forma de enfocar este ejercicio es preguntarnos a qué renunciarías, es decir, aquellas cosas por las que cambiarías tu alma. Todos nosotros las tenemos. Es importante reconocerlas como parte de tu curación.

Comienza ahora enumerando tus deseos no sexuales más ardientes. ¿Qué situaciones aparecerán en tu espejo? Por favor, descríbelas a continuación.

____

____

____

____

____

____

____

____

Ahora, haz una lista de tus fantasías sexuales ideales. Estas son las fantasías que son más poderosas en tu vida. Al mirar a tu espejo, ¿qué fantasías sexuales aparecerán?

____

____

____

Finalmente, reflexiona en los temas que han emergido. Habla con tu terapeuta, persona de apoyo y grupo de soporte sobre todo esto. ¿Qué paralelismos existen entre las listas? Escribe qué tienen en común.

• • • Ejercicio 7.20 • • •

Fuentes de deseo profundo

Indicaciones: Harry Potter miraba al espejo porque le reconfortaba del duelo que sufría por la muerte de sus padres. De manera similar, la adicción "nos protege" del dolor de la realidad. Con sus heridas, los adictos se ven atraídos por conductas que les ayudan a enfrentarse al dolor, como las habilidades de James con la soledad. Detrás de sobrellevar el daño y una reorientación adictiva existen experiencias centrales de dolor.

Observa los puntos en común que enumeraste en el ejercicio anterior, ¿de dónde crees que proceden tus deseos más ardientes? Tal vez vienen de heridas o experiencias en tus primeros años de vida. O podrían presentar una verdad realmente difícil que es demasiado dolorosa para enfrentarse a ella. Enumera las fuentes de tus deseos más ardientes.

¿Cuáles han sido los costes de no reconocer estas heridas? Incluye los costes adictivos como los no adictivos.

Reflexiona en los pasos que podrías llevar a cabo para curarte de esas experiencias que han aportado disfunción y adicción a tu vida.

De nuevo, tu sistema de apoyo será crítico para hacerlo; lo que nos lleva al tema de nuestro próximo capítulo: crear un sistema de apoyo.

Lectura recomendada

Carnes, Patrick, David L. Delmonico, Elizabeth Griffin, y Joseph Moriarity. *In the Shadows of the Net: Breaking Free of Compulsive Online Sexual Behavior.* ("En las sombras de la Red: Liberarse de la conducta sexual compulsiva online") Center City, MN: Hazelden, 2007. (Versión en inglés).

Carnes, Patrick y Moriarity, Joseph. *Anorexia Sexual: Superar el odio sexual a uno mismo.* Center City, MN: Hazelden, 1997. (Versión en inglés).

Crenshaw, Theresa L. The Alchemy of Love and Lust. ("La alquimia del amor y la lujuria") New York: Putnam Berkeley, 1996. (Versión en inglés).

Covington, Stephanie, y Liana Beckett. *Leaving the Enchanted Forest: The Path from Relationship Addiction to Intimacy.* ("Abandonar el bosque encantado: La trayectoria de la adicción en las relaciones a la intimidad") San Francisco: Harper and Row, 1988. (Versión en inglés).

Fisher, Helen. "*Lust, Attraction, Attachment: Biology and Evolution of the Three Primary Emotion Systems for Mating, Reproduction, and Parenting.*" ("Lujuria, atracción y apego: Biología y evolución de los tres sistemas de emoción principales para el apareamiento, reproducción y crianza"). *Journal of Sex Education and Therapy,* 25 (2002): 96–104. (Versión en inglés).

Fisher, Helen. *Anatomy of Love: The Natural History of Monogamy, Adultery, and Divorce. ("Anatomía del amor: La historia natural de la monogamía, adulterio y divorcio.")* New York: Ballantine, 1994. (Versión en español).

Klausner, Mary Ann, and Bobbie Hasselbring. *Aching for Love: The Sexual Dra- ma of the Adult Child: Healing Strategies for Women.*("Sufrir por amor: El drama sexual del niño adulto: Estrategias de curación para mujeres"). San Francisco: Harper and Row, 1990. (Versión en inglés).

Maltz, Wendy. *The Sexual Healing Journey: A Guide for Survivors of Sexual Abuse.* ("El viaje para sanar la sexualidad: Una guía para los supervivientes del abuso sexual"). New York: Harper Collins, 1991. (Versión en español).

Mellody, Pia. *Facing Love Addiction: Giving Yourself the Power to Change the Way You Love.* ("Adicción a amor: Conoce el poder de cambiar el modo que amas"). San Francisco: Harper and Row, 1992. (Versión en inglés).

Milkman, Harvey y Stanley Sunderwirth. *Craving for Ecstasy: The Chemis- try and Consciousness of Escape.* ("El ansia por el éxtasis: La química y conciencia de escape"). New York: Free Press, 1987. (Versión en inglés).

Money, John W. *Lovemaps: Clinical Concepts of Sexual/Erotic Health and Pathol- ogy, Paraphilia, and Gender Transposition in Childhood, Adolescence, and Maturity.* ("Mapas de amor: Conceptos clínicos de salud sexual/erótica y patología, parafilia, transposición de género en la infancia, adolescencia y madurez."). Am- herst, NY: Prometheus Books, 1990. (Versión en inglés).

Schaeffer, Brenda. Is It Love or Is It Addiction? ("Es amor o adicción") Center City, MN: Hazelden, 2009. (Versión en inglés).

Weiss, Robert, and Jennifer Schneider. *Always Turned On: Sex Addiction in the Digital Age.(Siempre excitado: Adicción al sexo en la era digital) (Versión solo en inglés)* Carefree, AZ: Gentle Path Press, 2015

Capítulo Ocho

¿Dónde está tu apoyo? Crear tu sistema de apoyo

Si el sexo es muy problemático, nos lanzamos con más fuerza a ayudar a los demás. Pensamos en sus necesidades y trabajamos con ellos. Esto nos ayuda a nosotros mismos. Calma el impulso imperioso, cuando ceder significaría angustia....
—El Gran Libro de Alcohólicos Anónimos

A LO LARGO DE ESTE LIBRO, hemos identificado en varias ocasiones la importancia de formar parte del programa de "Doce pasos". Para resumir:

- Las víctimas de abusos y los niños que se han criado en familias disfuncionales encuentran difícil, a menudo, participar en terapia a menos que estén con un grupo de personas continuamente que han vivido experiencias similares.
- La participación en el grupo de los "Doce pasos" ayuda a los adictos a recuperar sus déficits de desarrollo, habilidades que no han obtenido de sus familias en áreas como la intimidad, la confianza y la responsabilidad.
- Los "Doce pasos" enseñan una posición existencial que puede ayudar a los adictos a gestionar el duelo, la pérdida y la ansiedad.
- Al comenzar con el primer paso, ya en los "Doce pasos", inician un proceso de cambio profundo. Hemos descrito este cambio como uno de segundo orden en el que las creencias principales se alteran. (Esto va más allá del cambio de primer orden en el que el adicto desea controlar la conducta al "intentarlo más duramente").
- Y en el nivel más básico, el proceso de recuperación requiere conexión y consulta con los demás. Los adictos que están aislados toman decisiones muy pobres. Para triunfar en la recuperación, necesitan la ayuda de los terapeutas y del resto de personas en recuperación. Comenzar desde la sesión informativa inicial con una persona de apoyo, para continuar a través de la planificación de las recaídas y del trabajo de las plantillas de excitación, siempre enfatizamos la importancia de tener personas en recuperación involucradas en tu trabajo.

La terapia marca una diferencia fundamental en el éxito de tu recuperación. De hecho, algunos adictos han logrado permanecer fuera de las recaídas con tan solo apoyo terapéutico y por un breve espacio de tiempo.

Los estudios demuestran que la recuperación a largo plazo se mantiene consistentemente en aquellos que se sumergen por completo en la cultura de los "Doce pasos". A largo plazo, ir a terapia no es suficiente. Asistir a los grupos de los "Doce pasos" no es suficiente. Realmente necesitas empezar a participar en la vida de tu comunidad de los "Doce pasos" ¿Cómo tienes que hacerlo? Este capítulo te ayudará a integrar la recuperación de los "Doce pasos" en tu vida.

Conocer el proceso de los "Doce pasos"

Para empezar, te ayudará tener más información sobre el grupo original de los "Doce pasos". Sugerimos firmemente que leas el "Gran Libro" de *Alcohólicos Anónimos* (AA). La lectura recomendada al final de este capítulo cita una versión de "estudio" del Gran Libro, que además contiene una copia del manuscrito escrito original. Descubrirás en él una historia extraordinaria de coraje y esperanza. A continuación, mostramos los "Doce pasos" originales de AA incluidos en el Gran Libro.

Los "Doce pasos"

Paso uno: Admitir que somos impotentes con respecto al alcohol y que nuestras vidas están fuera de control.

Paso dos: Llegar a crear que un Poder mayor que nosotros puede curarnos.

Paso tres: Tomar la decisión de dejar nuestra voluntad y nuestra vida al cuidado de Dios *ya que le hemos entendido.*

Paso cuatro: Hacer un inventario moral y una búsqueda valiente sobre nosotros(as) mismos(as).

Paso cinco: Admitir a Dios, a nosotros(as) mismos(as) y a otros seres humanos la naturaleza exacta de nuestros errores.

Paso seis: Estar totalmente preparados para permitir que Dios elimine todos estos defectos de carácter.

Paso siete: Humildemente PÍDELE que elimine nuestras deficiencias.

Paso ocho: Hacer una lista de todas las personas a las que hemos hecho daño, y estar dispuesto a compensar a todos.

Paso nueve: Compensar directamente a estas personas siempre que sea posible, excepto cuando al hacerlo los dañes más a ellos o a otros.

Paso diez: Seguir llevando a cabo el inventario personal y cuando nos equivoquemos, admitirlo rápidamente.

Paso once: Buscar a través de la oración y la meditación mejorar nuestro contacto consciente con Dios, *porque ahora le entendemos*, rezando solo por el conocimiento de Su voluntad y el poder de llevarlo a cabo.

Paso doce: Al haber experimentado un despertar espiritual como resultado de estos pasos, intentamos pasar este mensaje a los alcohólicos e intentamos aplicar estos principios en todos nuestros ámbitos.

Al leer y reflexionar sobre el manuscrito original del Gran Libro y los "Doce pasos", habrás frases con las que te familiarizarás y que se han convertido en emblemas de la recuperación. Como, por ejemplo, "un día cada vez", "un modo más fácil y delicado", "astuto y desconcertante". Te sorprenderás cuando encuentres frases en el Gran Libro que te hablan directamente como adicto al sexo, es decir, párrafos sobre las "voces que lloran por más y más sexo." Además, también te familiarizarás con párrafos famosos como las "promesas de AA" que han inspirado a generaciones de personas en recuperación (consulta las páginas 83 y 84 del Gran Libro).

Los libros que describen el desarrollo de AA también serán muy útiles. Te ayudarán a darte cuenta de lo verdaderamente revolucionario que fue el proceso de los "Doce pasos" y lo que conllevó hacerlo crecer. Dos libros enumerados en la lista de lecturas recomendadas son *Getting Better: Inside Alcoholics Anonymous* de Nan Robertson (en versión española llamado "Alcohólicos Anónimos") y *Bill W.* de Francis Hartigan.

Uno de los descubrimientos más intrigantes que experimentarás es que Bill Wilson, el famoso cofundador de AA, también paso apuros con problemas sexuales. Su lucha en esta área parece ser paralela a la de muchos que, al volverse sobrios del alcoholismo, pasaron a tener una conducta sexual fuera de control. Nan Robertson lo describe de esta manera:

> Bill Wilson era un mujeriego compulsivo. Sus coqueteos y conducta adúltera le llenaron de una gran culpa, según personas cercanas a él, pero continuó desviándose. Su última aventura y a la vez la más seria comenzó cuando tenía más de sesenta años con una mujer de la sede central de AA en Nueva York. Ella fue importante para él hasta el final de su vida.

No extraña que sus palabras se dirijan directamente hoy a los adictos al sexo. Tristemente, Bill W. no tuvo el beneficio de utilizar los "Pasos" para sus otras adicciones, ni tampoco innumerables adictos al sexo que llegaron después de él.

Esta situación cambió, sin embargo, en el verano de 1977. En tres zonas diferentes del país, se establecieron grupos utilizando los principios de los "Doce pasos" para la adicción al sexo. En Boston, el grupo se denominó Sex and Love Addicts Anonymous (SLAA, por sus siglas en inglés: "Adictos anónimos del sexo y el amor"). En Simi Valley, California, el grupo se llamó Sexaholics Anonymous (SA, por sus siglas en inglés: "Sexalcohólicos anónimos"). Y en Minneapolis, Minnesota, Sex Addicts Anonymous (SAA, por sus siglas en inglés: "Adictos del sexo anónimos"). Desde ese momento, se crearon otras comunidades significativas: Sexual Compulsives Anonymous (SCA, por sus siglas en inglés :"Anónimos compulsivos sexuales"), que fue iniciado por hombres homosexuales y Sexual Recovery Anonymous (SRA, por sus siglas en inglés: "Anónimos de recuperación sexual").

Todos estos grupos tienen los "Doce pasos" en común y se fundamentan profundamente en el legado de AA. A continuación, explicamos algunas de las diferencias:

- **Sex and Love Addicts Anonymous (SLAA)** es tal vez la más inclusiva (y la más grande) de todas las comunidades simplemente porque trata el romance compulsivo y las relaciones. También trata la anorexia sexual como parte de esta enfermedad
- **Sex Addicts Anonymous (SAA)** también es bastante inclusiva y está haciendo progresos también en la anorexia sexual. Como SLAA, pide a sus participantes que observen de manera realista las conclusiones de sus conductas y asuman la responsabilidad de ellas.
- **Sexaholics Anonymous (SA)** posee los estándares más estrictos sobre la sobriedad, poniendo especial énfasis en la importancia del compromiso, heterosexualidad y espiritualidad. La actividad homosexual no se acepta actualmente dentro de los parámetros de recuperación de esta comunidad.
- **Sexual Compulsives Anonymous (SCA)** se fundó por un hombre homosexual pero ahora incluye un sólide contingente de mujeres heterosexuales que encontraron las reuniones especialmente seguras para ellas. De todas las comunidades, es la que hace el mejor trabajo ayudando a los individuos a desarrollar su "plan sexual".
- **Sexual Recovery Anonymous (SRA)** es un programa que comenzó en Nueva York y se ha desarrollado de manera enorme en el noreste de Estados Unidos. Es inclusivo, aunque todavía regional en su ámbito.
  (Consulta el Apéndice D para obtener más información de las comunidades.)

Tal diversidad de grupos ha fomentado una gran creatividad y crecimiento en nuestro entendimiento sobre cómo recuperarse de la adicción al sexo. Esta diversidad, sin embargo, probablemente ha limitado el desarrollo de una red de apoyo sólida y centralizada como las de AA u Overeaters Anonymous ("Comedores compulsivos").

Muchos adictos han indicado los beneficios de asistir a grupos de diferentes comunidades y aprender diversas perspectivas dentro del ámbito de los "Doce pasos". Se lleva a cabo un diálogo continuo entre estas comunidades colaborando y compartiendo recursos. En algunas ciudades, se han formado inter-grupos que sirven a todas las "Comunidades S" (grupos de adicción al sexo) y esto muestra cómo las diferencias entre ellos empiezan a difuminarse.

Encontrar una buena reunión

Lo mejor que puedes hacer, no obstante, es encontrar, en realidad, una buena reunión. Aunque tal vez haya entre treinta a cincuenta reuniones en tu ciudad; encontrar una que se adapte a tus horarios y que tenga personas con una sobriedad sólida y que te gusten, puede ser duro y llevarte algún tiempo. Eso es, sin embargo, lo que marca la diferencia. Una buena reunión es el alma de la recuperación. Si encuentras una que te gusta de verdad, merece la pena reestructurar tus horarios para que pueda asistir habitualmente.

Más importante que la comunidad a la que perteneces es la calidad de la reunión a la que asistas. A continuación, te explicamos algunas señales para reconocer una buena reunión:

- El grupo tiene una asistencia habitual y sólida.
- Los miembros asumen la responsabilidad de las posiciones como líderes.
- Cada semana, alguien en el grupo acepta la responsabilidad de presentar o bien, un "Paso" o un tema.
- Las presentaciones de los "Pasos" o los temas se preparan de manera cuidadosa y meditada.
- Existe un proceso de apoyo y entendimiento para dar la bienvenida a los recién llegados.
- El grupo posee sólidos vínculos con grupos de apoyo a la codependencia como S- Anon, Co-SA, o Co-SLAA.
- Existen grupos fuera de las reuniones para hacer vida externa como talleres, retiros o comidas en general.
- Periódicamente, al menos cada trimestre, el grupo para y lleva a cabo lo que denominan "Consciencia de grupo", lo que significa que los miembros mantienen debates sobre cómo le va al grupo.
- El liderazgo y los "trabajos" en el grupo rotan habitualmente.
- Hay un flujo estable de personas nuevas en el grupo.

- Existe una asistencia estable de veteranos del programa que se encuentran en una sobriedad y recuperación satisfactoria.

Lleva su tiempo reconocer si una reunión determinada es la adecuada para ti. Muchas personas sugieren que vayas al menos a seis reuniones antes de hacer conclusiones. Todas las reuniones pueden tener una noche o dos algo "neutras" pero generalmente el carácter de la reunión emergerá en una seis semanas. Pasa algo de tiempo fuera de la reunión, en una comida o alguna actividad de la comunidad para conocer a algunos de sus miembros. Es bastante habitual mal interpretar de alguna manera una reunión al comienzo del proceso. En parte se debe a la naturaleza de las reuniones, aunque también puede deberse a nuestros propios problemas.

Barreras al inicio de las reuniones

A menudo, los adictos se resisten a ir a las reuniones porque los principios de la recuperación son muy diferentes al funcionamiento de las adicciones. Las reuniones se basan en que sus miembros sean abiertos, vulnerables, responsables y consistentes. La adicción, por otro lado, se esfuerza por estar en secreto, el aislamiento, la obstinación y el caos. No es de extrañar que los adictos encuentren razones para no ir. Las siguientes son las típicas razones que las personas utilizan para no asistir a las reuniones de recuperación, así como algunas observaciones sobre ellas:

Podría encontrarme con alguien que conozco.
Seguramente que será así, pero esto te ayudará a reducir los sentimientos de vergüenza entre ambos. Reflexiona en el hecho de que mientras que estabas actuando sexualmente antes, corrías el riesgo de encontrarte con alguien que conocías, y eso no te detuvo. ¿Bajo qué circunstancias prefieres encontrarte con personas que conoces?

La razón real por la que no quieres ir tiene que ver con sentimientos de orgullo. Has intentado crear una imagen de ti mismo(a) que es diferente de lo que realmente eres. Si alguien te reconoce en una reunión, esa persona sabrá la verdad sobre ti. Y es por eso, exactamente, por lo que debe asistir. Descubrirás que pretender algo no es necesario; las personas en las reuniones te respetarán por quién eres, con tus fallos incluidos.

Podría encontrarme con alguien que conozco profesionalmente.
Médicos, terapeutas, abogados, jueces, políticos, directores ejecutivos, dueños de empresas , etc., se preocupan porque podrían encontrarse con clientes, pacientes o empleados. Eso ha sido, por supuesto, un problema durante años en el programa de los "Doce pasos", algo que las personas en particular que vivían en pequeñas poblaciones han superado satisfactoriamente.

Debemos recordar varios puntos. Primero, este es un problema para todos, y es aquí donde se aplica el uso del juicio racional sobre los límites. Formar parte del mismo programa no significa que cuentes todo a las personas que se encuentran fuera de éste.

Segundo, la mayoría de las ciudades tienen grupos llamados "grupos de límites" que están diseñados para personas que tienen problemas serios para asistir a una reunión abierta. Un terapeuta, por ejemplo, podría pertenecer a ese grupo para evitar compartir problemas personales en el mismo grupo de sus pacientes.

Y, por último, es importante observar las "tradiciones" que llevan a cabo algunos de tus compañeros y dejar los problemas que no se incluyen en el programa en la puerta. Por ejemplo, no es adecuado hablar a un Director Financiero de una compañía sobre posibilidades de un empleo en una reunión. El anonimato es otra "tradición" permanente que debe ser respetada para beneficio de todos.

No encuentro una reunión que sea compatible con mis horarios.
Si ese es el caso, entonces comienza una nueva. Obtén ayuda de los miembros del grupo existente y tu grupo local, o llama a la oficina nacional de la comunidad que elijas. Comenta al clérigo local y a los profesionales de salud mental dónde y cuándo deseas empezar una reunión. La mayoría de las reuniones comienzan, o bien, porque hay falta de ellas en el área o las que están disponibles se reúnen en un horario no adecuado para ti

Esta tarea se vuelve más desafiante, sin embargo, si nunca has asistido antes a una reunión. Aun así, las comunidades tienen mucha experiencia en ayudar a las personas a comenzar desde cero. Por tanto, pide ayuda.

No encajo bien con el resto de las personas en la reunión a la que asisto.
El descubrimiento más común mencionado por las personas que comienzan los "Doce pasos" es que perciben mal en el inicio a las personas de su grupo. Esto ocurre a menudo debido a la vergüenza, falta de confianza e incertidumbre del recién llegado. Con el tiempo, se dan cuenta de los recursos tremendos en los que se han convertido los miembros del grupo en sus vidas.

Tienes que llegar a conocer a los otros miembros del grupo, y la clave es pasar tiempo con ellos fuera de las reuniones. Frecuentemente, los miembros del grupo quedan antes o después de una reunión. En otros casos, los grupos establecen un día durante la semana para ir a comer. Lleva a cabo alguno de estos eventos antes de que tomes una decisión sobre el grupo. Esta es una de las cosas más importantes que puedes hacer para tu recuperación además de encontrar una persona de apoyo.

Todo el mundo del grupo al que voy tiene recaídas.
Si ocurre un patrón de recaídas en tu grupo, entonces es hora de hacer una reunión denominada "conciencia de grupo". Durante esta reunión, los miembros del grupo

conversan sobre cómo le va al grupo y si satisface las necesidades de sus miembros. Estos pueden compartir entre ellos su sobriedad mutua. Si hay personas en apuros, necesitan obtener más ayuda hasta que sean capaces de permanecer sobrios.

Generalmente, el grupo comenzará a centrarse en temas que ayudarán a las personas con su sobriedad. Es decir, personas de apoyo, supervisiones regulares por teléfono, y obtener apoyo terapéutico que también puede marcar una gran diferencia.

Aunque pueda parecer irónico, los grupos, a menudo, aprovechan al máximo a las personas que lo están pasando mal y les dan más responsabilidad, como, por ejemplo, asumir el rol de liderazgo semanal o ser el "servidor de confianza". Muchos de ellos alcanzan finalmente la sobriedad cuando asumen esta posición de liderazgo. Recuerda, no obstante, que algunas personas podrían necesitar un nivel más alto de intervención como un programa ambulatorio u hospitalario para tomar impulso en su recuperación. Para ellos, simplemente ser un líder tal vez no es suficiente, y necesitarán estímulo para acceder a una ayuda mayor.

Recuerda también el viejo aforismo: "Solo eres tan sano como tu grupo". Incluso como recién llegado, tienes la responsabilidad de ayudar al grupo a ser lo más saludable posible. No ir a las reuniones no proporciona una solución ni a ti ni al grupo.

En ocasiones, son los recién llegados los que proporcionan la energía positiva necesitada para que el grupo sea más sano. Decirte a ti mismo(a) "porque todo el mundo allí tiene recaídas, no hay esperanza", es un pensamiento adictivo. La verdadera cuestión es determinar qué puedes hacer para que el grupo sea mejor.

No voy a las reuniones porque he recaído y es duro admitirlo.
Todo lo anterior se te aplica. Admite que estás pasando apuros. Empieza a llamar y a quedar con otras personas. Pide ser voluntario para los roles de liderazgo y las tareas de la comunidad. Regístrate para dar charlas en las reuniones. Empieza a ir a las comidas y conocer más al resto del grupo. Pide más ayuda si lo necesitas.

Y, ante todo, sé honesto contigo mismo(a) sobre cómo has salido de tu zona de recuperación. Una de las peores cosas que puedes hacer es evitar las reuniones y no decírselo a nadie. Hazlo y entonces la roca que imaginamos en el capítulo 6 empezará a rodar. Simplemente, debes volver a sumergirte en la cultura de la recuperación.

Rendirse al proceso de recuperación

Ir a las reuniones es la piedra angular de la recuperación. Pero la asistencia no es realmente el problema, es la involucración. ¿Tienes una persona de apoyo que te está entrenando? Incluso las personas de apoyo temporal marcan una diferencia enorme. ¿Participas en la vida del grupo? ¿Has presentado uno de los "Pasos" en una reunión? ¿Has apoyado al grupo haciendo trabajos de colaboración?¿Eres padrino (madrina) de alguien? Realmente, "lanzarnos a ayudar a otros(as)" es lo que marca la diferencia.

Vamos a volver a la historia de James del capítulo 7. Era un empresario de éxito con un historial sexual bastante pobre. Ahí mismo estaba el problema. Había pocas cosas en su vida que hubiera desafiado y que no hubiera logrado, pero repetidamente fallaba en sus intentos por dejar atrás su conducta sexual arriesgada.

James estaba yendo a un terapeuta y encontró un grupo de los "Doce pasos" al que asistir. Pero, cuando se comportaba sexualmente de manera errónea, no se lo decía a su terapeuta. Y odiaba ir a las reuniones de los "Doce pasos" y actuar como si todo fuera bien mientras estaba allí. Admitir cualquier tipo de fracaso estaba todavía más allá de lo que era capaz de hacer.

Cuando su reunión de los "Doce pasos" terminó, casi todo el mundo se acercaba al restaurante chino más cercano, pero James se iba directamente a casa. Siempre se sentía melancólico por perderse la cena porque el resto de los miembros del grupo parecían divertirse mucho y disfrutaban de la compañía mutua. Se sentía excluido, y había habido muy pocos lugares en su vida donde no había sido el centro de atención. Como excusa, James se dijo a sí mismo que ellos no vivían con el estrés que él vivía y la mayoría de ellos no habían alcanzado lo que él había logrado. Con el tiempo, James permitió que su calendario laboral interfiriera con sus reuniones de los "Doce pasos". Con frecuencia cancelaba y pedía una nueva cita para sus sesiones de terapia. Y su trabajo de recuperación se volvió cada vez más irregular. Su conducta sexual inadecuada empezó a ser de nuevo más frecuente.

La vida de James se reveló cuando una de sus aventuras, con una mujer que trabajaba en una de sus compañías, se hizo pública. Había contado con ella para que nunca diera a conocer esa aventura amorosa, y confió en ella hasta que su marido descubrió sus cartas de amor y su diario. El marido llamó inmediatamente a la mujer de James y le indicó a su mujer que, si no demandaba a James por acoso sexual, el matrimonio se había terminado.

Este incidente fue de conocimiento público y todas las compañías de James estaban al corriente. Aparecieron más mujeres. Un activista vengativo en el departamento de contabilidad revisó los recibos de los viajes. Y un número de registros de hoteles mostraban números locales de servicios de damas de compañía y agencias de masajes. La compañía demandada reunió al consejo de manera urgente. Una de las accionistas clave en el consejo era una mujer con la que James había estado coqueteando siempre. De hecho, su apoyo fue vital para continuar con el poder de James en esta compañía y fue su aventura emocional la que la mantuvo a su lado. Esta mujer se enfadó cuando supo que James había estado involucrado con otras mujeres. Peor aún, James le había confiado asuntos que el resto del consejo desconocía y que no les gustaría nada. En pocas palabras, era un auténtico lío.

James fue a ver su terapeuta, Don, y le comentó lo que estaba ocurriendo. Parte de la información, por supuesto, era nueva para Don, mencionándoselo a James. Don le preguntó sobre su apoyo en los "Doce pasos", específicamente quién conocía toda la historia. James no pudo nombrar a nadie.

Don le explicó también el concepto de "vender" tu historia. Se refiere a adictos que cuentan solo partes de su historia a diversas personas y así piensan que su historia realmente ha sido "compartida". En el caso de James, nadie sabía sobre la extensión de su conducta sexual en su recaída actual. Don le dijo a James que, si iba a continuar con la terapia, todo debía salir a la luz. También le insistió que se pusiera en contacto con los miembros de su grupo.

James llamó esa noche a un miembro del grupo llamado Juan. Juan le dijo que había invitado a algunos miembros a desayunar a la mañana siguiente. Tres personas se reunieron con James en un café local. Al llegar a la mesa, James se emocionó al darse cuente de que, después de todo lo que había hecho, estas personas que apenas conocía habían cambiado sus horarios para ayudarle. Su bienvenida fue cálida y muy agradable, aunque con un toque de humor negro. No obstante, reírse le sentó bien a James.

A medida que contaba su historia en tono bajo, James volvió a emocionarse, llorando primero y después con profundos sollozos. Aquí estaba llorando el tipo que no dejaba a nadie saber lo que estaba ocurriendo, en medio de un café. Rodeado de personas que les importaba lo que le había ocurrido. Todo ello derrumbó los muros de James.

Sus compañeros de grupo fueron eminentemente prácticos. Comenzaron con lo que era necesario que ocurriera hoy. Le aclararon a James que se diera cuenta de que todo lo que tenía que hacer era pasar el día. Después le preguntaron si hablaría con el grupo sobre su deshonestidad con ellos. James aceptó hacerlo la próxima noche que hubiera una reunión. Estuvieron en contacto continuo con él hasta entonces.

En la reunión, James admitió que había ido a las reuniones y dicho que todo iba bien cuando, de hecho, no era así. Ahora se enfrentaba a la pérdida de su carrera profesional, su matrimonio y a su bienestar financiero. Cuando terminó su historia, hubo un largo silencio. Y después, los miembros empezaron a hablar lentamente, cuidadosamente. Algunos revelaron que habían hecho lo mismo porque era la naturaleza de la enfermedad el ocultar la vergüenza. Otros se sintieron aliviados y contentos de que James finalmente se uniera al grupo por completo. Y muchos de ellos le ofrecieron su apoyo y ayuda. Esa noche, todos fueron al restaurante chino y ayudaron a James a pensar en sus siguientes pasos. Ofrecieron sugerencias para las compañías, para la terapia y para lidiar con una esposa despechada.

James se dio cuenta de dos cosas sentado en ese restaurante: su vida había cambiado significativamente debido a estas personas, y los había mal interpretado seriamente. Eran competentes y creativos. Y habían trabajado duramente para mantenerle fuera y no empeorar más su vida.

El consejo directivo de su compañía le pidió que entrará en un centro residencial para su tratamiento. Cuando lo mencionó en la terapia, Don le dijo que le iba a ofrecer la misma recomendación. James no había obtenido la ayuda suficiente dado lo lejos que había llegado su enfermedad. Bajo la solicitud de James, Don también habló con Judy, la mujer de James. En opinión de Don, ir a un programa de tratamiento era su mejor posibilidad de recuperación y de salvar su matrimonio. Así que James ingresó. Mientras estaba allí, se vio superado al descubrir la gran cantidad de cosas que no sabía de él mismo.

Cuando volvió del tratamiento, se lo comentó al grupo entre saludos y risas. Fue elegido como "servidor de confianza" del grupo durante tres meses. Es ahí donde James descubrió realmente el corazón del programa de los "Doce pasos".Empezó a acercarse más a su persona de apoyo (Juan asumió la tarea), aunque fue ayudado por casi todo el mundo mientras estaba en tratamiento. Significó mucho para él recibir llamadas y tarjetas de apoyo. Ahora él era el que apoyaba a otras personas y les recordaba los momentos en los que las cosas se ponían difíciles. Descubrió el secreto del servicio a los demás.

La historia de James no es única. Muchas personas que pasaron por el proceso de recuperación finalmente se vieron forzados a rendirse. La divulgación completa a personas de confianza es uno de los momentos de rendición. Participar íntegramente en la cultura de apoyo de los "Doce pasos" es otra.

A continuación, observarás dos ejercicios relacionados con personas importantes en tu vida. El objetivo de los ejercicios es garantizar que llevas a cabo una revelación completa a personas de confianza que necesitan saberlo. Completa los ejercicios y después escribe tus reflexiones. Descubrirás lo mucho que te ayuda a la hora de rendirte al proceso de recuperación.

• • • Ejercicio 8.1 • • •

Inventario de personas importantes

Indicaciones: Identifica las personas que son importantes para ti y describe cuánto saben sobre ti. Después de completar las cuatro listas siguientes con los nombres, vuelve atrás y califica cada persona en una escala del 1 al 5 dependiendo lo cercano que te sientes a esa persona. (Una puntuación de 1 significa no demasiado cercano y de 5 representa una cercanía muy sólida y de confianza.) Cuando hayas terminado, pasa al ejercicio 8.2.

Personas importantes que conocen toda tu historia (aquellos que lo saben todo sobre el pasado y el presente):

Nombre	Cuánto saben sobre ti	Clasificación de la cercanía
1.		1 2 3 4 5
2.		1 2 3 4 5
3.		1 2 3 4 5
4.		1 2 3 4 5
5.		1 2 3 4 5
6.		1 2 3 4 5
7.		1 2 3 4 5
8.		1 2 3 4 5
9.		1 2 3 4 5
10.		1 2 3 4 5

Personas importantes que conocen gran parte de tu historia (aquellos que conocen casi todo el pasado y el presente):

Nombre	Cuánto saben sobre ti	Clasificación de la cercanía
1.		1 2 3 4 5
2.		1 2 3 4 5
3.		1 2 3 4 5
4.		1 2 3 4 5
5.		1 2 3 4 5
6.		1 2 3 4 5
7.		1 2 3 4 5
8.		1 2 3 4 5
9.		1 2 3 4 5
10.		1 2 3 4 5

Personas importantes que conocen tu adicción, pero solo saben algunos detalles (aquellos que conocen la enfermedad, pero no tienen información sobre tu historia, recuperación o progreso actual):

Nombre	Cuánto saben sobre ti	Clasificación de la cercanía
1.		1 2 3 4 5
2.		1 2 3 4 5
3.		1 2 3 4 5
4.		1 2 3 4 5
5.		1 2 3 4 5

6.		1	2	3	4	5
7.		1	2	3	4	5
8.		1	2	3	4	5
9.		1	2	3	4	5
10.		1	2	3	4	5

Personas importantes que desconocen completamente tu adicción o recuperación (aquellos cuya relación valoras, pero no compartiste nada sobre tu historia o recuperación).

Nombre	Cuánto saben sobre ti	Clasificación de la cercanía				
1.		1	2	3	4	5
2.		1	2	3	4	5
3.		1	2	3	4	5
4.		1	2	3	4	5
5.		1	2	3	4	5
6.		1	2	3	4	5
7.		1	2	3	4	5
8.		1	2	3	4	5
9.		1	2	3	4	5
10.		1	2	3	4	5

• • • Ejercicio 8.2 • • •

Reflexión sobre tu inventario de personas importantes

Indicaciones: Las preguntas siguientes están diseñadas para ayudarte a que ganes perspectivas del ejercicio anterior y desarrolles los pasos a seguir. Utiliza este trabajo cuando reflexiones en tu diario o hables con tus grupos. Enseña tu trabajo a la persona de apoyo, terapeuta o personas en tu círculo de consulta.

1. ¿Cómo te sientes sobre el número de personas que verdaderamente conocen tu historia pasada y tu estado actual?

____

____

____

____

____

2. ¿Qué discrepancias has notado? ¿Hay personas en las que confías que no conocen tu historia? ¿Personas que lo saben pero que no las sientes especialmente cercanas a ti?

____

____

____

____

____

3. Observa tu inventario desde la perspectiva de los "Doce pasos". ¿Quién está en recuperación de tu lista? ¿Hay personas de apoyo y personas en las que te estás apoyando? Si no es así, ¿por qué?

____

____

____

____

____

4. ¿Quiénes de tu familia más cercana están en la lista? ¿Y de tu familia más lejana? ¿Te gustaría cambiarlo?

____

____

____

____

____

5. ¿Dónde está tu terapeuta en la lista? ¿Necesitas hablar con tu terapeuta sobre tu relación? ¿Sobre más revelaciones? ¿Sobre esta lista?

____

____

____

____

____

6. Esta lista, con frecuencia, revela cuestiones no finalizadas que necesitan ser tratadas o trabajo en relaciones que hay que llevar a cabo. Enumera los pasos a seguir que necesitas realizar.

a. Paso a seguir: ______________________________

b. Paso a seguir: ______________________________

c. Paso a seguir: ______________________________

d. Paso a seguir: ______________________________

e. Paso a seguir: ______________________________

Recuperación de las parejas

Cuando estaba investigando para escribir *Don't Call It Love ("No lo llames amor")*, descubrí algunos hechos importantes con el fin de lograr una recuperación satisfactoria:

- Si la persona estaba en una relación seria, la posibilidad de lograr una recuperación satisfactoria aumentaba si la pareja se involucraba en la terapia al inicio de la recuperación.
- La calidad de la recuperación mejoraba radicalmente si las parejas también se comprometían a recuperarse.
- Finalmente, la calidad en general de la recuperación era más alta para aquellos que asistían al programa de los "Doce pasos" para parejas.

Recovering Couples Anonymous (RCA, por sus siglas en inglés: "Parejas anónimas en recuperación") usa la metáfora del taburete de tres patas para describir las tres "fases" de la recuperación en las parejas. Es decir, "mi recuperación", "tu recuperación (esposo(a) o pareja) y "nuestra recuperación juntos".

La idea de las "parejas en recuperación" fue una novedad en los 80 pero ya hace tiempo que se aplica de manera habitual. Los terapeutas saben desde hace mucho que tratar a las personas individualmente sobre problemas que también involucran la relación de pareja, suele empeorar con frecuencia las cosas. En los programas de los "Doce pasos", no hay espacio para que las parejas puedan utilizar sistemáticamente los pasos como parejas. Los grupos como RCA ofrecen una oportunidad para que exploren los déficits de la relación y utilicen los principios de los "Doce pasos" para el cambio. El resultado es consistente, con un cambio coherente tanto en las personas individualmente como en su relación.

Los lectores que no tienen pareja y creen que esto no se aplica a su situación, todavía deberían tomar nota. Cuando comiences una relación, encontrarás las aguas más calmadas si tu pareja participa en la comunidad de parejas de los "Doce pasos".

Cuando se comparten con la pareja, los principios de la recuperación pueden marcar una diferencia radical en la calidad de la intimidad. RCA lo describe de esta manera:

> Si somos honestos sobre nuestro compromiso y el minucioso proceso de trabajar juntos en los "Doce pasos", nos sorprenderá lo rápido que vuelve nuestro amor. Vamos a conocer una nueva libertad y felicidad. Aprenderemos cómo jugar y divertirnos juntos. A medida que experimentemos un perdón mutuo, no nos arrepentiremos del pasado, no desearemos cerrarle la puerta y olvidarnos. La confianza volverá a ambos. Asimilaremos la serenidad del mundo y conoceremos la paz.

> Sin importar lo cerca que hemos estado de la ruptura, nos daremos cuenta cómo nuestras experiencias pueden beneficiar a otros. Esos sentimientos de inutilidad, vergüenza y autocompasión desaparecerán. Perderemos el interés por las cosas egoístas y ganaremos interés en nuestras pareja, familias y los demás. La auto búsqueda pasará a segundo plano. Nuestra actitud y punto de vista de la vida cambiará por completo. El temor a la gente y a la inseguridad económica nos abandonarán. Sabremos intuitivamente cómo manejar las situaciones que solían desconcertarnos. Seremos mejores padres, trabajadores, personas de ayuda y amigos. Repentinamente nos daremos cuenta de que Dios está haciendo por nosotros lo que no podíamos hacer por nosotros(as) mismos(as).

James y Judy fueron a su primera reunión en RCA por la insistencia de Don, el terapeuta de James. James era reacio a asistir porque no quería que otras esposas conocieran su conducta. Judy también se mostró reacia. Primero, no quería ir a ningún grupo, y, de hecho, todavía no había asistido ella sola a ningún grupo. Era atea y no quería que la "hicieran tragar" ningún tipo de religión. Además, estaba tan enfadada con James que no estaba segura de que la relación fuera a sobrevivir. La única razón por la que asistió fue porque Don le preguntó si podía vivir abandonando a su marido antes de realmente buscar unas fuentes posibles de curación. Ella sabía que no podía, pero, sin embargo, ya tenía un pie fuera de su casa.

Ambos descubrieron que la reunión fue sorprendente. Pronto se dieron cuenta de que sus apuros no eran diferentes a los que otras parejas estaban sufriendo. Se encontraron riéndose sinceramente con el grupo sobre las ironías a las que se estaban enfrentando. Judy comenzó a llorar indicando lo avergonzada y angustiada que se sentía. Se derritió virtualmente cuando dos mujeres la invitaron en una pausa a participar con ellas en una reunión de Co-sA. Era como dar la bienvenida a una familia más grande. James and Judy dejaron la reunión sintiéndose expuestos abiertamente, pero sabían que volverían.

Un año después, James y Judy dirigieron una reunión sobre el "segundo paso" y el significado de la espiritualidad en su relación. Judy hizo llorar al grupo cuando narró cómo comenzó el proceso con una gran desconfianza en Dios. Había sido una víctima de abuso sexual que pensaba que ningún Dios bondadoso habría permitido que algo así ocurriera. Describió como cuidar a los demás había transformado su entendimiento de lo que significa cuidarse a una misma. Fuera de su agonía y a través del cuidado que recibió, desarrolló un entendimiento de un Poder Superior en su vida con su marido. Reflexionó sobre las promesas de recuperación y como se volvieron verdaderas, incluyendo su nuevo entendimiento de la "serenidad".

Estar al servicio

Al servir a los demás es como las cosas van mejorando. En los inicios de AA, Bill W. puso especial énfasis en que "al pasarlo" era cómo los alcohólicos mejoraban. Los adictos ayudando a otros adictos, es decir, "lanzándonos a ayudar a los demás", como Bill W. describió, en definitiva, es la clave del éxito del programa de los "Doce pasos".

Estar al servicio significa más que tan solo ayudar a tu grupo. El servicio puede incluir echar una mano a tu inter-grupo local, servir en un comité nacional, o ir a una conferencia nacional. También podría significar asistir a alguna de las organizaciones de apoyo nacionales.

Por el momento, debe haber quedado claro que trabajar el programa no significa asistir meramente a las reuniones. Ni realizar apoyo y hacer los ejercicios de los "Pasos", aunque podría no ocurrir cambios o desarrollo sin estos componentes. La clave real del éxito es convertirse en un defensor activo de aquellos que están en recuperación. Ayudar a la organización que apoya la recuperación es tan importante como ayudar después de una reunión. Recuerda, ayudar a los demás, "nos saca de nuestro círculo cerrado".

Lectura recomendada

Anónimo. *Alcohólicos Anónimos,* Study Ed. Malo, WA: Anonymous Press, 1994.

Anónimo. *Parejas en recuperación anónimas.* 4th ed. Oakland, CA: Organización mundial de parejas en recuperación anónimas, 2011.

Anónimo. *Los Doce pasos y las Doce tradiciones.* Nueva york. Servicios mundiales de Alcohólicos Anónimos, 2002.

Carnes, Patrick. *Contrary to Love: Helping the Sex Addict. ("Contrario al amor: Ayuda al adicto al sexo")* Center City, MN: Hazelden, 1994. (Versión en inglés).

Carnes, Patrick, Debra Laaser, y Mark Laaser. *Open Hearts: Renewing Relationships with Recovery, Romance, and Reality.("Corazones abiertos: Renovar las relaciones con la recuperación, romance y realidad")* Center City, MN: Hazelden, 2000. (Versión en inglés).

Carnes, Patrick. *Out of the Shadows: Understanding Sexual Addiction. ("Fuera de las sombras: Entender la adicción sexual")* Center City, MN: Hazelden, 2001. (Versión en inglés).

Hartigan, Francis. *Bill W.: A Biography of Alcoholics Anonymous Cofounder Bill Wilson.("Bill W.: Una biografía del cofundador de Alcohólicos Anónimos, Bill Wilson")* Amherst, MA: University of Massachusetts Press, 2000. (Versión en inglés).

Norwood, Robin. *Mujeres que aman demasiado; cuando sigues deseando y esperando que cambie."* New York: Gallery Books, 2008.

Robertson, Nan. *Getting Better: Inside Alcoholics Anonymous. "Mejorar: Alcohólicos Anónimos por dentro"* Lincoln, NE: iUniverse, 2000. (Versión en inglés).

Capítulo Nueve

¿Cómo se consigue el éxito a largo plazo? Profundizar en la recuperación para un cambio de vida completo

Hacerlo o no. No vale solo el intento
— Yoda, "El imperio contraataca"

LA TRILOGÍA DE *LA GUERRA DE LAS GALAXIAS* DE GEORGE LUCAS estaba basada en un estudio de Joseph Campbell, un famoso experto en héroes y heroínas. Esta historia se creó como parte de una metáfora sobre cómo afrontar los desafíos en la vida del siglo XXI.

En un momento dado de la obra, el joven Luke Skywalker llega al planeta Dagobah en busca del maestro de los Caballeros Jedi, llamado Yoda. Este, sin embargo, resultó ser muy diferente de lo que Luke había imaginado. Es verde, bajito, con orejas muy grandes y siempre colocando los verbos en el lugar equivocado cuando habla. Aunque claramente divertido, el humor de Yoda, no obstante, estaba siempre más allá del entendimiento de Luke. Yoda representa lo que los americanos nativos llaman "el embaucador", el curandero divertido que enseña a través de las paradojas y las bromas prácticas. Además, siempre presionaba a Luke para que pensara más allá de su mundo, que descubriera categorías y se cuestionara sus hipótesis. Luke pronto se dio cuenta de que debajo del desaliñado aspecto de Yoda y sus supuestas maneras algo lerdas, había un anciano sabio, poderoso y comprensivo.

Por encima todo, Luke aprendió de Yoda que ser un Caballero Jedi conllevaba un profundo compromiso. En un momento dado, Yoda animó a Luke a intentar rescatar su caza estelar X-Wing que se había hundido en una ciénaga. Luke hizo algunos progresos, pero al final perdió fuerza y permitió que la nave se volviera a hundir. Luke le dijo a Yoda que lo "había intentado" como se lo había pedido, pero concluyó que sacar la nave de allí era imposible. Y Yoda la respondió, "¡Y por eso es por lo que fracasas!" Entonces Yoda se dio la vuelta y elevó el caza claramente para ponerlo sobre tierra firme. Seguidamente, se volvió hacia Luke y le dijo: "Hacerlo o no. No vale solo el intento" y después se alejó caminando.

Con frecuencia me ha llamado la atención la profunda verdad que encierra esta escena. Como terapeuta, he visto muchos adictos que fracasaban porque no creían que fuera posible recuperarse. Podían reconocer la posibilidad del éxito en los demás, pero en su corazón creían que ya habían llegado a un nivel tan defectuoso que era imposible la recuperación. Aunque siempre deseaban darle crédito al menos a intentarlo.

Estas personas fracasaron porque nunca tomaron la decisión firme de cambiar. De hecho, una de las preguntas más frecuentes entre las personas que se encuentran en los inicios de la recuperación es esta: "¿Mejoraré poco a poco?"

Esta pregunta tan importante fue, en parte, el impulso detrás del estudio que realice en mi libro *Don't Call It Love ("No lo llames amor")*. Mis investigadores y yo queríamos saber más sobre las personas que iban mejorando, para ver qué acciones y pensamientos habían contribuido a su éxito. Lo que descubrimos fue mucho más revelador de lo que habíamos pensado. Encontramos muchas medidas de calidad de vida y salud. Descubrimos que las personas en proceso de recuperación realizan cambios radicales en sus vidas para mejor. También descubrimos que las personas que registraron el mayor éxito llevaron a cabo los mismos pasos en un modo relativamente predecible. La sobriedad fue uno de sus cambios de vida. Todos asumieron un compromiso más profundo para mejorar sus vidas.

En nuestra investigación emergió un patrón generalizado. Este es el perfil general de aquellos que triunfaron en la recuperación:

- **Tenían un terapeuta principal.** Tanto si ingresaron en programas hospitalarios, talleres intensivos o formaron parte de terapias especializadas con otros, cada uno de ellos estuvo involucrado con un terapeuta con el que permanecieron entre tres y cinco años. La relación con un terapeuta parece ser esencial para la recuperación. Incluso, todavía más importante, todos permitieron que su vida fuera sometida "a examen" en el que una persona (el terapeuta) conocía extraordinariamente bien su trayectoria y tenía los conocimientos para ayudarles en los desafíos que se encontraron a lo largo de su recuperación.
- **Estaban en una terapia de grupo.** Tanto si estas horas fueron en instalaciones hospitalarias o externas, no parece marcar una gran diferencia. Aquellos a los que les fue bien, pasaron bastante tiempo en un grupo con un terapeuta (que podría ser o no el terapeuta principal). La cantidad óptima de tiempo en dicho grupo fue de aproximadamente 175 horas, generalmente extendidas en un periodo entre 18 meses y 2 años.
- **Asistían de manera habitual a las reuniones de los "Doce pasos".** Además, se involucraron profundamente en el programa, incluyendo su participación en el servicio, patrocinios y trabajos en los "Pasos". Trabajar en todos los "Pasos" marca una diferencia crítica; aquellos que no continuaron el trabajo a través de los "Pasos", pasaron apuros con su sobriedad o la perdieron por completo.
- **Si había más adicciones, también fueron tratadas.** Los adictos asistieron a otras reuniones de los "Doce pasos" específicas para ellos. Lograron entender

cómo sus adicciones interactuaban (¡negativamente!) unas con otras y cómo todas estaban relacionadas con los problemas más profundos de sus vidas.

- **Trabajaron para aclarar y resolver sus familias de origen y los problemas en su infancia.** Utilizaron la terapia y los "Pasos" para entender los problemas más profundos a los que su personalidad se enfrentaba, e hicieron todo lo que pudieron para encontrar la serenidad.
- **Sus familias se involucraron desde el principio en la terapia.** Claramente, la involucración y apoyo de la familia juega un rol significativo en la recuperación. Encontramos una gran diferencia entre las personas que simplemente participaban solas en el tratamiento a aquellos cuya parejas y miembros de la familia estaban comprometidos también con la terapia y la recuperación de ellos mismos. En muchas ocasiones, la recuperación del adicto fue el impulso para la recuperación y curación de otros miembros de la familia, aunque en algunos casos, pasaron años antes de que todo esto ocurriera.
- **Si se encontraban en una relación duradera, la pareja asistió a grupos de parejas de los "Doce pasos" como Parejas Anónimas en Recuperación.** Aquellos que asistieron a estas reuniones claramente fueron los que mejor desempeñaron la curación. Tener a tu pareja en recuperación es significativo, pero para conseguir los mejores resultados, la pareja necesita participar en la red de apoyo basada en los "Doce pasos".
- **Desarrollaron una vida espiritual.** En lo que consistía su vida espiritual eran tan importante como practicarla de manera habitual, incluso a diario. Aquellos cuya vida espiritual se desarrolló también fueron, por lo general, participantes activos en la comunidad espiritual.
- **Trabajaban activamente para mantener una buena nutrición y hacer ejercicio de manera habitual.** Aquellos que lograron desarrollar con éxito su recuperación, hacían ejercicio de manera habitual, si no a diario, y además eran conscientes de adoptar costumbres alimenticias saludables como parte de su cuidado personal.

Como perfil general, esta información fue útil. Pero después de terminar *Don't Call It Love ("No lo llames amor")* sentimos que era importante determinar los pasos llevados a cabo por las personas que tuvieron éxito en su recuperación. Podíamos desglosar la recuperación en treinta tareas específicas en las que continuamos estudios más exhaustivos. Este libro de trabajo, y la serie de libros de trabajo, se basan en estas tareas. Podrías pensar en ellas como una receta: si sigues la receta, tendrás un resultado predecible. Por supuesto, puedes agregar ingredientes extra y mejorar la receta. Pero no es necesario. En general, si deseas unos buenos resultados de recuperación, sigue esta receta ya demostrada. Las treinta tareas de recuperación están enumeradas con detalle en un gráfico al final de este capítulo.

Cada tarea termina al completar actividades que denominamos "factibles". Hemos intentado definirlas lo más concretamente posible. Al utilizar la experiencia de otros, hemos creado un itinerario hacia la recuperación. En otras palabras, mientras que tal vez todavía no sepas que desafíos te están esperando en el trayecto de tu recuperación, sí sabes qué es lo que ha ayudado a los demás a curarse. Sigue sus huellas.

• • • Ejercicio 9.1 • • •

Las primeras siete tareas—Lista de comprobación de actividades "factibles"

Indicaciones: Enumeradas a continuación mostramos cada una de las siete tareas que has logrado. Debajo de cada una hay una lista adicional de las "factibles", es decir, actividades específicas de este libro que completaste en cada tarea. Revisa tu trabajo. Marca cada tarea "factible" si lo deseas. ¡Fíjate en lo bien que te sientes, al haber "terminado" lo que te marcaste por hacer!

1. Romper con la negación.
   - ❑ Hacer una lista de problemas.
   - ❑ Hacer una lista secreta.
   - ❑ Hacer una lista de excusas y razones.
   - ❑ Completar el inventario de consecuencias.
   - ❑ Hacer una lista de las personas a las que has hecho daño.
   - ❑ Encontrar un terapeuta.
   - ❑ Encontrar una persona de apoyo.
   - ❑ Llevar a cabo una divulgación completa a tu terapeuta y persona de apoyo.

2. Entender la naturaleza de la enfermedad adictiva.
   - ❑ Leer al menos un libro sobre la adicción al sexo.
   - ❑ Trazar tu propio ciclo y sistema de adicción.
   - ❑ Hacer una lista de momentos fuera de control.
   - ❑ Conocer más sobre la anorexia sexual y los ciclos de atracón/purga.
   - ❑ Conocer más sobre los "indicadores colaterales".
   - ❑ Realizar autoevaluaciones sobre la adicción al sexo y la anorexia sexual.
   - ❑ Completar el historial sexual y el inventario de problemas sexuales.
   - ❑ Completar un inventario de cortejo.

3. Rendirse al proceso.
   - ❑ Completar el historial de adicción al sexo.

- ❑ Completar un inventario de incapacidad.
- ❑ Completar un inventario de falta de control.
- ❑ Completar una hoja de trabajo sobre los costes financieros.
- ❑ Desglosar tus diez peores momentos.
- ❑ Compartir tu "Primer paso".

4. Limitar el daño por la conducta.
    - ❑ Completar un plan de control de daños.
    - ❑ Completar un plan de revelación.

5. Establecer la sobriedad.
    - ❑ Completar la hoja de trabajo de los desafíos de la sobriedad.
    - ❑ Identificar tus situaciones de recaída.
    - ❑ Desarrollar un simulacro.
    - ❑ Escribir una lista de abstinencia, de límites y un plan de sexualidad y relaciones saludables.
    - ❑ Utilizar un Índice de locura personal durante doce semanas.
    - ❑ Escribirte una carta a ti mismo(a).
    - ❑ Crear un botiquín de primeros auxilios.
    - ❑ Firmar un contrato de recaída.

6. Garantizar la integridad física.
    - ❑ Completar un examen médico.
    - ❑ Completar la matriz de adicción sexual.
    - ❑ Completar la matriz de salud sexual.
    - ❑ Completar una evaluación de plantillas de excitación, incluyendo:
    - ❑ Hojas de trabajo sobre las fantasías.
    - ❑ Sentimientos eróticos.
    - ❑ Situaciones y lugares.
    - ❑ Sensaciones.
    - ❑ Objetos.
    - ❑ Procesos.

- ☐ Tipos de cuerpo, partes y características.
- ☐ Características de la pareja.
- ☐ Cultura.
- ☐ Fases del cortejo y creencias.
- ☐ Traza tu propia plantilla de excitación.

7. Participar en una cultura de apoyo:
    - ☐ Encontrar una reunión acogedora y asistir habitualmente.
    - ☐ Tener contacto habitual con la persona o personas de apoyo.
    - ☐ Impartir presentaciones en las reuniones.
    - ☐ Realizar el programa de "servicios" en algún tipo de actividad.
    - ☐ Participar en actividades fuera de las reuniones.
    - ☐ Presentar tu "Primer paso" y los "Pasos" adicionales a medida que los completes.
    - ☐ Conocer las diferencias entre la adicción al sexo a través de tus compañeros.
    - ☐ Realizar rituales diarios como leer, meditar y escribir en tu diario para promover la recuperación.
    - ☐ Asistir a las reuniones de los "Doce pasos" por la existencia de otras adiciones si procede.

Celebrar y continuar

Después de completar las primeras siete tareas de las treinta, hay varias áreas que merecen tu atención.

Primero, necesitas compartir lo que has hecho con aquellos que han formado parte del proceso, es decir, terapeutas, personas de apoyo, compañeros de grupo y amigos. Permíteles que te feliciten y piensa de qué manera puedes agradecerles toda su ayuda. Además, descubra una manera de celebrar lo que has logrado. Si te encuentras en el programa de los "Doce pasos", tal vez ya haya habido una celebración como parte del proceso. Si estás haciendo este trabajo individualmente, es importante todavía tomarse el tiempo necesario para fijarte en lo que has logrado. ¡Te mereces un gran crédito por haber llegado tan lejos!

Tu próximo reto es un libro de trabajo llamado *Recovery Zone, Volume 1: Making Changes That Last" ("La zona de recuperación, Volumen 1: Hacer cambios que perduren")* (Versión en inglés), que te llevará de la tarea octava a la décimo novena.

Estoy realmente agradecido de que hayas asumido el riesgo de vivir buscando soluciones. Todos nosotros compartimos el mismo reto que nuestros narradores han discernido como nuestro destino al ser humanos. Las historias de Luke Skywalker o Frodo Baggins no son solo entretenimiento. Hablan de nosotros y de aceptar el compromiso de cambiar.

Importa mucho que *hayas* asumido este compromiso.

• • • Ejercicio 9.2 • • •

Celebraciones y reflexiones

Indicaciones: Permite que las personas más importantes de tu vida incluyan sus felicitaciones, deseos y otros pensamientos. Pídeles que lean el siguiente párrafo y respondan como deseen.

El usuario de este libro de trabajo ha finalizado ahora las tareas de la recuperación inicial para la adicción al sexo. Esta persona está pidiendo a aquellos que le han ayudado en el proceso que escriban sus reflexiones, comentarios y deseos a medida que esta persona vaya a pasar a su próximo reto. Por favor, dedica un momento y añade tus pensamientos para celebrar esta tarea tan difícil.

Tareas y hechos factibles. Competencias vitales

1. Romper con la negación
2A. Entender la naturaleza de la enfermedad adictiva
2B. Componente de la adicción sexual
3. Rendirse al proceso
4. Limitar daños por la conducta
5. Establecer la sobriedad
6. Garantizar la integridad física
7. Participar en una cultura de apoyo

Tarea 1: Romper con la negación

- Crear una lista de problemas (Ejercicio 1.1: La lista de problemas)
- Escribir una lista secreta (Ejercicio 1.2: La lista secreta)
- Completar lista de excusas (Ejercicio 1.3: La lista de excusas)
- Completar el inventario de consecuencias (Ejercicio 1.4: Inventario de consecuencias)
- Conocer 14 modos de distorsionar la realidad (Ejercicio 1.6: Explorar las múltiples cara de la negación)
- Inventarios: 14 estrategias de distorsión en la vida personal (Ejercicio 1.6: Explorar las múltiples caras de la negación)
- Responsabilidad – Ejercicio de empatía con la víctima (Ejercicio 1.7: ¿Sin sentido o incapaz?)
- Realizar una divulgación plena al terapeuta (Capítulo 5)

Competencia vital

- Comprender las características de la negación y el autoengaño
- Identificar la presencia del autoengaño en la vida
- Conocer los patrones de preferencias personales en los pensamientos distorsionados
- Aceptar la confrontación

Tarea 2A: Comprender la naturaleza de la enfermedad adictiva

- Completar las lecturas asignadas sobre la adicción al sexo (Capítulo 2)
- Conocer diferentes modos de definir la adicción al sexo (Capítulo 2)
- Comprender el sistema adictivo (Capítulo 2)
- Comprender el sistema de privación (Capítulo 7)
- Trazar el sistema adictivo personal (Ejercicio 2.2: Tu ciclo adictivo)
- Comprender los criterios de la enfermedad adictiva (Capítulo 2)
- Aplicar criterios a la conducta personal (Ejercicio 2.6: Indicadores colaterales)
- Conocer los factores clave en la génesis de la adicción al sexo (Capítulo 2)

Competencia vital

- Conocer la información sobre la enfermedad adictiva
- Aplicar la información a la vida personal

Tarea 2B: Componente de la adicción sexual

- Comprender el carácter modular sexual (Capítulo 3)
- Comprender la jerarquía sexual (Capítulo 3)
- Conocer los veinte tipos de conducta (Capítulo 3; Ejercicio 3.1)
- Revisar los veinte tipos de patrones personales (Ejercicio 3.1: Reflexiona sobre tus conductas sexuales)
- Completar y compartir el historial sexual (Ejercicio 3.1: Reflexionar sobre tus conductas sexuales)
- Completar la lista de fantasías ideales (Ejercicio 3.1: Reflexiona sobre tus conductas sexuales)
- Completar y compartir el ejercicio de contaminación de fantasías (Ejercicio 3.1: Reflexiona sobre tus conductas sexuales)

Competencia vital

- Entender los patrones sexualmente compulsivos
- Conocer historias/situaciones específicas de la plantilla de excitación

Tarea 3: Rendirse al proceso

- Comprender el contexto del cambio, duelo, compromiso (Capítulo 3)
- Comprender la posición existencial del cambio – esencia de la recuperación (Capítulo 5: Figura 5.1)
- Comprender los principios de reducción de ansiedad (Capítulo 4)
- Completar el historial de adicción sexual (Ejercicio 4.1: Tu historial de adicción sexual)
- Completar la hoja de trabajo sobre la ineficacia (Ejercicio 4.2: Inventario de ineficacia)
- Completar la hoja de trabajo de falta de control (Ejercicio 4.3: Inventario de falta de control)
- Identificar los diez peores momentos (Ejercicio 4.6: Los diez peores momentos)
- Comprender las pautas de la finalización de los "Pasos" (Capítulo 4)
- Proporcionar el "Primer paso" (Capítulo 4)

Competencia vital

- Aceptación de la adicción en la vida
- Conocer las limitaciones personales
- Discernir las diferencias entre los acontecimientos controlables y no controlables

Tarea 4: Limitar daños por la conducta

- Comprender el cambio de primer y segundo orden (Capítulo 5, Figura 5.1)
- Comprender el concepto de cambio de paradigma (Capítulo 5)
- Escribir las creencias provisionales (Ejercicio 5.1: Tu experiencia con los dos tipos de cambio en las creencias provisionales)
- Completar el plan de control de daños (Ejercicio 5.2: Lista de problemas actuales; Ejercicio 5.3 Hoja de trabajo del control de daños 1; Ejercicio 5.4 Hoja de trabajo de control de daños 2; Ejercicio 5.5 Hoja de trabajo del control de daños 3; Ejercicio 5.6 Hoja de trabajo del control de daños 4; Ejercicio 5.7 Hoja de trabajo del control de daños 5; Ejercicio 5.8 Hoja de trabajo del control de daños 6; Ejercicio 5.9 Hoja de trabajo del control de daños 7; Ejercicio 5.10 Hoja de trabajo del control de daños 8)
- Completar un plan de revelación (Ejercicio 5.11 Plan de revelación)
- Escribirte una carta a ti mismo(a) (Ejercicio 6.12: Una carta de ti para ti)
- Completar los "Pasos segundo y tercero" (Capítulo 5)

Competencia vital

- Integrar la autolimitación en el paradigma personal

- Responder por completo al plan de crisis
- Utilizar límites en un nivel mínimo
- Poseer habilidades internas para la reducción de la ansiedad
- Desarrollar resoluciones para el cambio y el compromiso

Tarea 5: Establecer la sobriedad

- Comprender la sobriedad como un problema de limitaciones (Capítulo 6)
- Comprometerse y completar el contrato de celibato (Ejercicio 6.14: Contrato de recaída)
- Escribir la declaración de sobriedad (Figura 6.3: Método de los tres círculos. 6.7: Lista de abstinencia. Ejercicio 6.8: Lista de límites)
- Comprender el proceso de recaída (Capítulo 6)
- Escribir el plan de recaída (Ejercicio 6.3 Hoja de trabajo en situación de recaída 1; Ejercicio 6.4 Hoja de trabajo en situación de recaída 2; Ejercicio 6.5 Hoja de trabajo en situación de recaída 3; Ejercicio 6.6 Planificación de simulacro)
- Establecer una fecha (Ejercicio 6.14: Contrato de recaída)

Competencia vital

- Utilizar límites claramente marcados de sobriedad
- Gestionar la vida sin una conducta sexual disfuncional

Tarea 6: Garantizar la integridad física

- Conocer los aspectos físicos de la adicción (Capítulo 7)
- Completar examen médico (Capítulo 7)
- Completar evaluación psiquiátrica (Ejercicio 6.10: Sexualidad saludable y plan de relaciones; Ejercicio 6.11: Escribir e interpretar los ejemplos diarios de tu Índice de locura personal)
- Conocer los neurotransmisores de la adicción (Capítulo 7, Figura 7.4: La matriz de la adicción sexual)
- Trazar las interacciones personales de los neurotransmisores (Ejercicio 7.1: Tu matriz de adicción sexual; Ejercicio 7.2: Tu matriz de salud sexual; Ejercicio 7.3: Reflexiones sobre la matriz: Preguntas)
- Comprender la plantilla de excitación (Ejercicio 3.1: Reflexionar sobre tus conductas sexuales)
- Trazar la plantilla de excitación sexual (Ejercicios 7.9 Tu plantilla de excitación — Sentimientos eróticos; Ejercicio 7.10 Tu plantilla de excitación—Situaciones y lugares; Ejercicio 7.11 Tu plantilla de excitación—Sensaciones; Ejercicio 7.12 Tu plantilla de excitación — Objetos; Ejercicio 7.13 Tu plantilla de excitación —

Procesos; Ejercicio 7.14 Tu plantilla de excitación — Tipos de cuerpos, partes y características; Ejercicio 7.15 Tu plantilla de excitación — Características de la pareja; Ejercicio 7.16 Tu plantilla de excitación — Cultura; Ejercicio 7.17 Tu plantilla de excitación —Fases del cortejo y creencias; Ejercicio 7.18 Trazar tu plantilla de excitación)

Competencia vital

- Comprender los aspectos físicos de la adicción
- Identificar la interacción de los neurotransmisores
- Identificar los patrones de excitación disfuncionales

Tarea 7: Participar en una cultura de apoyo

- Participar en el programa de los "Doce pasos" (Capítulo 8)
- Desarrollar una relación con la persona de apoyo (Capítulo 8)
- Completar las preguntas de la persona de apoyo (Capítulo 8)
- Llevar a cabo servicios dentro del programa (Capítulo 8)
- Conocer las señales de un grupo saludable (Capítulo 8)
- Determinar una fecha de celebración (Ejercicio 9.2: Celebraciones y reflexiones)

Competencia vital

- Mantener un sistema de apoyo saludable

Apéndice A

Los "Doce pasos" de Alcohólicos Anónimos

1. Admitir ser ineficaces con respecto al alcohol y que nuestras vidas están fuera de control.
2. Llegar a creer que un Poder Superior a nosotros(as) mismos(as) puede devolvernos la sensatez.
3. Tomar la decisión de volver nuestra voluntad y nuestras vidas al cuidado de Dios, *porque Le entendemos.*
4. Realizar una búsqueda y un inventario moral sin miedo de nosotros(as) mismos(as).
5. Admitir a Dios, a nosotros(as) mismos(as) y a otros seres humanos la naturaleza exacta de nuestros errores.
6. Estamos totalmente preparados para que Dios elimine estos defectos de carácter.
7. Pedir humildemente a Dios que elimine nuestras deficiencias.
8. Hacer una lista de todas las personas a las que hemos hecho daño, y estar dispuesto(a) a compensar a todos.
9. Enmendar directamente a estas personas cuando fuera posible, excepto si al hacerlo los dañamos a ellos o a otros.
10. Continuar realizando el inventario personal y cuando nos demuestre estar equivocados, admitirlo rápidamente.
11. Buscar a través de la oración y la meditación mejorar nuestro contacto consciente con Dios, *porque Le entendemos*, orando solo para el conocimiento de Su voluntad y el poder de llevarlo a cabo.
12. Haber vivido un despertar espiritual como resultado de estos pasos, intentando llevar este mensaje a otros alcohólicos y practicar estos principios en todos nuestros asuntos.

Los Doce Pasos de AA de *Alcohólicos Anónimos*, 4ª Edición, publicado por AA World Services, Inc., Nueva York, NY, 59–60.

Apéndice B
Los "Doce pasos" para los adictos al sexo

1. Admitir ser ineficaces con respecto a nuestra adicción al sexo y que nuestras vidas están fuera de control.
2. Llegar a creer que un Poder Superior a nosotros(as) mismos(as) puede devolvernos la sensatez.
3. Tomar la decisión de volver nuestra voluntad y nuestras vidas al cuidado de Dios, *porque Le entendemos.*
4. Realizar una búsqueda y un inventario moral sin miedo de nosotros(as) mismos(as).
5. Admitir a Dios, a nosotros(as) mismos(as) y a otros seres humanos la naturaleza exacta de nuestros errores.
6. Estamos totalmente preparados para que Dios elimine estos defectos de carácter.
7. Pedir humildemente a Dios que elimine nuestras deficiencias.
8. Hacer una lista de todas las personas a las que hemos hecho daño, y estar dispuesto(a) a compensar a todos.
9. Enmendar directamente a estas personas cuando fuera posible, excepto si al hacerlo los dañamos a ellos o a otros.
10. Continuar realizando el inventario personal y cuando nos demuestre estar equivocados, admitirlo rápidamente.
11. Buscar a través de la oración y la meditación mejorar nuestro contacto consciente con Dios, *porque Le entendemos,* orando solo para el conocimiento de Su voluntad y el poder de llevarlo a cabo.
12. Haber vivido un despertar espiritual como resultado de estos pasos, intentando llevar este mensaje a otros alcohólicos y practicar estos principios en todos nuestros asuntos.

Apéndice C
Recursos de Gentle Path Press

Gentle Path Press es el editor líder de libros y otros materiales sobre la recuperación de la adicción al sexo, y el único editor de los trabajos sobre el modelo de las treinta tareas de recuperación creada por el Doctor Patrick Carnes.

Para obtener información general, opinar sobre los autores o adquirir nuestras publicaciones, por favor, visita nuestra página online www.gentlepath.com.

Gentle Path Press PO Box 2112
Carefree, AZ 85377
480-488-0150
480-595-4753 (Fax)
866-575-6853 (Número gratuito)
info@iitap.com

Además, visita nuestras páginas web relacionadas con el apoyo a la recuperación en sexhelp.com y recoveryzone.com.

Para obtener más información sobre los tratamientos externos u hospitalarios, ponte en contacto con nosotros en el 866- 575-6853 (teléfono gratuito en EE.UU.). Nuestro personal buscará los servicios adecuados que coincidan con tus necesidades.

Para obtener información sobre la formación de terapeutas y otros profesionales de ayuda, llama al International Institute for Trauma and Addiction Professionals (IITAP) en el 866-575- 6853 o accede a la organización online en iitap.com.

Apéndice D

Guía de recursos

A continuación, mostramos una lista de organizaciones de recuperación que podrían serte útiles en tu situación en particular.

Adult Children of Alcoholics
(Hijos adultos de alcohólicos)
PO Box 3216
Torrance, CA 90510
562-595-7831
www.adultchildren.org

Al-Anon
1600 Corporate Landing Parkway
Virginia Beach, VA 23454-5617
757-563-1600
www.al-anon.org

Alateen
1600 Corporate Landing Parkway
Virginia Beach, VA 23454-5617
757-563-1600
www.al-anon.alateen.org

Alcoholics Anonymous
(Alcohólicos anónimos)
PO Box 459
New York, NY 10163
212-870-3400
www.aa.org

Co-Anon
PO Box 12722
Tucson, AZ 85732-2722
Teléfono gratuito: 800-898-9985
www.co-anon.org

Co-Dependents Anonymous
(Codependientes anónimos)
PO Box 33577
Phoenix, AZ 85067-3577
Teléfono gratuito: 888-444-2359
www.coda.org

Cocaine Anonymous
(Anónimos de la cocaína)
PO Box 492000
Los Angeles, CA 90049-8000
310-559-5833
www.ca.org

COSA
9219 Katy Freeway, Suite 212
Houston TX 77024
866-899-COSA (2672)
www.cosa-recovery.org

Debtors Anonymous
(Deudores anónimos)
PO Box 920888
Needham, MA 02492-0009
Teléfono gratuito: 800-421-2383
www.debtorsanonymous.org

Emotions Anonymous
(Emotivos anónimos)
PO Box 4245
St. Paul, MN 55104-0245
651-647-9712
www.emotionsanonymous.org

Families Anonymous
(Familias anónimas)
701 Lee St., Suite 670
Des Plaines, IL 60016
Teléfono gratuito: 800-736-9805
www.familiesanonymous.org

Gamblers Anonymous
(Jugadores anónimos)
PO Box 17173
Los Angeles, CA 90017
626-960-3500
www.gamblersanonymous.org

Marijuana Anonymous
(Adictos anónimos a la marihuana)
PO Box 7807
Torrance, CA 90504-9207
800-766-6779
www.marijuana-anonymous.org

Narcotics Anonymous
(Narcóticos anónimos)
PO Box 9999
Van Nuys, C 91409
818-773-9999
www.na.org

National Runaway Safe line
(Línea segura nacional para jóvenes fugitivos)
3080 N. Lincoln Ave.
Chicago, IL 60657
Teléfono gratuito: 800-786-2929
www.1800runaway.org

Nicotine Anonymous
(Adictos a la nicotina anónimos)
6333 E. Mockingbird #147-817
Dallas, TX 75214
877-879-6422
www.nicotine-anonymous.org

Overeaters Anonymous
(Comedores anónimos)
PO Box 44020
Rio Rancho, NM 87174-4020
505-891-2664
www.oa.org

Partners of Sex Addicts Resource Center
(Centro de recursos de parejas de adictos al sexo)
1173A Second Ave.
Suite 173
New York, NY 10065
info@posarc.com

Recovering Couples Anonymous
(Parejas en recuperación anónimas)
PO Box 11029
Oakland, CA 94611
Teléfono gratuito: 877-663-2317
www.recovering-couples.org

S-Anon
PO Box 17294
Nashville, TN 37217
Teléfono gratuito: 800-210-8141
www.sanon.org

Sex Addicts Anonymous
(Adictos al sexo anónimos)
PO Box 70949
Houston, TX 77270
Teléfono gratuito: 800-477-8191
www.saa-recovery.org

Sex and Love Addicts Anonymous
(Adictos anónimos al sexo y al amor)
1550 NE Loop 410, Suite 118
San Antonio, TX 78209
210-828-7900
www.slaafws.org

Sexaholics Anonymous
(Sexalcohólicos anónimos)
PO Box 3565
Brentwood, TN 37024
615-370-6062
Teléfono gratuito: 866-424-8777
www.sa.org
(Nota: Sexalcohólicos Anónimos definen la sobriedad teniendo solo sexo con el marido o la esposa. Como resultado, tal vez no se ajuste a los homosexuales, lesbianas o personas solteras.)

Sexual Compulsives Anonymous
(Anónimos sexuales compulsivos)
PO Box 1585, Old Chelsea Station
New York, NY 10011
212-606-3778
Teléfono gratuito: 800-977-HEAL
www.sca-recovery.org

Sexual Recovery Anonymous
(Anónimos en recuperación sexual)
PO Box 178
New York, NY 10276
www.sexualrecovery.org

Society for the Advancement of Sexual Health
(Sociedad para el avance de la salud sexual)
PO Box 433
Royston, GA 30662
706-356-7031
www.sash.net

Survivors of Incest Anonymous
(Víctimas de anónimos de incestos)
PO Box 190
Benson, MD 21018-9998
410-893-3322
www.siawso.org

Apéndice E
Lectura recomendada

La lista siguiente contiene libros ya mencionados en este libro, así como otras lecturas que podrías encontrar útiles.

Recuperación de la pareja

Beattie, Melody. *Codependent No More: How to Stop Controlling Others and Start Caring for Yourself. (" No más codependencia: Cómo dejar de controlar a los demás y empezar a cuidarte.")*Center City, MN: 1986. (Versión en inglés)

Calof, David L. y Robin Simons. *The Couple Who Became Each Other: Sto- ries of Healing and Transformation from a Leading Hypnotherapist.("La pareja que se convirtió en el otro: Historias de curación y transformación de un famoso terapeuta hipnótico")* New York: Bantam, 1997. (Versión en inglés)

Carnes, Patrick. *The Betrayal Bond: Breaking Free of Exploitive Relationships.("El vínculo de la traición: Liberarse de las relaciones explotadoras")* Deerfield Beach, FL: Health Communications, 1997. (Versión en inglés)

Carnes, Stefanie. *Mending a Shattered Heart: A Guide for Partners of Sex Addicts. (Aliviar un corazón destrozado: Una guía para las parejas de adictos al sexo")* Carefree, AZ: Gentle Path Press, 2011. (Versión en inglés)

Carnes, Stefanie, Lee, Mari, y Anthony Rodriguez. *Facing Heartbreak: Steps to Recovery for Partners of Sex Addicts. ("Enfrentarse al desengaño: Pasos para la recuperación de las parejas de adictos al sexo.")*Carefree, AZ: Gentle Path Press, 2012. (Versión en inglés)

Conquest, Wendy. *Letters to a Sex Addict: The Journey through Grief and Betrayal. ("Cartas a un adicto sexual: La trayectoria a través del duelo y la traición.")* North Charleston, SC: CreateSpace, 2013. (Versión en inglés)

Corcoran, Maurita. *A House Interrupted: A Wife's Story of Recovering from Her Husband's Sex Addiction.(" Un hogar interrumpido: La historia de recuperación de una esposa de la adicción sexual en su marido").* Carefree, AZ: Gentle Path Press, 2011. (Versión en inglés)

Friel, John C. y Linda D. Friel. *Adult Children: The Secrets of Dysfunctional Families. ("Niños adultos: Los secretos de las familias disfuncionales").*Deerfield Beach, FL: Health Communications, 1990. (Versión en inglés)

Fossum, Merle A. y Marilyn J. Mason. *Facing Shame: Families in Recovery. ("Enfrentarse a la vergüenza: Familias en recuperación")* New York: W. W. Norton, 1989. (Versión en inglés)

Schaeffer, Brenda. ¿Es amor o es adicción? Center City, MN: Hazelden, 2009. (Versión en español)

Schneider, Jennifer. Back from Betrayal: Recovering from His Affairs. "De vuelta a la traición: Recuperarse de sus aventuras") New York: Ballantine, 1990. (Versión en inglés)

Schneider, Jennifer y Burt Schneider. *Sex, Lies, and Forgiveness: Couples Speaking Out on Healing from Sex Addiction. ("Sexo, mentiras y perdón: Parejas hablando sobre la curación de la adicción al sexo")* Center City, MN: Hazelden, 1991. (Versión en inglés)

Familia

Bradshaw, John. *Bradshaw: La familia: Un nuevo modo de crear una autoestima sólida.* Deerfield Beach, FL: Health Communications, 1990. (Versión en español).

Bradshaw, John. *Family Secrets: What You Don't Know Can Hurt You. ("Secretos de familia: Lo que no sabes puede hacerte daño".* New York: Bantam, 1995. (Versión en inglés).

Evans, Patricia. *The Verbally Abusive Relationship: How to Recognize It and How to Respond. ("La relación verbal abusiva: Cómo reconocerla y cómo responder")* Iola, WI: F+W Media, 2003. (Versión en inglés).

Love, Patricia y Jo Robinson. *The Emotional Incest Syndrome: What to Do When a Parent's Love Rules Your Life by Love. "El síndrome de incesto emocional: Qué hacer cuando el amor de los padres rige tu vida")* New York: Bantam, 1991. (Versión en inglés).

Mellody, Pia, Andrea Wells Miller y J. Keith Miller. *La codependencia: Qué es, de dónde procede, cómo sabotea nuestras vidas.* New York: Harper Collins, 2002. (Versión en español).

Trabajos clave de recuperación

Anónimo. *Hope and Recovery: The Twelve Step Guide for Healing from Com- pulsive Sexual Behavior.("Esperanza y recuperación: La guía de los doce pasos para sanar de la conducta sexual compulsiva")*Center City, MN: Hazelden, 1994. (Versión en inglés)

Beattie, Melody. *Journey to the Heart: Daily Meditations on the Path to Freeing Your Soul. (Trayectoria al corazón: Meditaciones diarias para liberar tu alma.")* San Francisco: Harper SanFrancisco, 1996. (Versión en inglés).

Bradshaw, John. *Sanar la vergüenza que nos domina.* Deerfield Beach, FL: Health Communications, 2005. (Versión en español).

Breton, Denise y Christopher Largent. *The Paradigm Conspiracy: Why Our Social Systems Violate Our Human Potential—and How We Can Change Them.("La conspiración del paradigma: Por qué nuestros sistemas sociales infringen nuestro potencial humano y cómo podemos cambiarlos").* Center City, MN: Hazelden, 1998. (Versión en inglés).

Bryan, Mark y Julia Cameron. *Money Drunk/Money Sober: 90 Days to Financial Freedom. ("Borracho de dinero/Sobrio de dinero: 90 días para llegar a la libertad financiera").* New York: Wellspring/Ballantine, 1999. (Versión en inglés).

Cameron, Julia. *El modo del artista: Un camino espiritual a una mayor creatividad..* New York: Penguin/Putnam, 1992. (Versión en español).

Covey, Stephen R. *Primero lo primero: vivir, amar, aprender, dejar un legado.* New York: Free Press, 1996. (Versión en español).

Covey, Stephen. Los 7 hábitos de la gente altamente efectiva. New York: Simon and Schuster, 1990. (Versión en español).

Milkman, Harvey B. y Stanley Sunderwirth. *Craving for Ecstasy: The Con- sciousness and Chemistry of Escape."Deseo de éxtasis: La conciencia y química de la huída."* Lanham, MD: Lexington Books, 1987. (Versión en inglés).

Millman, Dan. *El guerrero pacífico: Un libro que cambia vidas.* Tiburon, CA: H. J. Kramer, 2006. (Versión en español).

Mundis, Jerrold. *How to Get Out of Debt, Stay Out of Debt, and Live Prosperously. ("Cóno no tener deudas, no entrar en ellas y vivir de manera próspera").* New York: Bantam, 1990. (Versión en inglés).

Nouwen, Henri J. M. *Abriéndonos: Tres etapas en la vida espiritual.* New York: Doubleday, 1975. (Versión en español).

Peck, M. Scott. *People of the Lie: The Hope for Healing Human Evil. ("Gente de mentira:* La esperanza de curar la maldad humana"). New York: Touchstone, 1983. (Versión en inglés)

Peck, M. Scott. *The Road Less Traveled: A New Psychology of Love, Traditional Values and Spiritual Growth.("El camino menos transitado: Una nueva psicología del amor, los valores tradicionales y el crecimiento espiritual.")* New York: Harper and Row Publishers, 1983. (Versión en inglés).

Adicción al sexo

Adams, Kenneth M. *Silently Seduced: When Parents Make Their Children Partners—Understanding Covert Incest .("Seducidos en silencio: Cuando los padres hacen a sus hijos sus parejas. Comprender el incesto encubierto".)* Deerfield Beach, FL: Health Communications, 1991. (Versión en inglés).

Anónimos. *Answers in the Heart: Daily Meditations for Men and Women Recov ering from Sex Addiction. ("Respuestas en el corazón: Meditaciones diarias para hombres y mujeres recuperándose de la adicción al sexo").* Center City, MN: Hazelden, 1989. (Versión en inglés).

Earle, Ralph H., and Gregory Crowe. *Lonely All the Time: Recognizing, Understanding, and Overcoming Sex Addiction for Addicts and Co-Dependents. ("Siempre solo:*

*Reconocer, entender y superar la adicción al sexo en adictos y codependentes.")*New York: Bradt Publications, 1998. (Versión en inglés).

Ellison, Marvin M. *Erotic Justice: A Liberating Ethic of Sexuality. ("Justicia erótica: Una ética liberadora de la sexualidad.")* Louisville, KY: Westminster John Knox Press, 1996. (Versión en inglés).

Hastings, Anne Stirling. *From Generation to Generation: Understanding Sexual Attraction to Children.("De generación en generación: Entender la atracción sexual hacia los niños")* Gretna, LA: Wellness Institute, 2000. (Versión en inglés).

Kasl, Charlotte Sophia. *Women, Sex, and Addiction: A Search for Love and Power. ("Mujeres, sexo y adicción: La búsqueda del amor y el poder")* New York: HarperPerennial, 1990. (Versión en inglés).

McDaniel, Kelly. *Ready to Heal: Breaking Free of Addictive Relationships. "Listo(a) para curarse: Liberarse de las relaciones adictivas".)* Carefree, AZ: Gentle Path Press, 2012. (Versión en inglés).

Nouwen, Henri J. M. *The Return of the Prodigal Son: A Story of Homecoming.("El retorno del hijo pródigo: La historia de su vuelta.")* New York: Doubleday, 1994. (Versión en inglés).

Weiss, Robert, and Jennifer Schneider. *Always Turned On: Sex Addiction in the Digital Age.(Siempre excitado: Adicción al sexo en la era digital)* Carefree, AZ: Gentle Path Press, 2015 (Versión en inglés).

Salud sexual

Bechtel, Stefan, y los editores de Prevention Magazine. *The Practical Encyclopedia of Sex and Health: From Aphrodisiacs and Hormones to Potency, Stress, Vasectomy, and Yeast Infection.("Enciclopedia práctica del sexo y la salud: Desde los afrodisíacos y las hormonas a la potencia, estrés, vasectomía e infecciones por hongos.")* Emmaus, PA: Rodale, 1993. (Versión en inglés).

Berzon, Betty y Barney Frank. *Positively Gay: New Approaches to Gay and Lesbian Life. ("Positivamente gay: Nuevos enfoques para la vida de los gays y lesbianas.")* Berkeley CA: Celestial Arts, 2001. (Versión en inglés).

Diamond, Jed. *La menopausia masculina.* Paidós Ibérica, 1999. (Versión en español).

Eisler, Riane Tennenhaus. *El cáliz y la espada: Nuestra historia, nuestro futuro.* Pax México, 1987. (Versión en español).

Hastings, Anne Stirling. *Discovering Sexuality That Will Satisfy You Both: When Couples Want Differing Amounts and Different Kinds of Sex. ("Descubrir la sexualidad que satisface a ambos: Cuando las parejas desean diferente cantidad y tipos de sexo.")* Gretna, LA: Wellness Institute, 1993. (Versión en inglés).

Klausner, Mary Ann y Bobbie Hasselbring. *Aching for Love: The Sexual Drama of the Adult Child: Healing Strategies for Women. ("Dolor de amor: El drama sexual del niño adulto: Estrategias de curación para mujeres".)* New York: HarperCollins, 1990. (Versión en inglés).

Patricia y Jo Robinson. *Hot Monogamy: Essential Steps to More Passionate, Intimate Lovemaking.("Monogamia ardiente: Pasos esenciales para hacer el amor con más intimidad y pasión".)* N. Charleston, SC: CreateSpace, 2012. (Versión en inglés).

Maltz, Wendy. *El viaje para sanar la sexualidad: Una guía para los supervivientes de abuso sexual.* Harper Collins. 2021. (Versión en español).

Maltz, Wendy, ed. *Passionate Hearts: The Poetry of Sexual Love. ("Corazones apasionados: La poesía en el amor sexual".)* New York: New World Library, 2007. (Versión en inglés).

Renshaw, Domeena. Seven Weeks to Better Sex. *("Siete semanas para alcanzar un sexo mejor")*. Redondo Beach, CA: West- com Press, 2003. (Versión en inglés).

Sexo y religión

Bruni, Frank y Elinor Burkett. *A Gospel of Shame: Children, Sexual Abuse, and the Catholic Church. ("El evangelio de la vergüenza: Niños, abuso sexual e iglesia católica").* New York: Harper Perennial, 2002. (Versión en inglés).

Cashwell, Craig, Johnson, Pennie y Patrick Carnes. *Shadows of the Cross: A Christian Companion to Facing the Shadow. ("Las sombras de la cruz: Una compañía cristiana para enfrentarse a las sombras".)* Carefree, AZ: Gentle Path Press, 2015. (Versión en inglés).

Laaser, Mark. *Faithful and True: Sexual Integrity in a Fallen World.("Fiable y verdadero: La integridad sexual en un mundo en decandencia").* Grand Rapids, MI: Zondervan, 2004. (Versión en inglés).

Hopkins, Nancy Myer y Mark Laaser, ed. *Restoring the Soul of a Church: Healing Congregations Wounded by Clergy Sexual Misconduct. (" Restaurar el alma de una iglesia: Sanar a una congregación herida por la mala conducta sexual del sacerdote".)*Collegeville, MN: Liturgical Press, 1995. (Versión en inglés).

Rossetti, Stephen J. *Tragic Grace: The Catholic Church and Child Sexual Abuse. ("La gracia trágica: La iglesia católica y el abuso sexual infantil.")* Collegeville, MN: Liturgical Press, 1996. (Versión en inglés).

Sipe, A. W. Richard. *Sex, Priests, and Power: Anatomy of a Crisis. ("Sexo, sacerdotes y poder: Anatomía de una crisis.")* New York: Routledge, 1995. (Versión en inglés).

Thoburn, John y Rob Baker. *Clergy Sexual Misconduct: A Systems Approach to Intervention, Prevention, and Oversight. ("Conducta sexual errónea del clero: Un sistema para intervenir, prevenir y supervisar.")* Carefree, AZ: Gentle Path Press, 2010. (Versión en inglés).

Resolución del trauma

Bass, Ellen y Laura Davis. *The Courage to Heal: A Guide for Women Survivors of Child Sexual Abuse. ("La valentía de curarse: Una guía para mujeres víctimas de abuso sexual infantil.")* Manville, IL: Vermilion, 2002. (Versión en inglés).

Courtois, Christine A. *Healing the Incest Wound: Adult Survivors in Therapy. (Sanar la herida del incesto: Sobrevivientes adultos en terapia.")* New York: W. W. Norton, 1988. (Versión en inglés).

Crowder, Adrienne. *Opening the Door: A Treatment Model for Therapy with Male Survivors of Sexual Abuse. ("Abrir la puerta: Un modelo de tratamiento para la terapia con víctimas masculinas de abuso sexual.")* New York: Routledge, 1995. (Versión en inglés).

Davis, Laura. *Allies in Healing: When the Person You Love Was Sexually Abused as a Child. ("Aliados en la curación: Cuando la persona que amas fue víctima del abuso sexual infantil".)* New York: William Morrow, 1991. (Versión en inglés).

Dolan, Yvonne M. *Resolving Sexual Abuse: Solution-Focused Therapy and Ericksonian Hypnosis for Adult Survivors.("Resolver el abuso sexual: Solución centrada en terapia e hipnosis ericksoniana para víctimas adultas")* W. W. Norton, 1991. (Versión en inglés).

Fossum, Merle A. y Marilyn J. Mason. *Facing Shame: Families in Recovery. ("Enfrentándose a la vergüenza: Familias en recuperación.")* New York: W. W. Norton, 1989. (Versión en inglés).

Hunter, Mic. *Abused Boys: The Neglected Victims of Sexual Abuse.("Niños abusados: Las víctimas olvidadas del abuso sexual")* New York: Ballantine, 1991. (Versión en inglés).

Maltz, Wendy y Beverly Holman. *Incest and Sexuality: A Guide to Understanding and Healing.("Incesto y sexualidad: Una guía para su comprensión y curación.")* Lanham, MD: Lexington Books, 1991. (Versión en inglés).

Miller, Alice. *Por tu propio bien: raíces de la violencia en la educación del niño.* New York: Farrar, Straus and Giroux, 2004. (Versión en español).

White, William L. *The Incestuous Workplace: Stress and Distress in the Organizational Family. ("El incesto laboral: Estrés y angustia en la familia organizativa")* Center City, MN: Hazelden, 1997. (Versión en inglés).

Índice

B

C

D

E

F

I

G

H

J

K

L

M

N

O

P

R

S

T

U

V

W

Y

Gentle Path
PRESS

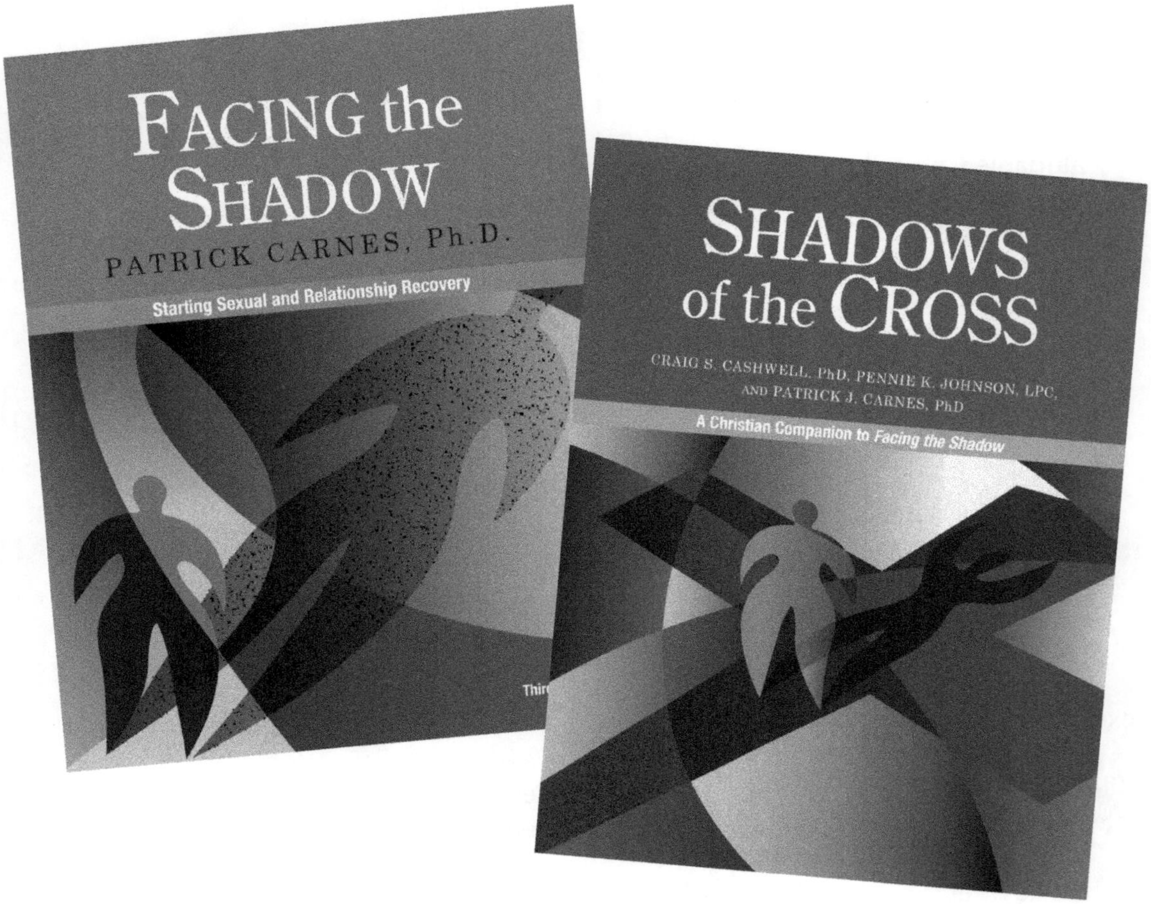

Shadows of the Cross ("Sombras en la cruz", versión en inglés) es el complemento cristiano de "*Enfrentarse a las sombras*". ¡Estos dos libros juntos son fantásticos! Trata los problemas de la sexualidad dejando a un lado la vergüenza y utilizando escrituras bíblicas para estimular la recuperación a largo plazo. Te ayudará utilizar tu fe, creencias y prácticas espirituales en tu proceso de recuperación. Más allá de esto, es un libro que pretende mostrarte tu experiencia y relación con Dios con el apoyo definitivo de tu recuperación. Como tal, contiene muchas actividades y tareas a lo largo de todo el libro. ¡También está disponible como libro electrónico! es el complemento cristiano de " ¡Estos dos libros juntos son fantásticos! Trata los problemas de la sexualidad dejando a un lado la vergüenza y utilizando escrituras bíblicas para estimular la recuperación a largo plazo.